Gordian Haas

Revision und Rechtfertigung

• • • • PHILOSOPHISCHE IMPULSE • • • •

Herausgegeben von

Felix Mühlhölzer
Wolfgang Spohn

Band 5

Gordian Haas

Revision und Rechtfertigung

Eine Theorie der Theorieänderung

SYNCHRON
Wissenschaftsverlag der Autoren
Synchron Publishers
Heidelberg 2005

Gedruckt mit Unterstützung der Geschwister Boehringer Ingelheim
Stiftung für Geisteswissenschaften

Bibliografische Information der Deutschen Bibliothek
Die Deutsche Bibliothek verzeichnet diese Publikation in der
Deutschen Nationalbibliografie; detaillierte bibliografische Daten
sind im Internet über <http://dnb.ddb.de> abrufbar.

Synchron Publishers GmbH, Heidelberg
www.synchron-publishers.com

Umschlaggestaltung: Reinhard Baumann, München
Titelbild: Karl Schmidt-Rottluff, *Christus und Judas*, 1918
© VG Bild-Kunst, Bonn 2005
Abbildung S. 1: *Spektrum des Wasserstoffatoms*
© Ted Kinsman/NAS/OKAPIA

Druck und Weiterverarbeitung:
AZ Druck und Datentechnik GmbH, Kempten
Printed in Germany

ISBN 3-935025-65-3

Inhalt

Vorwort

Irren ist menschlich! Wer sich aber irren kann, sollte stets bemüht sein, seine Fehler zu korrigieren. Diese Maxime gilt im Alltag ebenso wie in der Wissenschaft. Wir alle haben gewisse Überzeugungen; etwa die Überzeugungen, dass Paris die Hauptstadt von Frankreich ist, dass der Mount Everest der höchste Berg der Erde ist, oder die Überzeugung, dass die Lichtgeschwindigkeit nicht überschritten werden kann. Weil wir fehlbar sind, müssen wir damit rechnen, dass derartige Überzeugungen, ja ganze wissenschaftliche Theorien sich als falsch erweisen können. Diese Irrtumsmöglichkeit macht auch vor zentralen und scheinbar sehr gut verbürgten Überzeugungen keineswegs Halt. So haben die Menschen zum Beispiel früher geglaubt, dass die Erde eine Scheibe ist, während wir heute davon ausgehen, dass die Erde eine Kugel ist. Hat man aufgrund neu gewonnener Informationen einen solchen Fehler in seinem bisherigen Überzeugungssystem entdeckt, so muss man dieses korrigieren, das heißt verändern. Typischerweise ist aber eine derartige Überzeugungsänderung durch die bisherigen Überzeugungen und die konfligierende neue Information unterbestimmt. Das heißt, man kann in der Regel *wählen*, in welcher Weise man sein Überzeugungssystem revidieren möchte. Als rationale Subjekte werden wir dabei gleichwohl nicht beliebig verfahren, sondern werden in solchen Situationen eine *regelgeleitete Entscheidung* treffen. Entgegen dem ersten Anschein sind die Mechanismen, nach denen man seine Überzeugungen und Theorien verändert beziehungsweise rationalerweise verändern sollte, überaus komplex. Erst in jüngster Zeit wurde damit begonnen, derartige Überzeugungsänderungen theoretisch zu erforschen.

In dem vorliegendem Band wird in Abgrenzung zu anderen Konzeptionen eine eigene Theorie der rationalen Überzeugungsänderung entwickelt: die JuDAS-Theorie. Dieser Ansatz versucht, durch eine geeignete Einbeziehung von Rechtfertigungsmechanismen die Dynamik epistemischer Zustände adäquater zu modellieren als dies bisher geschehen ist. Die JuDAS-Theorie liegt in einer axiomatisierten Form vor.

Der vorliegende Band dürfte für Philosophen, KI-Forscher und Logiker gleichermaßen von Interesse sein; er wendet sich zum einen an Spezialisten auf dem Gebiet der Überzeugungsänderungstheorie, kann aber zum anderen auch von fortgeschrittenen Studenten gelesen werden, da keinerlei Kenntnisse von der Materie vorausgesetzt werden, und eine Hinführung zu den behandelten Fragestellungen und Problemen gegeben wird. Last but not least wendet sich der Band an all diejenigen, die der Ansicht sind, dass der Kopf rund ist, damit das Denken seine Richtung ändern kann.

Viele haben mir beim Schreiben dieses Buches geholfen. Ich hoffe, niemanden vor den Kopf zu stoßen, wenn ich hier nur einige namentlich erwähne. Mein besonderer Dank gilt meinem Doktorvater Wolfgang Spohn und André Fuhrmann, die beide den gesamten Band gelesen und mir viele hilfreiche Hinweise gegeben haben, von denen ich leider zu viele nicht berücksichtigen konnte. Keith Lehrer danke ich für zahllose Gespräche, die wir im Verlauf der letzten Jahre an fast ebenso vielen Orten der Welt geführt haben und die mein Verständnis seiner großartigen Theorie vertieft haben. Erik Olsson und Christopher von Bülow haben jeweils ein Kapitel des Buches gelesen und durch ihre Kommentare zur Verbesserung der Arbeit beigetragen. Willi Vossenkuhl hat das Projekt dankenswerterweise in seiner Frühphase betreut. Hans Rott, Ulrich Metschl und Eduardo Fermé danke ich für einige inspirierende Diskussionen, die mich nicht nur fachlich weitergebracht haben, sondern mir auch das Gefühl vermittelt haben, mich (doch) nicht mit völlig abwegigen Dingen zu beschäftigen, die sonst niemanden auf der Welt interessieren. Für das Korrekturlesen danke ich Ines Hensler. Bettina L. Walde, Martine M. Windhagen, Gisi Grenz und last but not least meinen Eltern Marion und Roger Haas danke ich für ihre Freundschaft, die mich durch so manche Tiefphase gebracht hat, mit der das Schreiben eines Buches wohl unweigerlich verbunden ist; sie alle haben die Arbeit an dem Buch auf vielfältige Weise sehr unterstützt - danke. Johann S. Koch vom Synchron-Verlag danke ich für die vertrauensvolle Zusammenarbeit. Über die Jahre habe ich Teile der vorliegenden Arbeit bei verschiedenen Anlässen vorgetragen. Den Teilnehmern dieser Veranstaltungen danke ich für die vielen fruchtbaren Diskussionen meiner Ideen.

Das vorliegende Buch ist auf Grundlage meiner Dissertation entstanden, die ich an der Universität Konstanz eingereicht habe. Der Tag der mündlichen Prüfung war der 20. Januar 2003. Referenten der Arbeit waren Prof. Dr. Wolfgang Spohn und Prof. Dr. André Fuhrmann. Auch hierfür gebührt beiden mein Dank. An dieser Stelle möchte ich auch der Studienstiftung des deutschen Volkes danken, die meine Dissertation durch ein Stipendium gefördert und auch einen Forschungsaufenthalt in Tucson/Arizona finanziert hat. Der LMU München danke ich ebenfalls für die Förderung meiner Dissertation durch ein Stipendium im Rahmen des Gesetzes zur Förderung des wissenschaftlichen und künstlerischen Nachwuchses. Einige der wichtigsten Beweise dieses Buches sind während eines Forschungsaufenthalts in Buenos Aires entstanden, wo ich die dafür erforderliche Ruhe und Konzentration finden konnte. Dem DAAD danke ich für die Ermöglichung dieses Aufenthalts. Der Geschwister Boehringer Ingelheim Stiftung für Geisteswissenschaften danke ich für einen Druckkostenzuschuss.

Die Kritik an der AGM-Theorie (Kapitel 2) verwendet zum Teil Material aus Haas (1999). Die Konzeption eines Rechtfertigungsoperators (Kapitel 4) und die JuDAS-Expansion (Kapitel 5) habe ich erstmals vorgestellt in Haas (2004). Den Herausgebern und Verlagen dieser Publikationen danke ich für die Erlaubnis, dieses Material hier verwenden zu dürfen.

Gordian Haas

Statt eines Mottos: Spektrum des Wasserstoffatoms

Einleitung

Lord Suddendeath ist unerwartet auf seinem Landsitz dahingeschieden. Die gerichtsmedizinische Untersuchung hat ergeben, dass er durch eine Prise Gift in seinem Fünf-Uhr-Tee ermordet wurde. Der Meisterdetektiv Sherlock Marple, der von der einschlägigen Kriminalliteratur bisher verschwiegene uneheliche Sohn von Sherlock Holmes und Miss Marple, wurde mit der Untersuchung des Falls betraut. Nach einer eingehenden Zeugenbefragung ist für ihn der Fall klar. Die Angehörigen und die Dienerschaft sind im Kaminzimmer versammelt, um zu erfahren, wer von ihnen der Mörder ist. Sherlock Marple führt aus, dass er zu dem Schluss gekommen sei, dass der Butler der Mörder ist. Nur er war zu der fraglichen Zeit im Haus anwesend, er hat den tödlichen Tee zubereitet und ihn serviert. Als Motiv für die Tat sei das tyrannische Auftreten von Lord Suddendeath seinen Untergebenen gegenüber anzunehmen. Doch noch während Sherlock Marple weitere Indizien anführt, erhebt sich Lady Suddendeath und legt ein umfassendes Geständnis ab. Sie erläutert, wie sie sich ein falsches Alibi verschafft und dann das Gift in den Tee gemischt hat. Als Motiv für ihre Tat gibt sie das unerträgliche Schnarchen ihres Gemahls an. Auch wenn es Sherlock Marple äußerst schwer fällt, sich einzugestehen, dass er, Meister aller Meisterdetektive, fehlbar ist, kommt er nach einem Moment des Haderns zu der Ansicht, dass Lady Suddendeath, die ihm seit Jahren wohl vertraut ist, und die er bisher für eine unbescholtene Bürgerin hielt, eine Mörderin ist, während der Butler tatsächlich kein Mörder, sondern der treue und pflichtbewusste Diener ist, für den er ihn all die Jahre gehalten hat.

Was kann man aus dieser kleinen Geschichte lernen? Das Beispiel zeigt mindestens zwei Dinge. Erstens zeigt es, dass sich die Überzeugungen einer Person, in diesem Fall die Überzeugungen von Sherlock Marple, mit der Zeit ändern. Dabei bestehen diese Veränderungen keinesfalls nur in schlichten Erweiterungen der bisherigen Menge von Meinungen durch Hinzunahme neuer Meinungen, vielmehr gibt man auch frühere Überzeugungen im Laufe der Zeit wieder auf oder ersetzt sie durch andere. Zunächst glaubte Sherlock Marple, dass der Butler, nicht jedoch Lady Suddendeath ein Mörder ist. Später nimmt er umgekehrt an, dass Lady Suddendeath, nicht jedoch der Butler einen Mord begangen hat. Sherlock Marple gibt also seine beiden ursprünglichen Überzeugungen zugunsten des jeweiligen Gegenteils auf. Zweitens zeigt das Beispiel, dass die Überzeugungen, die eine Person zu einem Zeitpunkt hat, keine beliebige Ansammlung von wahllosen Annahmen bilden. Die Menge der Meinungen ist vielmehr strukturiert; zwischen den verschiedenen Meinungen bestehen gewisse Beziehungen. Rechtfertigende Zusammenhänge zwischen den Meinungen bilden dabei eine der wichtigsten Strukturen eines Meinungssystems. Es geht weder in alltäglichen Situationen, geschweige denn in wissenschaftlichen Kontexten darum, einfach nur Meinungen zu haben; es kommt vielmehr darauf an, *gerechtfertigte* Meinungen oder sogar Wissen zu erlangen. Sherlock Marples Meinungen waren keinesfalls beliebig. Er war in der Lage, seine ursprüngliche Meinung, dass der Butler ein Mörder ist, aufgrund der verfügbaren Indizien zu rechtfertigen. Sherlock Marple war sogar in der Lage, diese Überzeugung trotz der gegenteiligen Evidenz zu rechtfertigen, dass ihm der Butler seit vielen Jahren als treuer und pflichtbewusster Diener bekannt war. Aufgrund dieser Evidenzen ist Sherlock Marple dann nach dem Geständnis von Lady Suddendeath auch gerechtfertigt anzunehmen, dass der Butler kein Mörder ist. In ähnlicher Weise war Sherlock Marple jeweils in seinen Meinungen bezüglich Lady Suddendeath gerechtfertigt. Sowohl die Feststellung, dass sich die Meinungen eines epistemischen Subjekts im Laufe der Zeit ändern, als auch die Beobachtung, dass zwischen verschiedenen Meinungen rechtfertigende Zusammenhänge bestehen, sind allerdings Platitüden. Es gibt jeweils umfangreiche und sehr elaborierte philosophische Theorien, die versuchen, die Mechanismen der Dynamik epistemischer Zustände einerseits, und die Mechanismen der Rechtfertigung von Meinungen andererseits aufzuklären. Umfangreiche und seit längerem geführte Debatten versuchen ferner, in beiden Bereichen zu klären, welche der jeweils divergierenden Theorien wohl die „beste“ sei.

Doch das Sherlock-Marple-Beispiel zeigt noch mehr. Nachdem Lady Suddendeath ihr Geständnis abgelegt hat, scheint Sherlock Marple entgegen seiner bisherigen Überzeugung zwangsläufig annehmen zu müssen, dass Lady Suddendeath eine Mörderin ist. Doch weshalb gibt Sherlock Marple auch die Meinung auf, dass der Butler ein Mörder ist? Er könnte doch weiter annehmen, dass der Butler ein Mörder ist, ohne dass er dadurch in Widersprüche geraten würde. Schließlich ist es doch möglich, dass sowohl der Butler als auch Lady Suddendeath Mörder sind. Der Butler könnte ein Mörder sein, auch wenn der Mord an Lord Suddendeath nicht von ihm begangen worden ist. Weshalb revidiert Sherlock Marple also auch seine Meinung bezüglich des Butlers? Die Antwort ist einfach. Nachdem Lady Suddendeath ihr Geständnis abgelegt hat, hat er keinen Grund mehr zu glauben, dass der Butler ein Mörder ist, denn die Annahme, dass der Butler Lord Suddendeath ermordet hat, war der einzige Grund für ihn trotz gegenläufiger Evidenz anzunehmen, dass der Butler ein Mörder ist. Nachdem Sherlock Marple erfahren hat, dass der Mord an Lord Suddendeath von seiner Gemahlin begangen wurde, kann Sherlock Marple also seine Meinung, dass der Butler ein Mörder ist, nicht mehr rechtfertigen und verwirft sie. Da Sherlock Marple sogar über gegenteilige Evidenz verfügt, ist er nun sogar gerechtfertigt anzunehmen, dass der Butler kein Mörder ist. An diesem Zusammenspiel von Rechtfertigungsstrukturen und Überzeugungsänderungen sieht man, dass beide nicht unabhängig voneinander sind. Die Art und Weise, in der ein epistemisches Subjekt seine Meinungen rechtfertigt, ist von entscheidender Bedeutung für die Art und Weise, in der es sein Meinungssystem im Laufe der Zeit modifiziert. Dies wird noch deutlicher, wenn man das bisherige Beispiel leicht abwandelt und annimmt, dass Sherlock Marple durch eine Untersuchung der Fingerabdrücke den Butler als den berüchtigten Ganoven Manymurder entlarvt hat, der bereits drei seiner früheren Herren ermordet hat, bisher der Justiz aber stets entkommen konnte. Sherlock Marple hat nun unabhängig vom Suddendeath-Fall Grund für die Annahme, dass der Butler ein Mörder ist. Auch nachdem er aufgrund des Geständnisses von Lady Suddendeath erfährt, dass Lord Suddendeath nicht vom Butler ermordet wurde, wird er nun trotzdem weiterhin glauben, dass der Butler ein Mörder ist. In dieser Variante des Beispiels glaubt Sherlock Marple also am Schluss, dass der Butler und Lady Suddendeath beide Mörder sind. In beiden Varianten des Beispiels ist der Ausgang des Revisions-Prozesses also verschieden; und diese Verschiedenheit rührt daher, dass in beiden Fällen die Rechtfertigung für Sherlock Marples ursprüngliche Überzeugung, dass der Butler ein Mörder ist, jeweils verschieden ist. Das Beispiel zeigt also nicht nur, dass sich die Meinungen einer Person im Laufe der Zeit ändern und dass es rechtfertigende Zusammenhänge zwischen Meinungen gibt, sondern es zeigt auch, dass diese Rechtfertigungsstrukturen für die Änderung der Überzeugungen unmittelbar relevant sind.

Nun ist auch die Beobachtung, dass rechtfertigende Zusammenhänge von erheblicher Bedeutung für die Dynamik epistemischer Zustände sind, nicht gänzlich neu, aber dieser Tatsache wurde bisher wenig Aufmerksamkeit geschenkt. Während man sich intensiv bemüht, Rechtfertigungsmechanismen und die Veränderung von Meinungssystemen jeweils unabhängig voneinander zu erforschen, wird zwar gelegentlich konstatiert, dass zwischen beiden Projekten Zusammenhänge bestehen, aber es wurde bisher kaum versucht, dieser Interdependenz ernsthaft Rechnung zu tragen. In der vorliegenden Arbeit soll deshalb versucht werden, den Zusammenhang von statischen Rechtfertigungsstrukturen und der Dynamik epistemischer Zustände näher zu beleuchten.

1 Die zwei Projekte einer fallibilistischen Epistemologie

1.1 Wozu eine Theorie der Dynamik epistemischer Zustände?

In dem vorliegenden Band soll es also um den Zusammenhang von Überzeugungsrevisionen und der Rechtfertigung von Überzeugungen, beziehungsweise allgemeiner um den Zusammenhang zwischen der Dynamik epistemischer Zustände und statischen Rechtfertigungsstrukturen gehen. Wie bei jedem derartigen Vorhaben, bei dem die Zusammenhänge - wenn es sie denn überhaupt gibt - zwischen einem Gebiet *A* und einem Gebiet *B* untersucht und der Nutzen einer derartigen grenzübergreifenden Herangehensweise aufgezeigt werden sollen, stellt sich zunächst natürlich grundsätzlich die Frage, welches Interesse man an den beiden zu verbindenden Aspekten *A* und *B* jeweils für sich genommen hat. Denn schließlich ist jede Untersuchung von Verbindungen zwischen zwei Gebieten, die völlig uninteressant sind, ebenfalls redundant. Im Hinblick auf den zweiten Aspekt der hier angestrebten Synthese, den der epistemischen Rechtfertigung, beantwortet sich diese Frage zumindest für Philosophen von selbst, weil es sich hierbei um ein traditionelles Gebiet der Philosophie handelt. Deshalb kann hier von einer Erörterung der Relevanz einer Theorie der epistemischen Rechtfertigung absehen werden.

Für den ersten Aspekt der beabsichtigten Synthese, den der Dynamik epistemischer Zustände, gilt dies nicht im gleichen Maße, weil es sich dabei um ein sehr junges Forschungsgebiet handelt, das es in dieser Form erst seit knapp 20 Jahren gibt. Innerhalb der Philosophie, deren Selbstverständnis zuweilen darin besteht, sich als Fußnote zu Platon zu begreifen, muss ein derart junger Forschungsbereich natürlich auf einige Skepsis stoßen. Es stellt sich zum einen die Frage, ob ein Gebiet relevant, interessant oder gar wichtig sein kann, das zwei Jahrtausende abendländischer Philosophiegeschichte nicht für wert befunden haben zu thematisieren. Und gesetzt den Fall, es ließe sich auf diese Frage eine positive Antwort finden, stellt sich zum anderen die Frage, weshalb dieses Gebiet bisher weitestgehend unerforscht geblieben ist. In diesem Abschnitt werde ich versuchen aufzuzeigen, weshalb die Frage, wie man seine Überzeugungen und Theorien ändert, von vitalem Interesse ist, und weshalb es folglich überaus wichtig ist, eine Theorie der Theorieänderung zu entwerfen. In den restlichen Abschnitten dieses Kapitels möchte ich dann den Paradigmenwechsel vom Infallibilismus hin zum Fallibilismus in der Erkenntnistheorie des 20. Jahrhunderts als Erklärung dafür diskutieren, dass die Philosophiegeschichte im Gegensatz zur gegenwärtigen Forschung Fragen der epistemischen Dynamik gegenüber ein ausgeprägtes Desinteresse gezeigt hat. Diese Diskussion versteht sich weniger als eine historisch präzise Analyse, sondern vielmehr als eine sehr plausible Spekulation, die zugleich aufzeigt, dass beide Aspekte der hier angestrebten Synthese durchaus einer gemeinsamen Wurzel, nämlich dem Fallibilismus, entsprungen sein dürften.

1.1.1 Das rein kognitive Interesse

Die Fähigkeit des menschlichen Geistes, sich ein Weltbild auf der Grundlage der verfügbaren Informationen zu konstruieren und dieses unter dem Druck der ständig auf ihn einwirkenden neuen Informationen anzupassen, zu präzisieren, zu korrigieren und zu aktualisieren, gehört ohne Zweifel zu seinen herausragendsten Merkmalen. Auch der evolutionsbiologische Vorteil dieser Fähigkeit ist nicht zu unterschätzen, denn schließlich ist eine präzise und sich flexibel den Umständen und der jeweiligen Informationslage anpassende mentale Repräsentation der Welt die unerlässliche Voraussetzung, um in diese Welt als handelndes Subjekt erfolgreich eingreifen zu können. Bei einer Sichtung der einschlägigen Literatur wird allerdings schnell klar, dass die Mechanismen, nach denen dieser Prozess, diese epistemische Dynamik vonstatten geht, überaus komplex sind und bisher nicht befriedigend verstanden wurden. Wenn man aber diese beiden Prämissen kauft, zum einen, dass das dynamische epistemische Verhalten zu den bedeutendsten Merkmalen des menschlichen Geistes gehört, und zum anderen, dass dieser Prozess bisher nicht ausreichend aufgeklärt wurde, dann stellt dies ohne jede Frage ein starkes Argument dar, sich allein schon aus rein kognitivem Interesse, aus reiner Wissbegierde mit der Dynamik epistemischer Zustände zu befassen.

1.1.2 Strukturelle Isomorphie zur KI

Neben diesem zweckfreien Interesse bietet eine Theorie der Theorieänderung aber - im Gegensatz zu vielen anderen philosophischen Theorien - auch einen anwendungsorientierten Nutzen. Dieser ergibt sich aus einer weitgehenden strukturellen Isomorphie der theoretischen Modelle, die man im Bereich der Dynamik epistemischer Zustände verwendet, und Modellen, die in anderen Bereichen Anwendung finden. Aufgrund dieser Isomorphie lässt jeder Erkenntnisfortschritt in einem der Bereiche auch wertvolle Schlussfolgerungen für die jeweils anderen Bereiche zu, so dass man durch eine interdisziplinäre Zusammenarbeit, bei der sich auch Philosophen, Wissenschaftstheoretiker und Logiker einbringen können und sollten, auf erhebliche Synergieeffekte hoffen darf. Wenig überraschend ist sicher eine derartige Parallele zu Fragen aus dem Bereich der künstlichen Intelligenz, wie zum Beispiel zum Problem der Repräsentation von sich veränderndem Wissen auf einem Computer, das heißt zum so genannten Frameproblem, oder zum Problem der Aktualisierung von Datenbasen.[1] Die Hoffnungen, die Computerwissenschaftler an eine Theorie der Dynamik epistemischer Zustände knüpfen können, folgen dem Motto: Wenn man erst einmal verstanden hat, wie Menschen lernen und ihre Überzeugungen revidieren, kann man vergleichbare Prozesse auch besser auf Computern implementieren. Eine ähnlich profunde Parallele besteht auch zwischen der Revision von Überzeugungen und der zeitlichen Entwicklung von Gesetzestexten, auch wenn diese vielleicht überraschender wirkt und sich an dieser Stelle auch nicht weiter plausibilisieren lässt, ohne bereits die konkreten Modelle vorgestellt zu haben, die im Bereich der Theorie der Theorieänderung verwendet werden.[2]

1.1.3 Nutzen für die Analyse philosophischer Begriffe

Neben einigen offensichtlich epistemischen Begriffen, wie dem Wissens- und dem Rechtfertigungsbegriff sind auch zahlreiche andere zentrale philosophische Begriffe, wie der Erklärungs- und der Kausalitätsbegriff sowie Konditionalaussagen versteckt epistemisch; oder - etwas vorsichtiger formuliert - diese lassen sich gewinnbringend analysieren, indem man sie als epistemische Konzepte konstruiert. Um diese besser verstehen und präzise explizieren zu können, ist es daher von großem Nutzen, über eine formal ausgearbeitete Epistemologie zu verfügen. Außerdem zeigt sich bei einer näheren Betrachtung, dass es vor allem die dynamischen Aspekte einer solchen formalen Epistemologie sind, die in dieser Hinsicht besonders wichtig sind.[3]

Die Frage, worin das Wesen einer (wissenschaftlichen) Erklärung besteht, hat seit Hempel-Oppenheims (1948) klassischem Artikel wie kaum eine andere die wissenschaftstheoretische Diskussion der letzten Jahrzehnte beschäftigt.[4] Entgegen der Annahme, die den meisten älteren Erklärungstheorien zugrunde liegt, dass lediglich die Explanans- und Explanandum-Sätze und deren inferen-

---

1 Eine gute Darstellung des Frameproblems sowie eine Analyse einiger Lösungsvorschläge finden sich in Janlert (1985).

2 Vgl. sowohl für die Analogie zur KI als auch für die juristische Parallele Gärdenfors (1988, 99ff.).

3 Die philosophische Bedeutung einer Theorie der Überzeugungsänderung für die Analyse epistemischer Begriffe hebt auch Spohn (1987) hervor. Wie eine derartige Theorie für die Analyse des Erklärungs- und des Kausalitätsbegriffs sowie für ein Verständnis von Konditionalaussagen fruchtbar gemacht werden kann, wurde von Gärdenfors (1988, Kap. 7ff.) demonstriert.

4 Einen guten, kritischen Überblick über den Verlauf dieser Diskussion während der ersten vier Jahrzehnte gibt Salmon (1990).

tielle Beziehungen relevant sind für die Frage, ob erstere eine adäquate Erklärung für letztere sind, wurde im Verlauf dieser Debatte immer klarer, dass hierbei auch pragmatische Faktoren relevant sind und kontextuelle Gesichtspunkte nicht außer Acht gelassen werden dürfen.[5] Das wichtigste kontextuelle Element ist dabei selbstverständlich der epistemische Zustand relativ zu welchem die Erklärung gegeben wird. Üblicherweise stellt sich die Frage nach einer Erklärung für ein Explanandum E aber in einem Zustand A, in dem E bereits akzeptiert wird. Da man triviale Selbsterklärungen von E durch E vermeiden möchte, darf daher die Frage nach einer adäquaten Erklärung nicht relativ zu A entschieden werden. Einschlägig ist hier vielmehr derjenige Zustand, der E nicht enthält, sich aber ansonsten nur minimal von A unterscheidet. An dieser Stelle kommen also dynamische Aspekte epistemischer Zustände ins Spiel. Dies ist der Grund, weshalb eine Theorie der Dynamik epistemischer Zustände einen wertvollen Beitrag zur Analyse des Erklärungsbegriffs leisten kann. In ähnlicher Weise ist eine Theorie der Theorieänderung auch bei einer Explikation des Kausalitätsbegriffs, der mit dem Erklärungsbegriff eng verknüpft ist, von großem Nutzen.

Konditionalaussagen (insbesondere kontrafaktische) spielen heute in fast allen Bereichen der analytischen Philosophie eine große Rolle, dennoch ist ihre Semantik bisher nicht befriedigend aufgeklärt.[6] Es gibt aber basierend auf der Theorie der Dynamik epistemischer Zustände sehr viel versprechende Ansätze einer epistemischen Semantik, die nicht die Wahrheits-, sondern die Akzeptanzbedingungen für Konditionalaussagen formuliert. Das Herzstück für eine Verbindung von Konditionalen mit der Dynamik epistemischer Zustände bildet der so genannte Ramsey Test.[7] Dieser kann wie folgt beschrieben werden: Um herauszufinden, ob eine Konditionalaussage in einem Überzeugungszustand akzeptiert wird, füge man zunächst das Antezedens des Konditionals zu den Überzeugungen hinzu und verändere diesen Zustand anschließend minimal, um die Konsistenz der Überzeugungen wiederherzustellen, ohne dabei jedoch die Überzeugung bezüglich des Antezedens aufzugeben. Nun betrachte man, ob in dem so gewonnenen Überzeugungszustand das Konsequens des Konditionals akzeptiert wird. Im ursprünglichen Überzeugungszustand sollte das Konditional genau dann akzeptiert werden, wenn das Konsequens im Endzustand akzeptiert wird. Ebenso wie im Fall der Erklärungsproblematik kommen an dieser Stelle also wiederum dynamische Aspekte

[5] Die Bedeutung von pragmatischen Gesichtspunkten für Erklärungen hat vor allem van Fraassen hervorgehoben; vgl. z. B. van Fraassen (1977; 1980, Kap. 5).

[6] Der locus classicus zu diesem Thema ist selbstverständlich Lewis (1973).

[7] Für den nach ihm benannten Test vgl. Ramsey (1931a, 248).

epistemischer Zustände ins Spiel. Daher kann eine Theorie der Theorieänderung auch zu einem besseren Verständnis von Konditionalaussagen beitragen.[8]

1.1.4 Aufgeklärte Behandlung des Induktionsproblems

Spohn (2005) zeigt ferner auf, dass das Problem der Dynamik epistemischer Zustände annähernd äquivalent zum Induktionsproblem ist, das seit Hume zu den hartnäckigsten und meistbehandelten Fragen der Philosophie zählt. Auch für dieses zentrale Problem kann man sich folglich von einer Theorie der Theorieänderung wertvolle Einsichten erhoffen. Die Gleichheit beider Probleme wird erkennbar, wenn man sie mit Hilfe der formalen Konzepte eines induktiven Schemas beziehungsweise eines Revisionsschemas charakterisiert. Unter einem induktiven Schema versteht Spohn eine Funktion, die jeder beliebigen Folge von Daten eine Menge von Überzeugungen oder, allgemeiner, einen epistemischen Zustand, der über diese Daten hinausgeht, zuordnet. Das Induktionsproblem besteht gemäß dieser Beschreibung in der Frage, ob sich die Verwendung eines bestimmten induktiven Schemas rechtfertigen lässt, und wenn ja, wie. Ein Revisionsschema ist eine Funktion, die jeder beliebigen Menge von Überzeugungen und jedem Datum eine neue Menge von Überzeugungen zuordnet, oder allgemeiner: jedem epistemischen Anfangszustand und jedem Datum einen epistemischen Endzustand. Auch hier stellt sich die Frage, welches der zahllosen Revisionsschemata man verwenden soll. Wie sich leicht einsehen lässt, gibt es eine fast exakte Entsprechung zwischen induktiven Schemata und Revisionsschemata in dem Sinn, dass jeweils ein Schema der einen Sorte dazu benutzt werden kann, ein Schema der anderen Sorte zu gene-

---

8 Ein weiteres, weniger allgemeines, dafür aber umso eindeutigeres Beispiel für einen Fall, in dem eine Theorie der Überzeugungsänderung philosophischen Nutzen zu entfalten vermag, ist die Theorie des Wissens von Lehrer (u.a. 1990b). Nach seiner Analyse ist Wissen äquivalent zu unwiderlegt gerechtfertigter Akzeptanz. Unwiderlegte Rechtfertigung definiert Lehrer dann als Kohärenz mit jedem Element des so genannten Ultrasystems. Der technische Begriff eines Ultrasystems ist also zentral für die von Lehrer vertretene Theorie. Dieses System definiert er wie folgt (Lehrer 1990b, 149 und 194 (n. 11)): „A system *M* is a member of the ultrasystem of *S* at *t* if and only if either *M* is the acceptance system of *S* at *t* or results from eliminating one or more statements of the form, „*S* accepts that *q*", when *q* is false, replacing one or more statements of the form, „*S* accepts that *q*", with a statement of the form, „*S* accepts that not *q*", when *q* is false, or any combination of such eliminations and replacements in the acceptance system of *S* at *t* with the constraint that if *q* logically entails *r* which is false and also accepted, then „*S* accepts that *r*" must also be eliminated or replaced just as „*S* accepts that *q*" was." Wiederum wird bei dieser Explikation des Wissensbegriffs also auf die Veränderung von Überzeugungszuständen rekurriert. Damit diese Analyse befriedigen kann, muss ihr also eine Theorie der Dynamik epistemischer Zustände an die Seite gestellt werden. Auf diesen Punkt geht auch Rott (2001, Kap. 2) ausführlich ein.

rieren. Daher kommt die Frage nach der Dynamik epistemischer Zustände im Wesentlichen dem Induktionsproblem gleich. Wie Spohn weiter ausführt, weist die Frage nach der Dynamik epistemischer Zustände gegenüber der herkömmlichen Diskussion um das Induktionsproblem sogar den Vorzug auf, dass sie einige Schwierigkeiten explizit macht, die in letzterer verdeckt geblieben sind. So geht es etwa im Gegensatz zu den herkömmlichen Bemühungen zum Induktionsproblem bei Theorien zur Überzeugungsdynamik nicht um die überhöhte Forderung nach einer eindeutigen Auszeichnung eines Schemas, sondern lediglich um die Formulierung von Regeln für rationale Schemata, wobei offen bleibt, ob diese Regeln schon eindeutig ein Schema fixieren. Daher können die Bemühungen um eine Theorie der Theorieänderung als eine aufgeklärte Auseinandersetzung mit dem traditionellen Induktionsproblem angesehen werden.

1.1.5 Voraussetzung für eine Bedeutungstheorie

Last but not least verdient ein wichtiger Zusammenhang zwischen einer Theorie der Überzeugungsänderung und einer Theorie der Bedeutung sprachlicher Ausdrücke Beachtung. Nach einer weit verbreiteten Auffassung wird die Bedeutung von Begriffen durch analytische Aussagen festgelegt, in denen diese Begriffe verwendet werden. Die Unterscheidung zwischen analytischen und synthetischen Aussagen, die seit Kant in der Philosophie etabliert ist, wurde allerdings von W.V.O. Quines Kritik in seinem fast schon legendären Artikel *Two Dogmas of Empiricism* in Frage gestellt. Quine macht geltend, dass man angesichts gegenläufiger Erfahrungen an der Wahrheit jeder beliebigen Aussage festhalten kann, wenn man sein Überzeugungssystem an anderer Stelle drastisch genug anpasst, und dass umgekehrt keine Aussage immun gegenüber einer Revision ist. Damit erweist sich die Annahme, dass Aussagen einzeln verifizierbar sind, als falsch. Da ein derartiger Verifikationsatomismus aber gemäß Quines Kritik eine notwendige Voraussetzung für die analytisch/synthetisch-Dichotomie ist, lässt sich diese nicht mehr aufrechterhalten.

Akzeptiert man diese Kritik, so ergibt sich nach Quine ungefähr folgendes Bild: Eine kategoriale Unterscheidung zwischen analytischen und synthetischen Aussagen gibt es nicht; es lässt sich lediglich eine komparative Unterscheidung zwischen *analytischeren* und *synthetischeren* Aussagen, beziehungsweise zwischen bedeutungskonstitutiveren und empirischeren Aussagen, jeweils im Sinne eines „schwerer/leichter revidierbar" (angesichts gegenläufiger Erfahrungen) machen. Das Revisionsverhalten bestimmt somit, welche Aussagen als eher analytisch und welche als stärker synthetisch anzusehen sind. Die Trennung zwischen Theorie(-wandel) und Bedeutung(-swandel) wird verwischt.

Man benötigt somit zunächst eine Theorie der Überzeugungsänderung für eine Explikation der Dichotomie *analytischer/synthetischer*, um darauf aufbauend dann eine Bedeutungstheorie entwickeln zu können. Eine post-Quinesche Theorie der Bedeutung und des Bedeutungswandels muss also eine Theorie der Überzeugungsänderung als integralen Bestandteil enthalten. Aus der großen (philosophischen) Relevanz der ersteren ergibt sich dann eine ebensolche für letztere.[9]

Diese Gründe sollten genügen, um zu belegen, dass die Frage, wie man seine Überzeugungen und Theorien ändert, von vitalem Interesse ist, und dass es folglich überaus wichtig ist, eine Theorie der Theorieänderung zu entwerfen. Vielmehr scheint sich eher die Frage aufzudrängen, weshalb dieser Forschungsbereich erst in den letzten Jahren zur Blüte gelangt ist und zuvor von der philosophischen Tradition weitestgehend ignoriert wurde. Im restlichen Teil dieses Kapitels soll daher der in der Geschichte der Erkenntnistheorie vorherrschende Infallibilismus als eine nahe liegende Erklärung für diesen Umstand diskutiert werden. Zugleich soll der Paradigmenwechsel im 20. Jahrhundert hin zu einem Fallibilismus nicht nur als eine plausible Wurzel für ein Interesse an Fragen der epistemischen Dynamik, sondern auch für ein gestiegenes Interesse an Fragen der epistemischen Rechtfertigung aufgezeigt werden. Es geht also darum zu zeigen, dass die beiden Aspekte, die in der vorliegenden Arbeit in einer Synthese miteinander verbunden werden sollen, ursprünglich sogar aus einer gemeinsamen Quelle entsprungen sein dürften, was es umso natürlicher erscheinen lässt, dass man sich von einer Untersuchung der Verbindungen zwischen diesen beiden Gebieten wertvolle Einsichten erhoffen darf.

---

9 Auf einen derartigen Zusammenhang zwischen einer Theorie der Überzeugungsänderung und einer Bedeutungstheorie hat auch Rott (200+) aufmerksam gemacht. Es sei noch angemerkt, dass es durchaus nicht als eine abwegige These erscheint zu behaupten, dass eine umfassende und völlig befriedigende Theorie der Überzeugungsänderung ihrerseits auf eine Bedeutungstheorie rekurrieren muss, und zwischen beiden Theorien mithin eine echte Interdependenz besteht. In diesem Fall wäre das obige Bild, nach dem man zunächst eine Theorie der Überzeugungsänderung konstruieren könnte, um damit qua analytischer/synthetischer Unterscheidung eine Bedeutungstheorie zu entwickeln, freilich zu optimistisch. Aber auch in diesem Fall wäre eine Beschäftigung mit Theorien der Überzeugungsänderung ein lohnendes Unterfangen, da dadurch eine der beiden Seiten der genannten Interdependenz erhellt werden würde, deren andere Seite eine Bedeutungstheorie ist. Da letztere ohne jede Frage von größter (philosophischer) Bedeutung ist, würde sich auch bei dieser (Rückfall-)Position eine überaus große Relevanz für eine Theorie der Überzeugungsänderung ergeben.

1.2 Skeptizismus

Es steht außer Frage, dass die Geschichte der Erkenntnistheorie vor allem die Geschichte des Versuchs ist, den Skeptizismus zu überwinden. Der Skeptiker, der lieb gewonnene und einem so natürlich erscheinende Wissensansprüche in Zweifel zieht, und der einem in immer neuen skeptischen Szenarien mit einer gehörigen Portion Perfidie immer wieder vor Augen führt, dass doch alles ganz anders sein könnte, als man zu wissen glaubt; dieser Skeptiker ist über Jahrhunderte *das* Schreckgespenst der Erkenntnistheorie gewesen, das es zu überwinden galt. Dieser anti-skeptische Exorzismus ist spätestens mit Descartes' *Meditationen* in das Zentrum der erkenntnistheoretischen Bemühungen gerückt.

Doch was ist eigentlich *Skeptizismus*? Sicher, Skeptizismus ist eine philosophische Position, die darauf aus ist, Wissensansprüche zurückzuweisen oder wenigstens in Frage zu stellen. Versucht man jedoch etwas genauer zu bestimmen, was das Wesen dieser Position ausmacht, so wird schnell klar, dass eine Vielzahl von Differenzierungen erforderlich ist und dass unter dem gemeinsamen Etikett des „Skeptizismus" eine ganze Schar von ähnlichen, aber doch verschiedenen Positionen firmiert. Die beliebte Redeweise von *dem* Skeptiker als Feindbild stellt sich dabei schnell als eine zu sehr vereinfachende Fiktion heraus. Zu unterscheiden ist zum Beispiel, ob jede Form von Erkenntnis bestritten wird (globaler Skeptizismus), oder ob nur die Möglichkeit von Wissen in bestimmten Bereichen bezweifelt wird (lokaler Skeptizismus). Ein Skeptiker könnte beispielsweise lediglich empirische Urteile oder Induktionsschlüsse als Fälle von Erkenntnis zurückweisen, oder er könnte nur an der Existenz der Außenwelt oder an dem Vorhandensein von Fremdpsychischem zweifeln. Gleichzeitig könnte der Skeptiker in andern Bereichen wie etwa der Logik die Möglichkeit von Wissen einräumen, oder er könnte wenigstens einzelne Behauptungen wie etwa Descartes' *cogito* von seinen Bedenken ausnehmen. Ferner sind verschiedene skeptische Positionen nach dem Grad zu unterscheiden, in dem die Möglichkeit von Erkenntnis geleugnet wird. Bestreitet der Skeptiker lediglich, dass man die fraglichen Dinge mit *Gewissheit* wissen kann, oder weist er schlichtweg *jede* Form von Wissen zurück, oder geht er gar so weit zu behaupten, dass es nichts gibt, das man vernünftiger annehmen sollte als irgendetwas anderes?[10]

Zahlreiche Argumente und Gedankenexperimente wurden ersonnen, um skeptische Thesen zu stützen. Zu den bekanntesten darunter zählen Descartes'

---

[10] Das Vorhandensein einer Vielzahl von skeptischen Positionen angedeutet zu haben, soll hier genügen. Für eine eingehende Kategorisierung skeptischer Thesen sei auf die einschlägige Literatur verwiesen. Einen sehr prägnanten Überblick gibt zum Beispiel Stegmüller (1969).

(methodologischer) Zweifel in Form eines genius malignus, der uns fortwährend täuscht, sowie dessen moderne Version in Form von Putnams (1981) Gehirnen im Tank, die ständig von einem Computer mit falschen Informationen versorgt werden, oder Humes berühmtes Argument gegen die Erkennbarkeit von Kausalverknüpfungen. Auch in der jüngeren Zeit wurden Argumente für den Skeptizismus hervorgebracht, so etwa von Peter Unger (1971) oder Keith Lehrer (1971). Der Liste von skeptischen Argumenten steht eine mindestens ebenso lange Reihe von Versuchen gegenüber, Wissensansprüche gegen skeptische Herausforderungen zu behaupten. Oft wurde versucht, den Skeptiker dadurch zu widerlegen, indem man zeigt, dass der Skeptizismus, beziehungsweise bestimmte Formen desselben, inkonsistent sind. Von Kant bis hin zu P.F. Strawson (1959) standen so genannte transzendentale Argumente gegen den Skeptizismus hoch im Kurs und genießen noch heute in einigen Kreisen legendären Ruhm als eine Art „Wunderwaffe“ gegen skeptische Widersacher. Eine andere philosophische Tradition, die von Samuel Johnson bis G.E. Moore (1959) reicht, versucht, durch das Treten von Steinen oder das Heben von Händen verbreiteten Commonsense-Intuitionen zu ihrem Recht zu verhelfen.[11]

Doch ebenso wie es außer Frage steht, dass die Widerlegung des Skeptizismus für Jahrhunderte im Mittelpunkt des erkenntnistheoretischen Interesses gestanden hat, ist es unbestreitbar, dass es keinem dieser anti-skeptischen Versuche beschieden war, auf Dauer die Gesamtheit der Forschergemeinschaft, oder doch wenigstens einen großen Teil derselben, von seinem Erfolg zu überzeugen. Da trotz intensivster Bemühungen der Skeptizismus sich stets als konsistent vertretbare Position behaupten konnte, ist es nicht verwunderlich, dass sich im 20. Jahrhundert in der Erkenntnistheorie weitgehend eine fallibilistische Grundüberzeugung durchgesetzt hat, deren These lautet:[12]

(F) Es gibt keine unfehlbaren Überzeugungen.

Dass aktuale epistemische Subjekte fehlbar sind und dass viele unserer Überzeugungen tatsächlich falsch sind, ist selbstverständlich. Der Fallibilismus behauptet jedoch, dass man auch bei seinen fundiertesten, bei den am besten gerechtfertigten und am gründlichsten geprüften Meinungen damit rechnen muss, dass sie sich als falsch erweisen. Die verzweifelte Suche nach absolut gewisser Erkenntnis und der Versuch einer Legitimation derselben wurden also aufgegeben. Stattdessen wird heute mit (F) ein methodologischer Ausgangs-

---

11 Vgl. zu Johnsons angeblicher Skeptizismus-Widerlegung Boswell (1949).

12 Eine erste prominente Anwaltschaft hat der Fallibilismus bereits zur Wende vom 19. zum 20. Jahrhundert mit dem Antikartesianismus der amerikanischen Pragmatisten gefunden.

punkt gewählt, der selbst durchaus skeptisch zu nennen ist, auch wenn es fallibilistischen Erkenntnistheoretikern durchaus nicht darum geht, dem Skeptizismus Tür und Tor zu öffnen.[13] Es gibt bekannte Gründe dafür, (F) ein klein wenig einzuschränken und einige Überzeugungen von der universellen Fallibilität auszunehmen. Viele Philosophen würden sicher dafür plädieren, dass logisch gültige Sätze und die Behauptung, dass man selbst existiere, sowie die Meinung, dass man *irgendetwas* meint, durchaus als unfehlbar anzusehen seien. Doch selbst wenn man diese Ausnahmen zugesteht, ist man weit von dem entfernt, was sich Erkenntnistheoretiker traditionellen Zuschnitts erhofft haben, die eine wesentlich umfangreichere Klasse von unfehlbaren Meinungen zu etablieren gesucht haben. Man könnte also die fallibilistische These relativieren zu:

(F′) Es gibt keine wesentliche Klasse von unfehlbaren Überzeugungen.

Ebenso wie die einzige Legitimation für den ersten Hauptsatz der Thermodynamik von der Erhaltung der Energie in der jahrhundertelangen negativen Erfahrung der Patentämter besteht, dass kein Perpetuum mobile gebaut werden konnte, ist als Hauptmotiv für den Paradigmenwechsel im Bereich der Erkenntnistheorie die negative Erfahrung beständig erfolgloser Versuche anzusehen, ein absolut gewisses Fundament der Erkenntnis zu errichten. Obschon der Fallibilismus allen weiteren Überlegungen der vorliegenden Arbeit zugrunde liegt, soll und kann hier nicht der Versuch unternommen werden, den Leser argumentativ von dessen Richtigkeit zu überzeugen. Alle folgenden Ausführungen bleiben also relativiert auf die Prämisse des Fallibilismus, von der jeder prüfen mag, ob er sie akzeptiert oder nicht. Für diejenigen Leser, die von der Infallibilität ihrer Meinungen überzeugt sind, enthält dieser Band nichts, das von Interesse für sie sein könnte.

1.3 Das statische und das dynamische Projekt des Fallibilismus

Wenn alle Überzeugungen fallibel sind, wenn man sich trotz aller Sorgfalt also stets irren kann, wird es im Laufe des Strebens nach Erkenntnis von Zeit zu Zeit erforderlich sein, dass man Meinungen, von denen man einmal überzeugt

---

[13] Fallibilistische Erkenntnistheorien gehen zwar von der universellen Fehlbarkeit von Meinungen aus, betonen aber nicht selten pragmatische und soziale Aspekte des Erkennens. Zweifel ist in diesen Kontexten nur dann sinnvoll, wenn man Gründe zum Zweifeln hat, oder von anderen aufgefordert wird, ihre Einwände zu widerlegen. Demgemäß ist es nicht notwendig, Zweifel des philosophischen Skeptizismus auszuräumen, um über (fallibles) Wissen zu verfügen.

war, aufgibt oder durch andere Meinungen ersetzt. Die Regeln, nach denen derartige Überzeugungsänderungen vonstatten gehen beziehungsweise gehen sollten, sind allerdings keineswegs trivial, so dass eine der wichtigsten Aufgaben für den Fallibilisten darin bestehen muss, die Mechanismen der Dynamik epistemischer Zustände aufzuklären. Dieses Vorhaben werde ich auch das *dynamische Projekt des Fallibilismus* nennen. Natürlich stellt sich die Frage, wie man seine Überzeugungen ändert, nicht erst seit man eine fallibilistische Grundüberzeugung eingenommen hat, aber seit diesem Paradigmenwechsel stellt sich diese Frage besonders eindringlich. Dass aktuale epistemische Subjekte unzulänglich sind und sich irren können und folglich ihre Meinungen gelegentlich revidieren müssen, wird auch der Infallibilist einräumen, aber er kann sich damit trösten, dass dies lediglich faktische und nicht notwendige Mängel sind. Der Infallibilist kann einem etwas naiven Bild des Lernens nachhängen: Zunächst sollte man sein Meinungssystem säubern und nur noch an denjenigen Meinungen festhalten, die unfehlbar sind, danach sollte man sein Wissen stets nur um ebenfalls absolut gewisse Überzeugungen erweitern, so dass es fortan nicht mehr erforderlich sein wird, frühere Meinungen aufzugeben oder zu revidieren.[14] Dass man von einem solchen idyllischen Erkenntnisprozess weit entfernt ist, wird auch der Infallibilist zugestehen, aber für ihn stellt dieses Bild kein utopisches Ideal dar, so dass er sich damit abfinden kann, dass lästige Revisionen und Kontraktionen von Meinungen nicht ein notwendiger Bestandteil des Erkenntnisprozesses sind; einfache, unproblematische Expansionen, die zu einem monotonen Wissenszuwachs führen, sind alles, was *wesentlich* erforderlich ist.

Erst wenn man also die Irrtumsmöglichkeit als unvermeidlichen Bestandteil des menschlichen Strebens nach Wissen akzeptiert hat, kommt man nicht mehr umhin, sich auch ernsthaft Gedanken darüber zu machen, wie kompliziertere Formen der Meinungsänderung funktionieren. Es dürfte also kein Zufall sein, dass dieser Forschungsbereich, der unter Bezeichnungen wie *belief revision*, *theory of theory change* oder *dynamics of epistemic/doxastic states* betrieben wird, erst relativ jung ist, und die als Standard auf diesem Gebiet anzusehende Theorie von Alchourrón, Gärdenfors und Makinson erst 1985 veröffentlicht wurde.

Wie schon eingangs erwähnt, geht es weder in alltäglichen Situationen, geschweige denn in wissenschaftlichen Kontexten darum, einfach nur Meinun-

---

[14] Selten wird ein derartiges Verständnis des Lernprozesses von Infallibilisten explizit zum Ausdruck gebracht, aber das ausgeprägte Desinteresse, elaboriertere Modelle der Dynamik epistemischer Zustände auszuarbeiten, muss wohl als Indiz dafür gewertet werden, dass man in diesem Bereich keine erheblichen Schwierigkeiten erblickt hat und relativ naive Vorstellungen von den fraglichen Vorgängen hatte. Das hier skizzierte Bild entspricht in etwa der Vorgehensweise von Descartes in seinen *Meditationen*.

gen zu haben, sondern darum, *gerechtfertigte* Meinungen oder gar Wissen zu erlangen. Dem Rechtfertigungsbegriff kommt in der Erkenntnistheorie also eine zentrale Bedeutung zu. Ebenso wie bei der Dynamik epistemischer Zustände erweist sich allerdings auch die Explikation des Rechtfertigungsbegriffs als durchaus nicht triviales Unterfangen und ist schon seit geraumer Zeit Zankapfel von Erkenntnistheoretikern verschiedenster Provenienz.

Es obliegt dem Fallibilisten, nicht nur Aufklärung über die Dynamik des Wissens zu liefern, sondern auch zu explizieren, wie eine Rechtfertigung von Überzeugungen unter der fallibilistischen Prämisse erfolgreich sein kann. Dies werde ich auch das *statische Projekt des Fallibilismus* nennen.

1.4 Weshalb eine umfassende fallibilistische Epistemologie wünschenswert ist

Der Fallibilist muss also zwei Fragen beantworten: (1) Wie ändert man seine Überzeugungen im Laufe der Zeit; (2) Wie rechtfertigt man seine falliblen Überzeugungen zu einem gegebenen Zeitpunkt. Nachdem sich im 20. Jahrhundert eine fallibilistische Grundüberzeugung durchgesetzt hat, wurde die erkenntnistheoretische Diskussion der letzten Jahrzehnte deshalb konsequenterweise vor allem von eben diesen beiden Fragestellungen dominiert. Einerseits wurden Theorien der Dynamik epistemischer Zustände entwickelt, andererseits gehen statische Theorien im Rahmen einer Explikation des Wissensbegriffs der Frage nach, wie ein epistemisches Subjekt seine Überzeugungen zu einem gegebenen Zeitpunkt rechtfertigt. Auffällig ist dabei, dass das statische und das dynamische Projekt des Fallibilismus jeweils unabhängig voneinander betrieben wurden. Somit sind heute einerseits Theorien verfügbar, die die Dynamik epistemischer Zustände beschreiben, jedoch nichts über die statischen Rechtfertigungsmechanismen aussagen; und andererseits sind Theorien verfügbar, die den Rechtfertigungsbegriff explizieren, aber nicht in der Lage sind, die dynamischen Aspekte epistemischer Systeme zu beschreiben.[15] Es ist dagegen aber wünschenswert - so meine These - über eine umfassende fallibilistische Epistemologie zu verfügen, die statische *und* dynamische Aspekte des Wissens beschreibt.

---

[15] Eine gewisse Ausnahme hiervon bilden die so genannten *Reason Maintenance Systems* von J. Doyle, die die Dynamik epistemischer Zustände unter Berücksichtigung von rechtfertigenden Zusammenhängen zu beschreiben suchen. Allerdings liegt Doyles Theorie ein unzureichender Rechtfertigungsbegriff zugrunde, so dass auch dieser Ansatz nicht befriedigen kann. Doyles Theorie wird ausführlich in Abschnitt 9.3 diskutiert.

Solange man annimmt, dass diese beiden Bereiche unabhängig voneinander sind, ist es allerdings nicht einleuchtend, weshalb eine derartige umfassende Theorie erstrebenswert sein sollte. Beispielsweise ist es sicher wünschenswert, über eine Theorie der Planetenbewegung zu verfügen, ebenso wie es erstrebenswert ist, eine Theorie über die Abstammung des Menschen zu entwerfen. Wenn man aber von der durchaus plausiblen Annahme ausgeht, dass die Planetenbewegung und die Abstammung des Menschen (weitestgehend) unabhängig voneinander sind, ist es aber überhaupt nicht einzusehen, weshalb man versuchen sollte, eine Theorie zu formulieren, die sowohl die Planetenbewegung als auch die Abstammung des Menschen zu beschreiben vermag. Die Redundanz einer derartigen Theorie liegt darin begründet, dass aufgrund der Unabhängigkeit der beiden Bereiche jeweils Teiltheorien für die Planetenbewegung und die Abstammung des Menschen erstellt werden können, die auf ihrem Gebiet alle Phänomene vollständig beschreiben, ohne dass sie auf den jeweils anderen Bereich rekurrieren müssten.

Da für die Frage, wie man zu einem gegebenen Zeitpunkt seine Meinungen rechtfertigt, stets nur die Beschaffenheit des epistemischen Systems zu eben diesem fraglichen Zeitpunkt relevant ist, kann man davon ausgehen, dass das statische Projekt des Fallibilismus unabhängig vom dynamischen Projekt ist. Umgekehrt hat aber schon das Sherlock-Marple-Beispiel gezeigt, dass für die Frage, wie man seine Überzeugungen im Laufe der Zeit ändert, die statischen Rechtfertigungsstrukturen durchaus relevant sind. Ist das dynamische Projekt des Fallibilismus aber nicht unabhängig vom statischen Projekt, so kann man auch nicht vernünftigerweise hoffen, dass eine dynamische Teiltheorie unter Ausblendung statischer Aspekte der Rechtfertigung befriedigend alle dynamischen Phänomene beschreiben kann. In diesem Fall könnte nur eine fallibilistische Epistemologie befriedigend sein, der es gelingt, statische und dynamische Theorien zu einer Gesamttheorie zu verbinden und somit der Abhängigkeit der Dynamik von der Statik Rechnung trägt.

(Abhängigkeitsthese) Eine adäquate Modellierung der Dynamik epistemischer Zustände ist nur mit Rekurs auf statische Rechtfertigungsstrukturen möglich.

Diese Abhängigkeitsthese zu etablieren ist das Ziel des ersten Teils der vorliegenden Arbeit. In einem zweiten Teil soll dann der Versuch unternommen werden, eine umfassende fallibilistische Epistemologie der genannten Art zu entwerfen. In einer schwachen Lesart ist die Abhängigkeitsthese sicherlich ein Gemeinplatz unter Überzeugungsänderungstheoretikern. Selbst exponierte Vertreter von Theorien der Theorieänderung, die Rechtfertigungsstrukturen unberücksichtigt lassen, konstatieren gelegentlich, dass derartige Strukturen grundsätzlich eine gewisse Rolle bei der Dynamik epistemischer Systeme spielen, und dass es wünschenswert wäre, in einer idealen Theorie der Überzeugungsänderung diese zu berücksichtigen. So schreibt etwa Gärdenfors (1988) mit Blick auf seine Modellierung von Überzeugungsänderungen mit Hilfe von so genannten Überzeugungsmengen:[16]

> However, belief sets cannot be used to express that some beliefs may be *reasons* for other beliefs. [...] And intuitively [...] we want the structure of reason or justification to count as well. [...] the structure of belief sets is not rich enough to describe our intuitions [...] I admit that the postulates for contractions and revisions that have been introduced here are quite simple-minded [...] because our intuitions are based on a richer structure on beliefs than what can be represented in the models investigated in this book, these intuitions, as we have seen, sometimes conflict with the consequences of the postulates that can be formulated for the models.

Es wird aber meines Erachtens oft übersehen, dass Rechtfertigungsstrukturen bei der Dynamik epistemischer Zustände sogar eine *Schlüsselrolle* zukommt, und dass ein Ignorieren dieser statischen Zusammenhänge zwangsläufig zu dynamischen Theorien mit hochgradig kontraintuitiven Konsequenzen führen muss. Mein Ziel ist es deshalb, die Abhängigkeitsthese in einer starken Lesart zu etablieren, nach der jede Theorie der Dynamik epistemischer Zustände, die überhaupt nur ein Mindestmaß an Plausibilität genießen will, sensibel gegenüber statischen Rechtfertigungsstrukturen sein muss.

Einerseits kann für die Abhängigkeitsthese *direkt* argumentiert werden, indem man an konkreten Alltagsbeispielen wie dem Sherlock-Marple-Fall demonstriert, dass Zustände, die sich hinsichtlich ihrer statischen Rechtfertigungsstruktur unterscheiden, zu verschiedenen dynamischen Verhaltensweisen führen. Andererseits kann für diese These *indirekt* argumentiert werden, indem man zeigt, dass Versuche, die Dynamik epistemischer Zustände ohne Rekurs auf Rechtfertigungsstrukturen zu beschreiben, zu wünschen übrig lassen. Im Folgenden wird lediglich von der indirekten Methode Gebrauch gemacht werden.

Zunächst werde ich versuchen, von der Überzeugungsänderungstheorie von Alchourrón, Gärdenfors und Makinson (1985) (kurz: AGM), die trotz mancher Modifikationen und konkurrierender Modelle als Standard in diesem Bereich angesehen werden kann, nachzuweisen, dass sie in bestimmten Situationen zu kontraintuitiven Beschreibungen der Dynamik von Überzeugungen führt und dass sich diese Probleme jeweils deshalb ergeben, weil in den fraglichen Situationen rechtfertigende Zusammenhänge zum Tragen kommen, ohne dass diese von AGM berücksichtigt werden (Kap. 2). In gleicher Weise soll anschließend die Theorie des Bayesianismus kritisch analysiert werden (Kap. 3). Nach der Etablierung der Abhängigkeitsthese wird dann in Kap. 4 mit der

[16] Gärdenfors (1988, 67 f.).

Einführung eines axiomatisch charakterisierten Rechtfertigungsoperators eine abstrakte Konzeption der Rechtfertigung entwickelt, die es erlaubt, Rechtfertigungsstrukturen in Überzeugungsänderungstheorien zu integrieren, ohne sich zunächst auf eine spezielle Explikation des Rechtfertigungsbegriffs festlegen zu müssen. Im zentralen Kap. 5 soll basierend auf einem derartigen Rechtfertigungsoperator eine statodynamische Erkenntnistheorie entwickelt werden, welche die Dynamik epistemischer Zustände mit Rekurs auf statische Rechtfertigungsstrukturen beschreibt. Anschließend wird noch ein Nebenfall der Überzeugungsdynamik behandelt (Kap. 6). Um die abstrakte Konzeption eines Rechtfertigungsoperators zu konkretisieren, muss dieser noch eine Explikation des Rechtfertigungsbegriffs zur Seite gestellt werden. Um zu diesem Zweck aus der Vielzahl der Rechtfertigungstheorien, die heute verfügbar sind, sinnvoll eine auswählen zu können, sollen zunächst eine Reihe von Adäquatheitsbedingungen für eine solche Theorie formuliert werden (Kap. 7), bevor dann eine spezielle Rechtfertigungskonzeption vorgestellt und diskutiert werden soll (Kap. 8). Abschließend sollen einige andere Ansätze und mögliche Einwände diskutiert werden (Kap. 9).

2 Die dynamische Theorie von AGM

Carlos Alchourrón, Peter Gärdenfors und David Makinson haben Mitte der achtziger Jahre mit ihrem legendären Artikel *On the Logic of Theory Change: Partial Meet Contraction and Revision Functions* ein Paradigma für die Theorie der Theorieänderung geschaffen, das trotz mancher Modifikationen und konkurrierender Modelle als Standard in diesem Bereich anzusehen ist. In diesem Kapitel soll die Theorie des AGM-Trios zunächst rekapituliert und dann einer kritischen Analyse unterzogen werden. Die rein darstellenden Teile werden dabei dem Leser, der mit dieser Theorie bereits vertraut ist, nichts Neues bringen.[17]

2.1 Überzeugungsmengen

Der epistemische Zustand, in dem sich eine Person, oder allgemeiner ein epistemisches Subjekt befindet, wird repräsentiert als eine Menge von Sätzen. Die intendierte Interpretation dabei ist selbstverständlich, dass diese Menge aus genau denjenigen Sätzen besteht, die von der Person in dem zu modellierenden Zustand akzeptiert werden. Diese Repräsentation ist einfach und deshalb sehr nahe liegend.[18] Von der Sprache, in der diese Sätze formuliert werden, wird bis auf weiteres nur vorausgesetzt, dass sie die üblichen aussagenlogischen Junktoren enthält. Bei dieser Modellierung eines epistemischen Zustandes durch eine Satzmenge A sind folgende epistemische Einstellungen ausdrückbar, die eine Person gegenüber einem Satz x einnehmen kann:

(i) $x \in A$: x wird akzeptiert.
(ii) $\neg x \in A$: x wird abgelehnt.
(iii) $x \notin A$ und $\neg x \notin A$: x ist unbestimmt.

---

[17] Obschon der Originalartikel des AGM-Trios an Klarheit kaum Wünsche offen lässt, wird die Darstellung in didaktischer Hinsicht von der Präsentation in Gärdenfors (1988) noch übertroffen, welche auch der folgenden Rekapitulation zugrunde gelegt wurde.

[18] Es sei darauf hingewiesen, dass es in der Literatur zahlreiche andere Modellierungen epistemischer Zustände gibt. Beispielsweise ist es möglich, den epistemischen Zustand eines Subjekts durch eine Menge von möglichen Welten, eine Rangfunktion auf der Menge der möglichen Welten oder durch eine Wahrscheinlichkeitsverteilung auf der Sprache zu repräsentieren. Einen guten Überblick über derartige Modellierungen gibt Gärdenfors (1988, Kap. 2).

Nicht jede Satzmenge repräsentiert einen *rationalen* epistemischen Zustand. Als Rationalitätskriterien fordert man Konsistenz und deduktive Geschlossenheit. Satzmengen, die diesen beiden Kriterien genügen, werden *Überzeugungsmengen* (*belief sets*) genannt. Wenn man als Satzkonstanten für Wahrheit und Falschheit $\top$ und $\bot$ einführt und den deduktiven Abschluss einer Satzmenge A mit $Cn(A)$ bezeichnet („Cn" für engl.: consequence), so lassen sich Überzeugungsmengen also definieren als:[19]

(Def ÜM) Eine Satzmenge A ist eine (nicht-absurde) Überzeugungsmenge gdw
(i) $A = Cn(A)$ und (ii) $\bot \notin A$.

Aus technischen Gründen ist es vorteilhaft, auch die Sprache **L**, also die Menge aller Sätze, als Überzeugungsmenge zu erachten. Diese Menge wird *absurde* Überzeugungsmenge genannt und mit $A_\bot$ bezeichnet. Da aktuale epistemische Subjekte weder ideal konsistente, geschweige denn deduktiv geschlossene Überzeugungsmengen unterhalten, ist es offensichtlich, dass die vorgestellte Theorie neben einem deskriptiven einen deutlich normativen Aspekt aufweist und somit ein *Rationalitätsideal* charakterisiert.

Eine Überzeugungsänderung bezüglich x besteht darin, dass eine der oben angeführten epistemischen Einstellungen in eine der beiden anderen geändert wird. Insgesamt sind sechs derartige Änderungen möglich, die aus Symmetriegründen allerdings natürlicherweise zu drei Gruppen zusammengefasst werden. Eine *Expansion* besteht darin, dass die epistemische Einstellung „x ist unbestimmt" geändert wird zu „x wird akzeptiert" oder „$\neg x$ wird akzeptiert" (= „x wird abgelehnt"). Bei einer Expansion wird eine neue Meinung zur Überzeugungsmenge hinzugefügt, ohne dass eine alte Meinung aufgegeben wird. Eine *Kontraktion* besteht darin, dass die epistemische Einstellung „x wird akzeptiert" oder „x wird abgelehnt" geändert wird zu „x ist unbestimmt". Bei einer Kontraktion wird also eine alte Meinung aufgegeben. Expansionen und Kontraktionen gemeinsam ist, dass sie konsistente Überzeugungsänderungen sind; in einer expandierten oder kontrahierten Überzeugungsmenge wird kein Satz akzeptiert, der inkonsistent mit dem ursprünglichen Überzeugungszustand ist. Eine *Revision* besteht darin, dass entweder „x wird akzeptiert" geändert wird zu

---

[19] An dieser Stelle wird vorausgesetzt, dass der Objektsprache eine Logik zugrunde liegt, die die folgenden „üblichen" Eigenschaften besitzt: Ein Satz x ist logisch gültig gdw er eine Folgerung aus der leeren Menge ist. Von der Folgerungsrelation $\vdash$ wird vorausgesetzt: (1) Wenn x eine aussagen-logische Tautologie ist, dann $\vdash x$. (2) Modus Ponens. Wenn $\vdash x \rightarrow y$ und $\vdash x$, dann $\vdash y$. (3) Nicht $\vdash \bot$, das heißt $\vdash$ ist konsistent. (4) Deduktionstheorem. $\vdash x \rightarrow y$ gdw $x \vdash y$. (5) Kompaktheit. Wenn x aus einer Menge A ableitbar ist, dann ist x aus einer endlichen Teilmenge von A ableitbar.

„*x* wird abgelehnt“ oder „*x* wird abgelehnt“ geändert wird zu „*x* wird akzeptiert“. Da bei einer Revision ein Satz akzeptiert wird, dessen Negation ursprünglich akzeptiert wurde, ist diese Art der Überzeugungsänderung nicht konsistent.

2.2 Expansionen

Expansions-, Revisions- und Kontraktionsoperationen sollen in den nächsten Abschnitten jeweils zunächst durch bestimmte *Rationalitätspostulate* charakterisiert werden. Anschließend soll untersucht werden, welche *konstruktiven Mechanismen* der Überzeugungsänderung diesen Postulaten jeweils genügen. Die einzelnen Postulate sollen hier nur wesentlich knapper motiviert werden als in den Originalveröffentlichungen. Strittige Axiome werden allerdings an späteren Stellen dieses Bands ausführlich diskutiert. Wenn A die ursprüngliche Überzeugungsmenge ist, so wird die Expansion von A bezüglich x mit $A+x$ bezeichnet. Es wird gefordert, dass $A+x$ wieder eine Überzeugungsmenge ist:[20]

(Abschluss) $A+x$ ist eine Überzeugungsmenge.

Es wird also gefordert, dass + eine Funktion von **A x L** nach **A** ist, wobei **A** die Menge aller Überzeugungsmengen sei. Expandiert man A bezüglich x, so sollte in dem neuen Überzeugungszustand x auch tatsächlich akzeptiert werden:

(Erfolg) $x \in A+x$.

Da Information wertvoll ist, sollte man vermeiden, dass Information unnötigerweise verloren geht (*Prinzip der informationellen Ökonomie*). Da der intendierte Anwendungsfall einer Expansion in der Aufnahme einer Information besteht, die konsistent mit den bisherigen Überzeugungen ist, kann man bei einer Expansion alle bisherigen Überzeugungen aufrechterhalten. Das Prinzip der informationellen Ökonomie gebietet deshalb:

(Inklusion) $A \subseteq A+x$.

---

[20] Die Formeln sind jeweils so zu lesen, dass über offene Variablen eine beschränkte Allquantifikation durchgeführt wird; also: „Für alle Überzeugungsmengen A und alle Sätze x gilt: ...“ Die Bezeichnung der Postulate übernehme ich übersetzt von AGM und Hansson (1999).

Zu beachten ist, dass auch im abnormen Fall, in dem die neue Information inkonsistent mit den bisherigen Überzeugungen ist, das heißt, falls $\neg x \in A$, dieses Axiom zu fordern ist, da in diesem Fall per Konvention $A+x = A_{\perp}$ sein sollte, und die Inklusion somit trivialerweise erfüllt ist. Falls x in A bereits akzeptiert wird, sollte die Expansion von A bezüglich x selbstverständlich keine Auswirkungen auf den epistemischen Zustand haben:

(Redundanz) Falls $x \in A$, dann $A+x = A$.

Sei einmal angenommen, dass in dem epistemischen Zustand B mindestens so viel gewusst wird wie in dem Zustand A, das heißt $A \subseteq B$, und sei weiter angenommen, dass man jeweils die Expansion bezüglich x bildet, dann sollte $A+x$ keine Überzeugungen enthalten, die nicht auch in $B+x$ enthalten sind:

(Monotonie) Falls $A \subseteq B$, dann $A+x \subseteq B+x$.

Da man nicht grundlos irgendwelche Überzeugungen haben sollte, ist es vernünftig zu fordern, dass $A+x$ keine Überzeugungen enthält, die nicht von den anderen Postulaten eingefordert werden:

(Minimalität) $A+x$ ist die kleinste Überzeugungsmenge, die *Abschluss*, *Erfolg*, *Inklusion*, *Redun*danz und *Monotonie* erfüllt.

Folgendes Repräsentationstheorem für Expansionen zeigt, welche explizite Prozedur den geforderten sechs Postulaten genügt:

> THEOREM 2.1: Die Expansionsfunktion + erfüllt *Abschluss*, *Erfolg*, *Inklusion*, *Redundanz*, *Monotonie* und *Minimalität* gdw $A+x = Cn(A \cup \{x\})$.

Beweise zu allen Theoremen, die in dieser Arbeit lediglich wiedergegeben werden, können in den jeweiligen Originalveröffentlichungen nachgelesen werden und sollen hier nicht ausgeführt werden.[21]

2.3 Revisionen

Die Revision von A bezüglich x wird mit $A*x$ bezeichnet. Auch im Fall der Revision wird gefordert, dass $*$ eine Funktion von **A x L** nach **A** ist, das heißt:

---

[21] Ein Beweis für Theorem 2.1 findet sich zum Beispiel in Gärdenfors (1988, 211).

(Abschluss) $A{*}x$ ist eine Überzeugungsmenge.

Auch im Fall der Revision soll die neue Information in der revidierten Überzeugungsmenge akzeptiert werden:

(Erfolg) $x \in A{*}x$.

Eigentlich ist der Revisionsprozess für Fälle gedacht, in denen der Input x inkonsistent mit den bisherigen Überzeugungen ist, das heißt $\neg x \in A$, aber man kann ihn sehr einfach so verallgemeinern, dass er für alle Argumente definiert ist. Im Fall $\neg x \notin A$ soll die Revision selbstverständlich identisch mit der Expansion sein. Diese Bedingung wird in Form von zwei Teilbedingungen formuliert:

(Inklusion) $A{*}x \subseteq A{+}x$.
(Leere) Falls $\neg x \notin A$, dann $A{+}x \subseteq A{*}x$.

Im Fall von *Inklusion* kann die Bedingung $\neg x \notin A$ weggelassen werden, denn falls $\neg x \in A$ gilt, so ist $A{+}x = A_\perp$ und *Inklusion* ist somit trivialerweise erfüllt. Es sollte um jeden Preis vermieden werden, dass man eine inkonsistente Überzeugungsmenge hat. Falls $\neg x$ logisch gültig ist, lässt sich dies allerdings wegen *Abschluss* und *Erfolg* nicht realisieren, in allen anderen Fällen sollte $A{*}x$ aber konsistent sein:

(Konsistenz) $A{*}x = A_\perp$ gdw $\vdash \neg x$.

Wenn zwei Sätze logisch äquivalent sind, sollten sie auch zu identischen Überzeugungsänderungen führen:

(Extensionalität) Falls $Cn(x) = Cn(y)$, dann $A{*}x = A{*}y$.

Die bisherigen sechs Postulate *Abschluss*, *Erfolg*, *Inklusion*, *Leere*, *Konsistenz* und *Extensionalität* bilden die so genannten *Grundpostulate* der AGM-Revision. Darüber hinaus werden noch zwei *Zusatzpostulate* gefordert.

Angenommen man will eine Überzeugungsmenge A bezüglich x und y revidieren und angenommen y sei konsistent mit $A{*}x$, dann kann man x und y nacheinander zu A hinzufügen und bei der Hinzufügung von y eine Expansion durchführen: $(A{*}x){+}y$. Man kann x und y aber auch auf einmal zu A hinzufügen, indem man bezüglich $x \& y$ revidiert: $A{*}(x \& y)$. Das Resultat sollte in beiden Fällen identisch sein. Diese Bedingung wird wiederum in zwei Teilbedingungen zerlegt:

(Superexpansion) $A*(x\&y) \subseteq (A*x)+y$.
(Subexpansion) Falls $\neg y \notin A*x$, dann $(A*x)+y \subseteq A*(x\&y)$.

Bei *Superexpansion* kann die Bedingung $\neg y \notin A*x$ weggelassen werden, denn falls $\neg y \in A*x$ gilt, ist $(A*x)+y = A_\perp$ und *Superexpansion* ist somit trivialerweise erfüllt.

2.4 Kontraktionen

Die Kontraktion von A bezüglich x wird mit $A–x$ bezeichnet. Auch im Fall der Kontraktion wird gefordert, dass – eine Funktion von **A x L** nach **A** ist, das heißt:

(Abschluss) $A–x$ ist eine Überzeugungsmenge.

Da $A–x$ aus A gebildet wird, indem man einige Überzeugungen aufgibt, sollten in $A–x$ keine neuen Überzeugungen enthalten sein:

(Inklusion) $A–x \subseteq A$.

Falls x gar nicht in A enthalten ist, gebietet das Prinzip der informationellen Ökonomie, dass keine Überzeugungen aufgegeben werden:

(Leere) Falls $x \notin A$, dann $A–x = A$.

Die Kontraktion von A bezüglich x sollte erfolgreich sein und x nicht mehr enthalten (außer wenn x logisch gültig ist):

(Erfolg) Falls $\nvdash x$, dann $x \notin A–x$.

Das Prinzip der informationellen Ökonomie motiviert auch das nächste Postulat. Wenn man eine Überzeugungsmenge A erst bezüglich x kontrahiert und dann wieder bezüglich x expandiert, so sollte nichts verloren gehen, das heißt alle alten Überzeugungen sollten wiederhergestellt werden:[22]

(Wiederherstellung) $A \subseteq (A–x)+x$.

[22] Die von Gärdenfors (1988) eingeführte Relativierung dieses Postulats auf die Antezedensbedingung $x \in A$ wird hier weggelassen. Falls $x \notin A$, so ist wegen *Leere* $A–x = A$ und *Wiederherstellung* gilt wegen des Expansionsaxioms *Inklusion* trivialerweise.

Analog zum Revisionsfall wird auch bei der Kontraktion ein Extensionalitätspostulat gefordert, das in gleicher Weise motiviert werden kann:

(Extensionalität) Falls $Cn(x) = Cn(y)$, dann $A{-}x = A{-}y$.

Die bisherigen sechs Postulate *Abschluss*, *Inklusion*, *Leere*, *Erfolg*, *Wiederherstellung* und *Extensionalität* bilden die so genannten *Grundpostulate* der AGM-Kontraktion. Darüber hinaus werden noch zwei *Zusatzpostulate* gefordert.

Wenn eine Überzeugung der Form $x\&y$ aufgegeben werden muss, kann man normalerweise wählen, ob man x aufgibt oder ob man y aufgibt oder ob man x und y beide aufgibt. Es scheint also, als ob man bei der Kontraktion bezüglich $x\&y$ höchstens so viel aufgeben muss, wie man verlieren würde, wenn man x und y beide aufgeben würde:

(Konjunktive Überlappung) $A{-}x \cap A{-}y \subseteq A{-}(x\&y)$.

Wenn man sich bei der Kontraktion von A bezüglich $x\&y$ dafür entscheidet, x aufzugeben, so scheint es, als ob man bei dieser Kontraktion mindestens so viel verliert, als ob man A nur bezüglich x kontrahiert:

(Konjunktive Inklusion) Falls $x \notin A{-}(x\&y)$, dann $A{-}(x\&y) \subseteq A{-}x$.

2.5 Die Identitäten von Levi und Harper

AGM argumentieren dafür, dass sich Revisionen und Kontraktionen wechselseitig übereinander definieren lassen (falls Expansionen als gegeben vorausgesetzt werden). Levi (1977) folgend wird die Revision $A{*}x$ von A bezüglich x analysiert: Zunächst entfernt man durch Kontraktion bezüglich $\neg x$ alles, was mit x konfligiert und fügt dann x durch eine Expansion hinzu. Formal führt dies zu folgender Definition von $A{*}x$:

(Levi Identität) $A{*}x := (A{-}{\neg}x){+}x$.

Es stellt sich die Frage, ob $A{*}x$ die geforderten Revisionspostulate erfüllt, wenn man $A{*}x$ gemäß der Levi Identität definiert. Das folgende Theorem gibt eine affirmative Antwort:[23]

[23] Ein Beweis für Theorem 2.2 findet sich in Alchourrón/Gärdenfors/Makinson (1985) beziehungsweise in Gärdenfors (1988, 215). Es ist zu beachten, dass bei den Teilaussagen (i) und (iii) von Theorem 2.2 nicht vorausgesetzt wird, dass die Kontraktionsfunktion *Wiederherstel-*

THEOREM 2.2: Wenn man $A*x$ gemäß der Levi Identität definiert und die Kontraktionsfunktion – *Abschluss*, *Inklusion*, *Leere*, *Erfolg* und *Extensionalität* erfüllt und die Expansionsfunktion + *Abschluss*, *Erfolg*, *Inklusion*, *Redundanz*, *Monotonie* und *Minimalität* erfüllt, dann gilt: (i) die Revisionsfunktion * erfüllt *Abschluss*, *Erfolg*, *Inklusion*, *Leere*, *Konsistenz* und *Extensionalität*; (ii) falls die Kontraktionsfunktion – zusätzlich *Wiederherstellung* und *Konjunktive Überlappung* erfüllt, so erfüllt die Revisionsfunktion * auch *Superexpansion*; (iii) falls die Kontraktionsfunktion – zusätzlich zu den anfänglich gemachten Voraussetzungen *Konjunktive Inklusion* erfüllt, so erfüllt die Revisionsfunktion * auch *Subexpansion*.

Harper (1976) folgend kann die Kontraktion $A-x$ von A bezüglich x analysiert werden: $A-x$ sollte von A soviel wie möglich enthalten, das x nicht impliziert. $A*\neg x$ enthält von A soviel wie möglich, das x nicht impliziert. Allerdings ist $A*\neg x$ zu groß, da es natürlich auch $\neg x$ und seine Folgerungen enthält. Um von $A*\neg x$ nach $A-x$ zu gelangen, müssen noch diejenigen Überzeugungen entfernt werden, die nicht im ursprünglichen A enthalten waren. Formal führt dies zu folgender Definition von $A-x$:

(Harper Identität) $\quad A-x := A \cap A*\neg x.$

Analog zum Revisionsfall stellt sich auch hier die Frage, ob $A-x$ die Kontraktionspostulate erfüllt, wenn man $A-x$ gemäß der Harper Identität definiert. Auch hier kann eine komfortable Antwort gefunden werden:[24]

THEOREM 2.3: Wenn man $A-x$ gemäß der Harper Identität definiert und die Revisionsfunktion * *Abschluss*, *Erfolg*, *Inklusion*, *Leere*, *Konsistenz* und *Extensionalität* erfüllt, dann gilt: (i) die Kontraktionsfunktion – erfüllt *Abschluss*, *Inklusion*, *Leere*, *Erfolg*, *Wiederherstellung* und *Extensionalität*; (ii) falls die Revisionsfunktion * zusätzlich *Superexpansion* er-

---

lung erfüllt. In Gärdenfors (1988) findet sich sogar ein stärkeres Theorem, wonach auch bei der Teilaussage (ii) *Wiederherstellung* nicht vorausgesetzt werden muss. Obwohl Gärdenfors an dieser Stelle auch ausdrücklich betont, dass *Wiederherstellung* nicht vorausgesetzt werden muss, ist davon auszugehen, dass es sich hierbei um einen Fehler handelt, weil Gärdenfors beim anschließenden Beweis der Teilaussage (ii) explizit von der Voraussetzung Gebrauch macht, dass die Kontraktionsfunktion – *Wiederherstellung* erfüllt. Fermé (1999) hat darüber hinaus bewiesen, dass bei der Teilaussage (ii) von Theorem 2.2 die Voraussetzung, dass die Kontraktionsfunktion – *Wiederherstellung* erfüllt auch wesentlich ist. Vgl. hierzu Fermé (1999, Abschnitt 2.4.4.1). Dieser Punkt wird in Abschnitt 5.6 noch eine Rolle spielen.

24 Ein Beweis für Theorem 2.3 findet sich in Alchourrón/Gärdenfors/Makinson (1985) beziehungsweise in Gärdenfors (1988, 215f.).

füllt, so erfüllt die Kontraktionsfunktion – auch *Konjunktive Überlappung*; (iii) falls die Revisionsfunktion $*$ zusätzlich zu den anfänglich gemachten Voraussetzungen *Subexpansion* erfüllt, so erfüllt die Kontraktionsfunktion – auch *Konjunktive Inklusion*.

Revision und Kontraktion haben also die geforderten Eigenschaften, wenn man sie über die Levi beziehungsweise Harper Identität definiert und voraussetzt, dass die jeweiligen Ausgangsfunktionen ihrerseits den geforderten Postulaten genügen. Theorem 2.2 und 2.3 sprechen also stark für die Adäquatheit der beiden Identitäten. Es stellt sich aber noch die Frage, ob diese beiden Definitionen auch wechselseitig ausgetauscht werden können, in dem Sinn, dass man mit einer Definition beginnen kann, um eine neue Kontraktion (oder Revision) zu definieren und anschließend die andere Definition benutzen kann, um wieder eine Revision (oder Kontraktion) zu erhalten. In beiden Fällen sollte man wieder die ursprüngliche Funktion zurückerhalten. Wendet man in der Levi Identität die Harper Identität auf $A{-}\neg x$ an, so erhält man:[25]

(2.1) $A{*}x = (A \cap A{*}x){+}x.$

Es lässt sich zeigen, dass die Richtigkeit von (2.1) aus den Revisionspostulaten folgt. Für die umgekehrte Richtung wendet man in der Harper Identität die Levi Identität auf $A{*}\neg x$ an:[26]

(2.2) $A{-}x = A \cap [(A{-}x){+}\neg x].$

Es lässt sich zeigen, dass die Richtigkeit von (2.2) aus den Kontraktionspostulaten folgt. Da sich Revisionen und Kontraktionen also wechselseitig übereinander definieren lassen, genügt es, sich fernerhin mit einem dieser Überzeugungsänderungstypen zu befassen. Im nächsten Abschnitt soll eine explizite Kontraktionsprozedur angegeben werden, die den geforderten Postulaten genügt. Da in Abschnitt 2.2 bereits eine explizite Expansionsfunktion gefunden werden konnte, und sich eine explizite Revisionsprozedur qua Levi Identität aus einer Kontraktions- und einer Expansionsfunktion ergibt, ist die Dynamik epistemischer Zustände im Rahmen der hier behandelten Modellierung durch Überzeugungsmengen also vollständig aufgeklärt, sobald eine konstruktive Kontraktionsfunktion vorliegt.

---

[25] Bei (2.1) wird verwendet, dass wegen des Extensionalitätspostulats gilt: $A{*}(\neg\neg x) = A{*}x$. Ein Beweis, dass sich (2.1) aus den Revisionspostulaten ableiten lässt, wird zum Beispiel in Gärdenfors (1988, 55) gegeben.

[26] Ein Beweis dafür, dass (2.2) aus den Kontraktionspostulaten folgt, findet sich ebenfalls in Gärdenfors (1988, 63).

2.6 Konstruktion von Kontraktionsfunktionen

Wie Theorem 2.1 zeigt, wird durch die Expansionspostulate eindeutig *eine* Expansionsfunktion charakterisiert. Wie im Folgenden ersichtlich werden wird, bestimmen die Revisions- und Kontraktionspostulate dagegen nicht jeweils eindeutig *eine* Funktion. In diesen Fällen wird die Menge der zulässigen Überzeugungsänderungsfunktionen durch die Postulate lediglich eingegrenzt. Dieser Umstand ist kaum verwunderlich, wenn man bedenkt, dass alle hier vorgestellten Postulate lediglich logische Verbindungen zwischen verschiedenen Überzeugungen berücksichtigen. Für den Expansionsfall ist es eine durchaus plausible Annahme, dass keine weiteren Faktoren relevant sind. Wenn man eine neue Information erhält, die konsistent mit den bisherigen Überzeugungen ist, addiert man diese einfach mengentheoretisch zu den alten Überzeugungen und bildet den deduktiven Abschluss. An keiner Stelle ist dabei ein Rekurs auf nicht-logische Faktoren erforderlich. Anders als im Fall der Expansion muss man bei einer Revision oder Kontraktion frühere Überzeugungen aufgeben. *Das* Problem der Überzeugungsdynamik besteht darin, dass man in der Regel zwischen mehreren Überzeugungen wählen kann, welche man aufgibt. Wenn ich zum Beispiel bisher angenommen habe, dass alle Philosophen Wirrköpfe sind (x) und dass Wittgenstein ein Philosoph ist (y), so war ich auch davon überzeugt, dass Wittgenstein ein Wirrkopf ist. Angenommen ich erhalte nun überzeugende Gründe dafür, dass Wittgenstein kein Wirrkopf ist, so muss ich x oder y aufgeben.[27] Solange nur logische Beziehungen eine Rolle spielen, ist es gleichgültig, ob ich x oder y aufgebe, die Wahl muss hier von anderen Faktoren geleitet werden. Eine eindeutige Revisions- beziehungsweise Kontraktionsfunktion ergibt sich erst, wenn man außer logischen auch epistemische Faktoren berücksichtigt. Epistemischen Präferenzstrukturen kommt hierbei eine Schlüsselrolle zu. Wenn man zum Beispiel gesetzartige Überzeugungen für besonders erhaltenswert erachtet, wird man in dem Beispiel wohl eher y als x aufgeben.

In der Literatur werden verschiedene explizite Revisions- und Kontraktionsfunktionen behandelt, die auf jeweils verschiedenen Präferenzstrukturen basieren. Aufgrund der im letzten Abschnitt wiedergegebenen Resultate hinsichtlich der Identitäten von Levi und Harper genügt es, sich dabei stets auf den Kontraktionsfall zu beschränken. AGM gelingt es zu zeigen, dass ihre so genannten *partial meet contraction functions*, beziehungsweise genauer gesagt ihre *transitively relational partial meet contraction functions* die AGM-Kontraktionspostulate repräsentieren, in dem Sinn, dass jede derartige Funktion allen Kontraktionspostulaten genügt, und dass umgekehrt jede Funktion, die allen Kontrak-

27 Dieses Beispiel übernehme ich von Gärdenfors (1988).

tionspostulaten genügt, sich als transitively relational partial meet contraction function konstruieren lässt. Das heißt die Menge der Funktionen, die allen Kontraktionspostulaten genügen, und die Menge der transitively relational partial meet contraction functions sind identisch. Gärdenfors konstruiert Kontraktionsfunktionen mit Hilfe einer von ihm so genannten *Ordnung der epistemischen Verankerung* (*epistemic entrenchment*) und kann ebenfalls nachweisen, dass auch diese Klasse von Funktionen die AGM-Kontraktionspostulate repräsentiert. Da alle diese expliziten Kontraktionsfunktionen gleichwertig sind in dem Sinn, dass sie dieselben Postulate repräsentieren, soll es hier genügen, nur Gärdenfors' Konstruktion mit Hilfe einer Ordnung der epistemischen Verankerung vorzustellen, die zugleich als Leitfaden für die Überlegungen in Abschnitt 8.4 fungieren wird.

Der Grad der epistemischen Verankerung eines Satzes entspricht nach Gärdenfors intuitiv seinem Informations- oder Erklärungswert und ist unabhängig von seiner Wahrscheinlichkeit. Die Relation der relativen epistemischen Verankerung $x \leq y$ (lies: „x ist höchstens so verankert wie y") besteht, im Unterschied zu anderen epistemischen Präferenzstrukturen, zwischen Sätzen der Sprache **L** und ist abhängig von dem epistemischen Zustand, in dem sich das Subjekt befindet. Der Nexus zwischen epistemischen Verankerungen und Kontraktionen besteht intuitiv darin, dass ein Satz bei einer Kontraktion um so eher aufgegeben wird, je weniger er im zu kontrahierenden Zustand verankert ist und *vice versa*. Gärdenfors stellt für die Ordnung der epistemischen Verankerung folgende fünf Postulate auf.

(EE1)	Für alle x, y, z: Falls $x \leq y$ und $y \leq z$, dann $x \leq z$.	(Transitivität)
(EE2)	Für alle x, y: Falls $x \vdash y$, dann $x \leq y$.	(Dominanz)
(EE3)	Für alle x, y in A: $x \leq x\&y$ oder $y \leq x\&y$.	(Konjunktivität)
(EE4)	Falls $A \neq A_{\perp}$, dann $x \notin A$ gdw $x \leq y$ für alle y.	(Minimalität)
(EE5)	Falls $y \leq x$ für alle y, dann $\vdash x$.	(Maximalität)

Eine Ordnung epistemischer Verankerung, die den Postulaten (EE1)-(EE5) genügt, wird als *Standardordnung* epistemischer Verankerung bezeichnet. Die Forderung nach Transitivität stellt selbstverständlich eine Minimalforderung dar, um überhaupt von einer *Ordnung* sprechen zu können. Ist ein Satz x logisch mindestens so stark wie ein Satz y, so fordert das Dominanzpostulat, dass x höchstens so verankert ist wie y. Diese auf den ersten Blick kontraintuitiv erscheinende Forderung lässt sich folgendermaßen motivieren: Hat man die Wahl, ob man bei einer Kontraktion x oder y aufgibt, so ist es ein geringerer Informationsverlust, x aufzugeben und y zu erhalten, als y aufzugeben, da man in diesem Fall auch x aufgeben müsste, wenn man will, dass die neue Überzeugungsmenge deduktiv geschlossen ist. Das Konjunktivitätsaxiom fordert, dass die Konjunktion zweier Sätze mindestens so verankert ist, wie eines der beiden Konjunktionsglieder. Wenn man eine Kontraktion bezüglich *x&y* durchführen will, so muss man dabei *x* oder *y* aufgeben. Der Informationsverlust bei einer derartigen Kontraktion ist also mindestens so groß, als wenn man nur bezüglich *x* oder *y* kontrahieren würde. Also ist *x&y* mindestens so verankert wie *x* oder wie *y*. Das Minimalitätspostulat drückt aus, dass genau diejenigen Sätze, die in einem epistemischen Zustand *A* nicht akzeptiert werden, minimal verankert sind (falls es sich um einen konsistenten Überzeugungszustand handelt). Das Maximalitätspostulat schließlich gewährleistet (zusammen mit der Dominanzforderung) umgekehrt, dass genau die logisch gültigen Sätze maximal verankert sind.

Das Hauptziel besteht darin, eine Verankerungsordnung mit einem Kontraktionsoperator in Verbindung zu bringen. Dies kann in zwei Richtungen geschehen: (1) Wenn ein Kontraktionsoperator gegeben ist, kann man darüber eine Verankerungsordnung definieren; oder (2) Wenn eine Verankerungsordnung gegeben ist, kann man darüber einen Kontraktionsoperator definieren. Die leitende Idee für diesen Nexus wurde bereits skizziert: Je weniger ein Satz verankert ist, umso eher gibt man ihn bei einer Kontraktion auf. Dieses intuitive Prinzip findet bei Gärdenfors seinen Niederschlag in Form von zwei präzisen Definitionen, um Verankerungsordnungen und Kontraktionsoperatoren wechselseitig übereinander zu definieren:[28]

(Def≤) $x \leq y$ gdw $x \notin A-(x\&y)$ oder $\vdash x\&y$.
(Def–) $y \in A-x$ gdw $y \in A$ und $[x < (x \vee y)$ oder $\vdash x]$.

Mit Hilfe dieser Definitionen ist es Gärdenfors möglich, das angekündigte Repräsentationstheorem abzuleiten, das zeigt, dass (1) jede Kontraktionsfunktion, die über eine Standardverankerungsordnung definiert wird, alle AGM-Kontraktionspostulate erfüllt, und dass (2) jede Kontraktionsfunktion, die den AGM-Kontraktionspostulaten genügt, sich über eine Standardverankerungsordnung erzeugen lässt. Die Menge der Funktionen, die die AGM-Kontraktionspostulate erfüllen, und die Menge der Kontraktionsfunktionen, die über eine Standardverankerungsordnung generiert werden können, sind also identisch. Qua Levi Identität lässt sich dieses Resultat auch auf Revisionsfunktionen erweitern.

THEOREM 2.4:[29] (1) Sei ≤ eine Standardordnung epistemischer Verankerung für die konsistente Überzeugungsmenge *A*. Sei ferner die

---

[28] Die strikte Relation $x < y$ (lies: „*y* ist epistemisch verankerter als *x*“) ist dabei definiert als: $x < y$ gdw $x \leq y$ und nicht $y \leq x$.

[29] Die Konzeption einer Ordnung epistemischer Verankerung wird in Gärdenfors (1988) entwickelt, wo der Autor auch einen Beweis für Theorem 2.4 liefert, der allerdings auf Resultate

Kontraktionsfunktion – für A gemäß (Def–) über ≤ definiert. Dann erfüllt – die Postulate *Abschluss, Inklusion, Leere, Erfolg, Wiederherstellung, Extensionalität, Konjunktive Überlappung* und *Konjunktive Inklusion*, sowie die Bedingung (Def≤).

(2) Sei – ein Kontraktionsoperator für die konsistente Überzeugungsmenge A, der die Postulate *Abschluss, Inklusion, Leere, Erfolg, Wiederherstellung, Extensionalität, Konjunktive Überlappung* und *Konjunktive Inklusion* erfüllt. Sei ferner die Relation ≤ gemäß (Def≤) über – definiert. Dann erfüllt ≤ (EE1)–(EE5), sowie die Bedingung (Def–).

Das Repräsentationstheorem 2.4, das die Verbindung zwischen der axiomatischen Charakterisierung der Überzeugungsänderungsmechanismen und den konstruktiven Änderungsfunktionen herstellt, beendet die Darstellung der AGM-Theorie, die in den folgenden fünf Abschnitten einer kritischen Analyse unterzogen werden soll.

2.7 Kritik an AGM's Erfolgspostulaten

Neben einigen anderen Autoren ist es nicht zuletzt den hervorragenden Arbeiten des AGM-Trios zu verdanken, dass heute im Bereich der Dynamik epistemischer Zustände eine präzise Theorie verfügbar ist, die es auch erlaubt, noch offene Probleme und Schwierigkeiten gezielt zu untersuchen. Die AGM-Postulate können für sich ohne Zweifel einen hohen Grad an Plausibilität beanspruchen, so dass auch die konstruktiven Überzeugungsänderungsfunktionen, die diese Axiome repräsentieren, unseren Intuitionen in hohem Maße Rechnung tragen. Dennoch ist es meine Absicht, von einigen Postulaten und Aspekten der AGM-Theorie nachzuweisen, dass sie nicht in der Lage sind, unseren Intuitionen über rationale Überzeugungsänderungen vollständig gerecht zu werden und somit in bestimmten Situationen zu unerwünschten Überzeugungsänderungen Anlass geben.

Am offenkundigsten widersprechen unseren Erwartungen wohl AGM's Erfolgspostulate der Expansion und Revision, die fordern, dass man eine neue Information x bei einer Expansion (Revision) von A bezüglich x im geänderten Zustand $A+x$ ($A*x$) in jedem Fall akzeptiert: $x \in A+x$ ($x \in A*x$). Nun ist es aber eine alltägliche Erfahrung, dass man eine neue Information erhält und

---

von Grove (1986) rekurriert, ohne dass deren Beweis wiedergegeben wird. Ein lückenloser Beweis für Theorem 2.4 findet sich in Hansson (1999); vgl. auch Gärdenfors/Makinson (1988).

diese - eventuell nach einem Moment des Abwägens - *nicht* akzeptiert. Dies mag folgendes Beispiel verdeutlichen:

> BEISPIEL: Angenommen ein Freund erzählt mir, dass unser gemeinsamer Bekannter Tom sich gestern beim Skifahren ein Bein gebrochen habe und seitdem einen Gips trage und an Krücken gehe (x). In den meisten Fällen werde ich daraufhin eine Expansion bezüglich x durchführen, bei der x zu meinen Überzeugungen hinzugefügt wird. Angenommen ich habe heute Morgen aber Tom gesehen, wie er mir ohne Gipsbein und Krücken auf der Treppe entgegenkam. In diesem Fall werde ich mich auf meine eigenen Augen verlassen und werde die neue Information x nicht akzeptieren, sondern werde weiterhin vom Gegenteil überzeugt sein.

In einigen Fällen akzeptiert man also neue Informationen, die einem angeboten werden, in anderen Fällen akzeptiert man sie nicht. Im ersten Fall werde ich von einer *Inkorporation* der neuen Informationen sprechen, im zweiten Fall von einer *Zurückweisung* derselben. Zu einer Zurückweisung einer neuen Information x kommt es sicher am häufigsten, wenn diese *inkonsistent* mit den bisherigen Überzeugungen ist, und die Meinung $\neg x$ sehr gut verbürgt ist, wie dies bei dem Gipsbein-Beispiel der Fall war.[30] Man könnte deshalb annehmen, dass zumindest neue Informationen, die *konsistent* mit den bisherigen Überzeugungen sind, in jedem Fall inkorporiert werden, und das AGM-Erfolgspostulat demnach wenigstens für Expansionen zu fordern ist. Dazu sei aber folgendes Beispiel betrachtet:

> BEISPIEL: Mein Bekannter Peter erzählt mir, dass es nach neuesten Erkenntnissen mit sehr großer Wahrscheinlichkeit vor einer Milliarde Jahren intelligente Lebewesen auf dem Mars gegeben habe. Sei x der Satz „Sehr wahrscheinlich hat es vor einer Milliarde Jahren auf dem Mars intelligente Lebewesen gegeben". Sei weiter angenommen, dass x mit meinen bisherigen Überzeugungen konsistent sei. Sollte ich die neue Information x unter diesen Umständen inkorporieren oder nicht? Dazu seien zwei Varianten des Beispiels betrachtet. Variante 1: Peter ist ein international anerkannter Experte der NASA, der zusammen mit einigen Kollegen auf einer wissenschaftlichen Tagung von den neuesten Resultaten einer Marsexpedition berichtet. Variante

30 Es sei hier nochmals betont, dass sich ein Interesse an einer Theorie der Dynamik epistemischer Zustände nicht zuletzt aus einer fallibilistischen Grundüberzeugung ergibt, und somit „sehr gut verbürgte Meinung" nicht so zu verstehen ist, als ob es sich dabei um eine unfehlbare Meinung handeln würde.

2: Peter ist ein zwielichtiger Phantast, mit einer ausgeprägten Neigung für UFO-Schwärmereien, der mir über neueste „Erkenntnisse" berichtet, über die er sich aus einem Revolverblatt informiert hat.

Es scheint durchaus vernünftig zu sein, bei Variante 1 die neue Information zu inkorporieren, wohingegen es bei Variante 2 vernünftig erscheint, die neue Information zurückzuweisen. Auch wenn neue Informationen konsistent mit den bisherigen Überzeugungen sind, sollte man sie also nicht unbedingt inkorporieren. Unter bestimmten Umständen kann es angezeigt sein, auch konsistente neue Informationen zurückzuweisen und somit gegen das Erfolgspostulat für Expansionen zu verstoßen.[31] Da die Erfolgspostulate von AGM in vielen Fällen von Überzeugungsänderungen verletzt zu sein scheinen, die man intuitiv durchaus als rational klassifiziert, wurden diese Axiome verschiedentlich kritisiert, darunter sind zu nennen Brewka (1991), Dalal (1988), Gallier (1992), Haas (1999), Hansson (1999), Levi (1991) und nicht zuletzt Cross/Thomason (1992):[32]

> It follows from the postulates for revision that the system is totally trusting at each stage about the input information; it is willing to give up whatever elements of the background theory must be abandoned to render it consistent with the new information. Once this information has been incorporated, however, it at once is as susceptible to revision as anything else in the current theory.
>
> Such a rule of revision seems to place an inordinate value on novelty, and its behavior towards what it learns seems capricious.

Man kann die AGM-Theorie auf zwei Weisen interpretieren. (1) Man deutet AGM so, dass der intendierte Anwendungsbereich ihrer Expansionen und Revisionen *alle* Fälle umfassen soll, in denen einem epistemischen Subjekt neue Informationen angeboten werden; (2) Man deutet AGM so, dass der intendierte Anwendungsbereich ihrer Expansionen und Revisionen nur die Fälle umfasst, in denen einem epistemischen Subjekt neue Informationen angeboten werden *und diese tatsächlich inkorporiert werden*. Die bisherigen Überlegungen und Beispiele zeigen eindeutig, dass bei der Lesart (1) das Erfolgspostulat un-

---

[31] Hansson (1999) konstruiert eine Revisionsprozedur, die aus zwei Schritten besteht: (1) nichtschließende Expansion bezüglich der neuen Information; (2) Konsolidierung zur Wiederherstellung der Konsistenz. Diese Prozedur verhindert zwar, dass inkonsistente neue Informationen in jedem Fall inkorporiert werden, im Fall von *konsistenten* neuen Informationen erfüllt aber auch Hanssons Prozedur das Erfolgspostulat und ist deshalb ebenfalls nicht völlig befriedigend: „Nevertheless it [Hanssons Revisionsprozedur] has serious limitations. One of these is that every piece of new information that is logically consistent with the original belief set has to be accepted. [...] In actual life, we often reject new information even if it is *logically* compatible with our previous beliefs." (Hansson 1999, 238).

[32] Cross/Thomason (1992, 251).

haltbar ist. Cross/Thomason interpretieren AGM offensichtlich gemäß (1) und gelangen deshalb - zu Recht - zu ihrem vernichtenden Urteil. Gemäß der Maxime der wohlwollendsten Interpretation erachte ich es allerdings angesichts der offenkundigen Schwierigkeiten bei Lesart (1) als angebracht, AGM gemäß (2) zu interpretieren. Bei Lesart (2) ergibt sich die Gültigkeit des Erfolgspostulats trivialerweise. AGM geben einem aber kein Kriterium an die Hand, nach dem man entscheiden kann, unter welchen Umständen man eine neue Information inkorporieren und unter welchen Umständen man sie zurückweisen sollte. Diesen Punkt betont auch Levi (1991):[33]

> Although Gärdenfors claims that observation and testimony are sources of input propositions for minimal revision, he does not, to my knowledge, discuss the conditions under which such inputs are legitimately added.

Somit bleibt bei Lesart (2) der intendierte Anwendungsbereich der AGM-Theorie diffus in dem Sinn, dass sich in einem konkret vorliegenden Fall eines Informationsangebots nicht entscheiden lässt, ob die AGM-Theorie überhaupt zur Anwendung kommen kann oder nicht. Zusammenfassend ist festzustellen, dass ein rationales epistemisches Subjekt in einigen Fällen neue Informationen, die ihm angeboten werden, inkorporiert und in anderen Fällen zurückweist. Jede Theorie der Dynamik epistemischer Zustände, die umfassend ist in dem Sinn, dass sie alle Fälle behandelt, in denen einem epistemischen Subjekt neue Informationen angeboten werden, muss deshalb (i) ein Kriterium formulieren, das angibt, in welchen Fällen eine Inkorporation und in welchen eine Zurückweisung stattfinden sollte und muss (ii) angeben, wie in beiden Fällen eine Überzeugungsänderung durchzuführen ist.[34] Da AGM bestenfalls eine befriedigende Antwort bezüglich (ii) geben, ist es als eklatantes Defizit zu erachten, dass überhaupt kein Versuch unternommen wird, auch bezüglich (i) zu einer Antwort zu finden.

Dass AGM keinen Versuch unternehmen, ein Kriterium für die Dichotomie *Inkorporation/Zurückweisung* zu formulieren, ist allerdings kaum überraschend, da es meines Erachtens unmöglich ist, im Rahmen ihrer Theorie ein derartiges Kriterium anzugeben. Dazu sei noch einmal das Marsmenschen-Beispiel betrachtet. Weshalb wird man in der Experten-Variante die neue Information inkorporieren und in der Phantasten-Variante zurückweisen? Die Antwort ist einfach: Im ersten Fall ist die Informationsquelle zuverlässig, im

---

[33] Levi (1991, 108).

[34] Überzeugungsänderungsprozeduren, die ohne ein Erfolgspostulat auskommen und dem epistemischen Subjekt erlauben, sich zu entscheiden, ob es neue Informationen inkorporiert oder zurückweist, werden in der Literatur als *non-prioritized/autonomous belief change* bezeichnet. Eine Reihe von formalen Modellierungen derartiger Überzeugungsänderungsprozeduren findet sich in Hansson (1997).

zweiten Fall ist sie es nicht. Um eine neue Information x zu inkorporieren, genügt es nicht, dass x lediglich konsistent mit den bisherigen Überzeugungen ist, man benötigt darüber hinaus positive Gründe, um x zu akzeptieren. Das epistemische Subjekt muss in der Lage sein, x *rechtfertigen* zu können. Diese Voraussetzungen sind bei der Phantasten-Variante nicht gegeben. Erhält man dieselbe Information x dagegen von einem Experten, über dessen Kompetenz man genügend Hintergrundwissen hat, um ihn als eine zuverlässige Informationsquelle zu qualifizieren, so ist x nicht nur konsistent mit den bisherigen Überzeugungen, sondern man verfügt auch über positive Gründe für x, die einen in die Lage versetzen, die Akzeptanz von x zu *rechtfertigen*.[35] Es wäre wünschenswert, für Expansionen und Revisionen ein eingeschränktes Erfolgspostulat zu fordern, das sich an dieser Stelle vage wie folgt angeben lässt:

> Bedingter Erfolg (erste Version): Wenn einem epistemischen Subjekt neue Informationen angeboten werden, sollte es diese genau dann inkorporieren, wenn es in der Lage ist, diese zu rechtfertigen.

Diese vorläufige Formulierung ist unpräzise, weil sie auf den Rechtfertigungsbegriff rekurriert, der seinerseits notorisch explikationsbedürftig ist. An dieser Stelle sei aber festgehalten, dass es für die Frage, ob man neue Informationen inkorporieren oder zurückweisen sollte, von entscheidender Bedeutung ist, ob man die neuen Informationen *rechtfertigen* kann oder nicht. Da der Rechtfertigungsbegriff in der AGM-Theorie keinen Platz hat, ist es kaum verwunderlich, dass in diesem Rahmen kein Kriterium für die Unterscheidung zwischen Inkorporations- und Zurückweisungsfällen verfügbar ist.

---

[35] Die Überlegungen zur Relevanz von Rechtfertigungszusammenhängen für die Frage, ob eine neue Information inkorporiert oder zurückgewiesen werden soll, lassen sich sinngemäß auch auf den Fall übertragen, in dem die neuen Informationen mit den bisherigen Überzeugungen *inkonsistent* sind. Im Gipsbein-Beispiel etwa wird die neue Information x nicht aufgenommen, weil im ursprünglichen Überzeugungszustand $\neg x$ sehr gut verbürgt ist. Die neue Information x lässt sich also aus der Perspektive des epistemischen Subjekts nicht rechtfertigen und wird deshalb zurückgewiesen. Es stellt sich die Frage, ob es überhaupt möglich ist, neue Informationen zu rechtfertigen, die *inkonsistent* mit den bisherigen Überzeugungen sind. Selbstverständlich werden inkonsistente Informationen schwerer inkorporiert als konsistente; meines Erachtens lassen sich unter bestimmten Umständen aber auch inkonsistente Informationen rechtfertigen und sollten folglich inkorporiert werden. Sei etwa angenommen, dass ich im Gipsbein-Beispiel zunächst von einem Freund erfahre, dass sich Tom ein Bein gebrochen habe, und ich erst *anschließend* Tom (ohne Gipsbein) treffe. In diesem Fall werde ich zunächst bezüglich x expandieren und erhalte dann die inkonsistente Information $\neg x$. Da ich meinen eigenen Augen mehr vertraue als dem Wort meines Freundes, bin ich in diesem Fall durchaus in der Lage, die inkonsistente Information $\neg x$ zu rechtfertigen und werde sie inkorporieren.

2.8 Kritik an AGM's Monotoniepostulat

Wenn man erst einmal die Illusion aufgegeben hat, dass das Erfolgspostulat universell erfüllt ist, muss auch das Monotoniepostulat der AGM-Expansion einer kritischen Analyse unterzogen werden.[36] Dieses Postulat besagt, dass wenn in einem epistemischen Zustand B mindestens genauso viel geglaubt wird wie in dem Zustand A, das heißt $A \subseteq B$, dann sollte $A+x$ keine Überzeugungen enthalten, die nicht auch in $B+x$ enthalten sind, das heißt $A+x \subseteq B+x$. Wenn man aber annimmt, dass neue Informationen nicht in jedem Fall inkorporiert werden, ist es fragwürdig, ob *Monotonie* im Allgemeinen erfüllt ist. Es wäre denkbar, dass die neue Information x zwar in $A+x$ nicht jedoch in $B+x$ akzeptiert wird. In einem solchen Fall wäre *Monotonie* klarerweise verletzt. Eine solche Situation ist vorstellbar, wenn das zusätzliche Wissen, über das man in B verfügt, die Informationsquelle von x als unzuverlässig qualifiziert. Folgendes Beispiel mag eine derartige Situation illustrieren:[37]

> BEISPIEL: Angenommen es scheint mir so, als ob direkt vor mir auf der anderen Seite des Raumes ein Mann steht, das heißt, mir wird die Information x angeboten, wobei x der Satz sei „Direkt vor mir steht ein Mann". In der Regel werde ich diese Information inkorporieren. Sei aber angenommen, dass ich mich gerade in einem „Spiegelkabinett" befinde, in dem es oft so scheint, als ob einem Personen direkt gegenüber stehen, auch wenn dies gar nicht der Fall ist. In einem solchen Fall wird ein rationales epistemisches Subjekt die angebotene Information nicht inkorporieren.

Sei angenommen, dass ich im epistemischen Zustand A nicht weiß, dass ich mich in einem Spiegelkabinett befinde, und sei weiter angenommen, dass sich der Zustand B von A nur dadurch unterscheidet, dass ich in B weiß, dass ich mich in einem Spiegelkabinett befinde. In diesem Fall gilt: $A \subseteq B$. Im Zustand A werde ich x inkorporieren, im Zustand B werde ich x dagegen zurückweisen. In diesem Fall gilt also *nicht*: $A+x \subseteq B+x$. *Monotonie* ist unter diesen Umständen verletzt und kann folglich als allgemeingültiges Prinzip nicht mehr in Betracht kommen, wenn man sich vom Erfolgspostulat verabschiedet hat.

Wenn einem epistemischen Subjekt im Zustand A beziehungsweise B eine neue Information x angeboten wird, können sich vier verschiedene Fälle ergeben: (i) $x \notin A+x$ und $x \notin B+x$; (ii) $x \in A+x$ und $x \in B+x$; (iii) $x \notin A+x$ und $x \in B+x$; (iv) $x \in A+x$ und $x \notin B+x$. In den Fällen (i) und (iii) ist *Monotonie*

---

[36] Vgl. Haas (1999).

[37] Dieses Beispiel habe ich für den gegenwärtigen Kontext adaptiert von BonJour (1985).

trivialerweise erfüllt. Im Fall (ii) ist es ebenfalls plausibel, *Monotonie* zu fordern. Dies ist der Fall, für den die AGM-Theorie maßgeschneidert ist, weil hier das Erfolgspostulat erfüllt ist. Der einzige Fall, in dem *Monotonie* nicht universell erfüllt werden kann, ist also der Fall (iv). Das Spiegelkabinett-Beispiel ist vom Typ (iv). *Monotonie* sollte also außer in Typ-(iv)-Fällen stets erfüllt sein. Es sollte also ein abgeschwächtes Monotoniepostulat gelten, das sich folgendermaßen formulieren lässt:

> Bedingte Monotonie (erste Version): Wenn x in $A+x$ zurückgewiesen wird, oder x in $B+x$ inkorporiert wird, dann sollte gelten: Falls $A \subseteq B$, dann $A+x \subseteq B+x$.

Ein adäquates Monotoniepostulat rekurriert also auf die Unterscheidung Inkorporation/Zurückweisung. Ich habe im letzten Abschnitt versucht, dafür zu argumentieren, dass diese Unterscheidung sich ihrerseits nur mit Rückgriff auf den Rechtfertigungsbegriff explizieren lässt. Somit wurde also gezeigt, dass sowohl das Erfolgs- als auch das Monotoniepostulat in ihrer uneingeschränkten Form, wie sie von AGM gefordert werden, unhaltbar sind. Außerdem habe ich versucht zu zeigen, dass eine adäquate Einschränkung sowohl des Erfolgs- als auch des Monotoniepostulats nur dann möglich ist, wenn man bei der Beschreibung der *Dynamik* epistemischer Zustände auch *statische* Rechtfertigungsstrukturen berücksichtigt.

2.9 Kritik an AGM's Erhaltungseigenschaft

Wegen des Inklusionspostulats der Expansion und des Leerepostulats der Revision erfüllt die AGM-Revision offensichtlich folgende Eigenschaft:[38]

(Erhaltung) Falls $\neg x \notin A$ und $y \in A$, dann $y \in A{*}x$.

Erhaltung (*preservation*) besagt, dass alle bisherigen Überzeugungen erhalten bleiben sollen, falls die neue Information mit den bisherigen Überzeugungen logisch konsistent ist. Wie plausibel ist *Erhaltung*? Um diese Frage beantworten zu können, ist es erforderlich, etwas weiter auszuholen. Eine Überzeugungsänderung sollte sicher stets so groß wie nötig, aber so klein wie möglich sein. Genauer gesagt, sollte eine Revision (im Inkorporationsfall) den ursprünglichen epistemischen Zustand A ausreichend stark modifizieren, um die neue Information x auf konsistente Weise aufnehmen zu können, ansonsten sollte

---

[38] Diese Eigenschaft wird unter anderem von Rabinowicz (1996) diskutiert.

sich der epistemische Endzustand $A*x$ von A aber möglichst wenig unterscheiden. Nicht nur für Revisionen, sondern für alle Formen der Überzeugungsänderung sollte also ein *Prinzip der minimalen Veränderung* gelten, das sich ungefähr folgendermaßen angeben lässt:[39]

> (MV): Für jede Überzeugungsänderung • bezüglich der Überzeugungsmenge A und des Satzes x sollte gelten: (i) $A{\bullet}x$ ist eine Überzeugungsmenge, in der der gewünschte Effekt (Inkorporation, Zurückweisung oder Aufgabe von x) erzielt wurde; (ii) von allen Überzeugungsmengen, die (i) erfüllen, ist $A{\bullet}x$ diejenige, die sich von A minimal unterscheidet.

Wenn man (MV) akzeptiert, kann man auch *Erhaltung* gut motivieren: Wenn die neue Information x konsistent mit den bisherigen Überzeugungen ist, ***kann*** man x (im Inkorporationsfall) aufnehmen, ohne dass es erforderlich ist, alte Überzeugungen aufzugeben, um die Konsistenz der Überzeugungsmenge zu wahren. Gemäß dem Prinzip der minimalen Veränderung *sollte* man folglich auch keine der bisherigen Überzeugungen aufgeben. *Erhaltung* scheint also eine durchaus plausible Forderung darzustellen. Sei aber folgendes Beispiel betrachtet, das von Rabinowicz (1996) vorgebracht wurde, um zu zeigen, dass *Erhaltung* kein allgemeingültiges Prinzip der Revision sein kann:

> BEISPIEL: Angenommen in meinem bisherigen Überzeugungszustand A akzeptiere ich im Licht aller Evidenzen, über die ich verfüge, dass es die Person P war, die das Verbrechen begangen hat (y). Angenommen ich erfahre nun Folgendes: Es ist ein neuer Zeuge aufgetaucht, der P ein Alibi verschafft (x).

Die Information x mag durchaus *logisch* konsistent mit A sein. Ich habe es nie ausgeschlossen, dass ein derartiger Zeuge auftauchen könnte. Nachdem ich allerdings die Information x erhalten habe, bin ich nicht mehr von y überzeugt. In diesem Fall gilt also: $\neg x \notin A, y \in A$, aber $y \notin A*x$. *Erhaltung* ist hier verletzt! Was ist schief gegangen? Weshalb ist *Erhaltung* in diesem Beispiel nicht erfüllt? Intuitiv erwartet man Folgendes: Wenn man in seinem Überzeugungszustand eine bestimmte Meinung rechtfertigen kann, dann aber im Zuge einer Überzeugungsänderung nicht mehr in der Lage ist, diese Meinung zu rechtfertigen, dann sollte man die fragliche Meinung verwerfen. Dies ist genau das, was in dem Beispiel passiert: In meinem ursprünglichen Überzeugungszustand A konnte ich y angesichts der verfügbaren Evidenzen rechtfertigen. In

---

[39] „•" steht in (MV) für einen der drei Überzeugungsänderungsoperatoren „+", „*" oder „−".

dem Moment, in dem ich erfahre, dass ein neuer Entlastungszeuge aufgetaucht ist, wird meine Rechtfertigung für y unterminiert, so dass ich y aufgebe.

Der Konflikt zwischen x und y ist allerdings kein *logischer* Konflikt. Die neue Information x unterminiert die Rechtfertigung für y obwohl x sowohl mit y als auch mit allen anderen Meinungen im Zustand A *logisch* konsistent ist. Da unsere Rechtfertigungspraxis viel reichhaltiger als die - vergleichsweise ärmliche - Logik ist, kann es durchaus vorkommen, dass Meinungen miteinander konfligieren, auch wenn sie *logisch* verträglich miteinander sind. Nichtlogische Konflikte zwischen Meinungen werden aber von *Erhaltung* nicht berücksichtigt. Solange zwischen x und A kein *logischer* Konflikt besteht, wird die Erhaltung aller bisherigen Überzeugungen gefordert. In Fällen, in denen x mit A zwar logisch konsistent ist, aber trotzdem ein Konflikt (im weiteren Sinne) zwischen x und A besteht, führt *Erhaltung* deshalb unter Umständen zu kontraintuitiven Konsequenzen; wie dies durch Rabinowicz' Beispiel überzeugend demonstriert wird. Eine adäquate Modifikation von *Erhaltung* müsste auch nicht-logische Konflikte berücksichtigen:

> Schwache Erhaltung (erste Version): Falls x konfliktfrei mit A ist und $y \in A$, dann $y \in A{*}x$.

Worin diese „Konfliktfreiheit" bestehen soll, muss selbstverständlich von einer konkreten Theorie der Dynamik epistemischer Zustände näher expliziert werden. Um die Schwierigkeiten zu vermeiden, mit denen die Erhaltungsforderung in ihrer ursprünglichen Form behaftet war, muss „Konfliktfreiheit" aber mindestens so stark verstanden werden, dass dadurch nicht nur sichergestellt ist, dass die neue Information x logisch konsistent mit A ist, sondern auch, dass x keine der Rechtfertigungen unterminiert, über die das epistemische Subjekt im Zustand A verfügt. Um unserer Intuition gerecht zu werden, dass man eine vormals gerechtfertigte Meinung aufgeben sollte, sobald man nicht mehr in der Lage ist, diese zu rechtfertigen, bedarf es auch einer Modifikation des Prinzips der minimalen Veränderung:

> (MV′): Für jede Überzeugungsänderung $\bullet$ bezüglich der Überzeugungsmenge A und des Satzes x sollte gelten: (i) $A{\bullet}x$ ist eine Überzeugungsmenge, *in der alle Meinungen gerechtfertigt sind* und in der der gewünschte Effekt (Inkorporation, Zurückweisung oder Aufgabe von x) erzielt wurde; (ii) von allen Überzeugungsmengen, die (i) erfüllen, ist $A{\bullet}x$ diejenige, die sich von A minimal unterscheidet.

Es kommt für ein rationales epistemisches Subjekt nicht nur darauf an, dass sein epistemisches System konsistent und deduktiv geschlossen ist, sondern es kommt auch darauf an, dass das Subjekt seine Meinungen rechtfertigen kann.

Folglich ist es nicht sinnvoll zu fordern, dass man bei einer Überzeugungsänderung in den nächstgelegenen epistemischen Zustand übergehen sollte, in dem der gewünschte Effekt erzielt wird, sondern man muss fordern, dass man in den nächstgelegenen Zustand übergeht, in dem der gewünschte Effekt erzielt wird *und alle Meinungen gerechtfertigt sind.*

An dieser Stelle zeigt sich paradigmatisch, dass statische Strukturen für die Dynamik unmittelbar relevant sind. Man kann epistemische Zustände verschieden modellieren und verschiedene statische Forderungen an einen rationalen epistemischen Zustand erheben. Selbst wenn man sich auf die Modellierung mit Hilfe von Satzmengen beschränkt und als statische Rationalitätskriterien nur Konsistenz, deduktive Geschlossenheit und Rechtfertigung erwägt, ist eine derartige Interdependenz von Statik und Dynamik erkennbar. Da nicht in jeder konsistenten, deduktiv geschlossenen Satzmenge alle Meinungen gerechtfertigt sind, ist die Menge der *gerechtfertigten* Überzeugungsmengen (= konsistente, deduktiv geschlossene Satzmenge, in der alle Meinungen gerechtfertigt sind) eine *echte* Teilmenge der Menge der Überzeugungsmengen (= konsistente, deduktiv geschlossene Satzmenge).[40] Fordert man in (MV′), dass $A{\bullet}x$ eine *gerechtfertigte* Überzeugungsmenge ist, so wird diese Überzeugungsmenge folglich in der Regel „weiter von A entfernt liegen“ als wenn man - wie in (MV) - lediglich fordert, dass $A{\bullet}x$ *irgendeine* Überzeugungsmenge ist.[41]

Welche Überzeugungsänderung minimal ist, hängt also davon ab, welche (statischen) Forderungen man an den neuen epistemischen Zustand erhebt. Da AGM's Theorie keinerlei Rechtfertigungszusammenhänge berücksichtigt, ist ihr Ansatz strukturell zu arm, um unsere Intuitionen bezüglich der Minimalität einer Überzeugungsänderung akkurat zu beschreiben. Wie anhand einer Diskussion von *Erhaltung* ersichtlich wurde, zeigt sich eine derartige Diskrepanz besonders deutlich im Fall einer Revision bezüglich einer neuen Information x, die konsistent mit A ist. In diesem Fall sind die Defizite der AGM Theorie besonders eklatant, da laut *Erhaltung* gefordert wird, dass unter diesen Umständen keine der bisherigen Überzeugungen aufzugeben ist, auch wenn man möglicherweise nicht mehr in der Lage ist, bestimmte Meinungen zu rechtfertigen. Aber auch im Fall einer Revision bezüglich einer neuen Information x, die inkonsistent mit A ist, und im Fall einer Kontraktion können sich analoge

---

40 Um dies zu sehen, betrachte man etwa den Satz x = „Es gibt neun Planeten“ und die Satzmenge $Cn(x)$. $Cn(x)$ ist offensichtlich eine konsistente, deduktiv geschlossene Satzmenge, aber nach jeder gängigen bzw. vernünftig erscheinenden Explikation des Rechtfertigungsbegriffs wären die Sätze in $Cn(x)$ nicht gerechtfertigt, ohne dass sie durch andere Sätze gestützt werden, die sich auf unmittelbarer beobachtete Sachverhalte beziehen. Daher muss die Menge der gerechtfertigten Überzeugungsmengen eine echte Teilmenge der Menge der Überzeugungsmengen sein.

41 Sowohl (MV) als auch (MV′) fordern darüber hinaus selbstverständlich, dass es sich um eine Überzeugungsmenge handelt, in der der gewünschte Effekt erzielt wird.

kontraintuitive Konsequenzen von AGM ergeben. In diesen Fällen liegen die Schwierigkeiten nicht ganz so offen zu Tage, weil hier immerhin einige Überzeugungen aufgegeben werden; aber das grundsätzliche Problem bleibt bestehen: Dem epistemischen Subjekt werden keinerlei Verpflichtungen auferlegt, Überzeugungen aufzugeben, sobald es diese nicht mehr rechtfertigen kann. Die Überzeugungsänderung, die sich nach AGM ergibt, ist also unter Umständen „zu minimal", um unseren Intuitionen bezüglich einer rationalen minimalen Veränderung gerecht zu werden, bei denen man auch Rechtfertigungsstrukturen mit berücksichtigt.

Auch Gärdenfors (1988) räumt ein, dass die Ausblendung von Rechtfertigungsstrukturen zu einer Konzeption der minimalen Veränderung führt, die nicht im Einklang mit unseren Intuitionen steht:[42]

> However, belief sets cannot be used to express that some beliefs may be *reasons* for other beliefs. [...] And intuitively, when we compare degrees of similarity between different epistemic states, we want the structure of reason or justification to count as well. [...] the structure of belief sets is not rich enough to describe our intuitions concerning the minimality of revisions of epistemic states. I admit that the postulates for contractions and revisions that have been introduced here are quite simpleminded [...] These considerations show that the relevant notion of minimality is dependent on which models of epistemic states are used. And because our intuitions are based on a richer structure on beliefs than what can be represented in the models investigated in this book, these intuitions, as we have seen, sometimes conflict with the consequences of the postulates that can be formulated for the models.

2.10 Kritik an AGM's Wiederherstellungspostulat

Von allen AGM-Postulaten wird ohne Zweifel das so genannte Wiederherstellungsaxiom (*recovery*) in der Literatur am stärksten in Zweifel gezogen. Dieses Postulat besagt in Worten: Wenn man eine Überzeugungsmenge A zunächst bezüglich x kontrahiert und diese anschließend wieder bezüglich x expandiert, so sollten alle ursprünglichen Überzeugungen wiederhergestellt werden: $A \subseteq (A-x)+x$. Dass das Wiederherstellungspostulat zumindest prima facie sehr plausibel erscheint, mag folgendes Beispiel verdeutlichen:[43]

> BEISPIEL: Ich glaubte bisher, dass ich meinen Hausschlüssel bei mir habe (x). Dann habe ich in meiner linken Tasche nachgesehen, in der

---

[42] Gärdenfors (1988, 67f.).

[43] Dieses Beispiel sowie einige weitere Gedanken dieses Abschnitts übernehme ich von Hansson. Vgl. Hansson (1999, 71ff.).

ich den Schlüssel üblicherweise trage und konnte ihn nicht finden. Infolgedessen habe ich meinen Glauben bezüglich x aufgegeben (ohne deshalb jedoch von $\neg x$ überzeugt zu sein). Eine Sekunde später habe ich den Schlüssel gefunden und meinen Glauben bezüglich x wiedergewonnen.

Bei diesem Beispiel wird zunächst eine Kontraktion bezüglich x und anschließend eine Expansion bezüglich x ausgeführt. Es ist vernünftig anzunehmen, dass in diesem Beispiel die Folge von Überzeugungsänderungen den ursprünglichen Überzeugungszustand unverändert lässt, beziehungsweise diesen wiederherstellt. Trotz seiner Prima-Facie-Plausibilität wurde das Wiederherstellungspostulat von zahlreichen Autoren kritisiert, darunter sind zu nennen: Fuhrmann (1991), Hansson (1991, 1993, 1999), Levi (1991), Lindström/Rabinowicz (1991) und Niederée (1991). Sogar David Makinson (1987), also ein Mitglied des AGM-Trios, schreibt über das Wiederherstellungspostulat, dass es „open to query from the point of view of acceptability under its intended reading" sei. Die folgenden zwei Beispiele wurden vorgebracht, um zu zeigen, dass *Wiederherstellung* kein allgemeingültiges Prinzip der Überzeugungsänderung ist:[44]

BEISPIEL: Ich habe in einem Buch gelesen, dass Kleopatra einen Sohn hatte. Meine Überzeugungsmenge enthielt deshalb die Überzeugung, dass Kleopatra einen Sohn hatte (y) und die Überzeugung, dass sie ein Kind hatte (x). Dann habe ich von einem zuverlässigen Freund erfahren, dass es sich bei dem Buch um einen historischen Roman gehandelt hat. Daraufhin habe ich meine Überzeugungsmenge bezüglich x kontrahiert und habe dabei auch y aufgegeben. Kurz danach habe ich aus einer zuverlässigen Quelle erfahren, dass Kleopatra tatsächlich ein Kind gehabt hat. Es scheint vernünftig zu sein, daraufhin x wieder zu meinen Überzeugungen zu addieren, ohne jedoch wieder von y überzeugt zu sein.

BEISPIEL: Ich habe früher geglaubt, dass Georg kriminell ist (x), und dass Georg ein Massenmörder ist (y). Nachdem ich Informationen erhalten habe, die mich veranlasst haben x aufzugeben, musste ich auch y aufgeben (weil x sonst aus y folgen würde). Ich habe dann Informationen erhalten, die mich veranlasst haben zu glauben, dass Georg ein Ladendieb ist (z). Insgesamt resultieren diese Änderungen

---

[44] Das erste von den beiden Beispielen übernehme ich in leicht abgewandelter Form von Hansson (1991), das zweite von Hansson (1993).

> in der Überzeugungsmenge $(A-x)+z$. Da x aus z folgt, ist $(A-x)+x$ eine Teilmenge von $(A-x)+z$. Wegen *Wiederherstellung* enthält $(A-x)+x$ auch y, deshalb muss y auch in $(A-x)+z$ enthalten sein. Da ich früher angenommen habe, dass Georg ein Massenmörder ist, scheint es so, als ob ich nun nicht glauben kann, dass er ein Ladendieb ist, ohne auch anzunehmen, dass er ein Massenmörder ist.

In beiden Beispielen führt das Wiederherstellungspostulat zu hochgradig unplausiblen Konsequenzen und ist somit unvereinbar mit unseren Intuitionen darüber, was eine rationale Überzeugungsänderung ist. Die angeführten Gegenbeispiele funktionieren beide nach demselben Schema, nach dem sich weitere Gegeninstanzen zum Wiederherstellungspostulat nach Belieben konstruieren lassen: Angenommen x folgt (logisch) aus y, und man akzeptiert im ursprünglichen Überzeugungszustand y, dann wird man folglich auch von x überzeugt sein. Erhält man dann Informationen, die einen veranlassen x aufzugeben, so muss man auch y aufgeben, weil man sonst wegen der Forderung nach deduktiver Geschlossenheit seiner Überzeugungsmenge darauf festgelegt wäre, auch x weiterhin zu akzeptieren. Erhält man daraufhin Informationen, die zwar x stützen, jedoch nicht in der Lage sind, auch das stärkere y zu stützen, so sollte man zwar x, nicht jedoch y zu seinen Überzeugungen addieren. *Wiederherstellung* verlangt jedoch, dass man in einem solchen Fall auch die ursprüngliche Überzeugung y zurückerlangt. Das Problem besteht darin, dass zwar jede Information, die *gegen* x spricht, auch gegen das stärkere y spricht, dass aber nicht jede Information, die *für* x spricht, auch für das stärkere y spricht. In vielen Fällen wird eine Information, die x stützt, zwar auch das stärkere y stützen, aber in den Fällen, in denen dies nicht der Fall ist, wird *Wiederherstellung* zu kontraintuitiven Konsequenzen führen. Ich erachte diese Überlegungen als hinreichenden Grund, das Wiederherstellungspostulat zu verwerfen und sich nach Konstruktionsmechanismen umzusehen, die ohne diese problematische Forderung auskommen.

Ein sehr nahe liegender und sicherlich der einfachste Versuch, zu einer Kontraktionsprozedur zu gelangen, die *Wiederherstellung* nicht allgemein erfüllt, besteht darin, das Wiederherstellungspostulat aus der Liste der AGM-Axiome einfach ersatzlos zu streichen. Diese Möglichkeit wurde von Makinson (1987) untersucht, der eine Kontraktionsfunktion, die *Abschluss*, *Inklusion*, *Leere*, *Erfolg* und *Extensionalität* erfüllt, eine *withdrawal* nennt. Offensichtlich erfüllt auch folgende sehr einfache Funktion alle Anforderungen einer withdrawal:

Falls $x \notin A$, dann $A-x = A$
Falls $x \in A$, dann $A-x = Cn(\varnothing)$.

Die hierbei resultierende kontrahierte Überzeugungsmenge ist aber offensichtlich viel zu klein: Immer wenn man eine Meinung aufgibt, gibt man auch alle anderen nicht-tautologischen Überzeugungen auf. Das Wiederherstellungspostulat hatte die Aufgabe zu verhindern, dass bei einer Kontraktion „zu viele" Überzeugungen aufgegeben werden und hat somit eine „Mindestgröße" von $A-x$ gewährleistet. Die obige Funktion demonstriert, dass es keine akzeptable Lösung ist, *Wiederherstellung* einfach ersatzlos zu streichen, weil sonst keine Mindestgröße mehr gewährleistet ist.[45] Es wurde deshalb versucht, das Wiederherstellungspostulat durch ein schwächeres Postulat zu ersetzen, das ebenfalls sicherstellt, dass bei einer Kontraktion Überzeugungen nicht ohne „guten Grund" aufgegeben werden. Zu nennen sind hier unter anderen die von Hansson (1999) vorgeschlagenen Postulate *relevance* und *core-retainment*. Es hat sich jedoch gezeigt, dass alle Versuche, das Wiederherstellungspostulat durch eine schwächere Forderung zu ersetzen, erfolglos blieben, weil diese Postulate die unangenehme Eigenschaft haben, letztlich äquivalent mit *Wiederherstellung* zu sein, wenn man die anderen AGM-Postulate als gegeben voraussetzt. Auch die Ersetzung des Wiederherstellungspostulats durch ein schwächeres Axiom scheint also die Schwierigkeiten innerhalb des Rahmens, der durch die AGM-Theorie vorgegeben ist, nicht lösen zu können.

Um nach einem neuen Lösungsweg für dieses Problem suchen zu können, muss man noch genauer verstehen, wie es zu der fragwürdigen Wiederherstellungseigenschaft kommt. Sei einmal angenommen, dass man von einem rationalen Überzeugungszustand nicht nur fordert, dass er konsistent und deduktiv geschlossen ist, sondern auch, dass in ihm jede Meinung *gerechtfertigt* werden kann und betrachten unter dieser Voraussetzung die für *Wiederherstellung* einschlägige Überzeugungsmenge $(A-x)+x$. Im Kleopatra-Beispiel ist die Meinung, dass Kleopatra einen Sohn hatte, in der endgültigen Überzeugungsmenge nicht *rechtfertigbar*. Ebenso wenig ist im Massenmörder-Beispiel die Behauptung, dass Georg ein Massenmörder ist, am Schluss *rechtfertigbar*. Stellt man also für rationale Überzeugungszustände die zusätzliche Forderung nach Rechtfertigbarkeit aller Meinungen auf, so scheint *Wiederherstellung* in den Fällen, in denen sich ansonsten kontraintuitive Konsequenzen ergeben, nicht erfüllt zu sein. In dem Hausschlüssel-Beispiel ist es dagegen sehr plausibel anzunehmen, dass sich in der endgültigen Überzeugungsmenge $(A-x)+x$ alle Meinungen rechtfertigen lassen, die sich in dem ursprünglichen Zustand A rechtfertigen ließen.

---

[45] Auch die zusätzliche Forderung der beiden Kontraktionspostulate *Konjunktive Überlappung* und *Konjunktive Inklusion*, die von Makinsons withdrawals nicht gefordert werden, könnte hieran nichts ändern, weil diese Axiome lediglich das Verhältnis von Kontraktionen bezüglich Konjunktionen zu den Kontraktionen der jeweiligen Konjunktionsglieder betreffen und somit ebenfalls nicht in der Lage sind, eine Mindestgröße der kontrahierten Überzeugungsmenge sicherzustellen.

Somit wäre in diesem Fall *Wiederherstellung* erfüllt. Es scheint also so, als ob durch die Forderung nach Rechtfertigbarkeit aller Meinungen *Wiederherstellung* in den Fällen *und nur in den Fällen* erfüllt wäre, in denen es gemäß unseren Commonsense-Intuitionen erfüllt sein sollte. Dieser Punkt soll noch etwas präzisiert werden. Dazu ist es nützlich, folgendes Postulat zu betrachten:

(Konditionalresistenz) Falls $y \in A$, dann $(x \rightarrow y) \in A - x$.

Wenn $y \in A$ ist, so ist wegen der deduktiven Geschlossenheit von A selbstverständlich auch $(x \rightarrow y) \in A$. Bei der Kontraktion $A - x$ wird in den Fällen, die im Zusammenhang mit *Wiederherstellung* interessant sind, nicht nur x, sondern auch y aufgegeben. *Konditionalresistenz* fordert aber, dass wenigstens das Konditional $x \rightarrow y$ bei einer Kontraktion bezüglich x stets erhalten bleibt. Es lässt sich zeigen, dass *Konditionalresistenz* äquivalent zu *Wiederherstellung* ist, wenn man die anderen AGM-Postulate als gegeben voraussetzt:

> LEMMA 2.5: Sei A eine Überzeugungsmenge und sei $+$ ein Expansionsoperator, der *Abschluss*, *Erfolg*, *Inklusion*, *Redundanz*, *Monotonie* und *Minimalität* erfüllt. Sei ferner $-$ ein Kontraktionsoperator für A, der *Abschluss* erfüllt, dann gilt:
> $-$ erfüllt *Wiederherstellung* gdw $-$ *Konditionalresistenz* erfüllt.

BEWEIS: „$\Rightarrow$": Angenommen $-$ erfüllt *Wiederherstellung* und sei $y \in A$, es muss gezeigt werden, dass dann $(x \rightarrow y) \in A - x$ gilt. Sei zum Widerspruch angenommen, dass $(x \rightarrow y) \notin A - x$ gilt. Da $-$ *Abschluss* erfüllt, ist also $(x \rightarrow y) \notin Cn(A - x)$, das heißt, es gibt ein Modell M für die Menge $(A - x) \cup \{\neg(x \rightarrow y)\}$. Da x und $\neg y$ aus $\neg(x \rightarrow y)$ folgen, ist M auch ein Modell für die Satzmenge $(A - x) \cup \{x\} \cup \{\neg y\}$. Im Widerspruch dazu folgt aus $y \in A$ mit *Wiederherstellung* $y \in (A - x) + x$. Da $+$ die AGM-Expansionspostulate erfüllt, gilt also wegen Theorem 2.1: $y \in Cn[(A - x) \cup \{x\}]$. Das heißt, es gibt kein Modell für die Menge $(A - x) \cup \{x\} \cup \{\neg y\}$. Aus diesem Widerspruch kann man schließen, dass $(x \rightarrow y) \in A - x$ gelten muss, das heißt *Konditionalresistenz* ist erfüllt.

„$\Leftarrow$": Angenommen $-$ erfüllt *Konditionalresistenz* und sei $y \in A$. Es muss gezeigt werden, dass dann $y \in (A - x) + x$ gilt. Aus $y \in A$ folgt mit *Konditionalresistenz* $(x \rightarrow y) \in A - x$. Da y nach Modus Ponens aus x und $x \rightarrow y$ folgt, ist deshalb $y \in Cn[(A - x) \cup \{x\}] = (A - x) + x$, das heißt *Wiederherstellung* ist erfüllt.

q.e.d.

In der Formulierung des Wiederherstellungspostulats kommt sowohl der Kontraktionsoperator $-$ als auch der Expansionsoperator $+$ vor. Da aber nach Theorem 2.1 der Expansionsoperator bereits vollständig durch die AGM-Expansionspostulate bestimmt ist, ist klar, dass *Wiederherstellung* letztlich ausschließlich eine Forderung an den Kontraktionsoperator darstellt, obwohl bei der Formulierung auch der Expansionsoperator vorkommt. Möglicherweise lässt sich zwar das äquivalente Postulat *Konditionalresistenz* schwieriger motivieren als *Wiederherstellung*, aber es hat den Vorteil, dass es sich ausschließlich mit Hilfe des Kontraktionsoperators – formulieren lässt und somit klarer zu erkennen gibt, welche Forderung von *Wiederherstellung* letztlich an den Kontraktionsoperator erhoben wird. *Konditionalresistenz* extrahiert also gewissermaßen den Teil aus *Wiederherstellung*, der sich unmittelbar auf die Kontraktion bezieht.

Gemäß Lemma 2.5 kommt es also zur umstrittenen Wiederherstellungseigenschaft, weil bei der Kontraktion von A bezüglich x Konditionale der Form $x \rightarrow y$ für alle $y \in A$ erhalten bleiben. Im Licht von Lemma 2.5 seien noch einmal die Gegenbeispiele zu *Wiederherstellung* betrachtet. Im Kleopatra-Beispiel enthielt meine ursprüngliche Überzeugungsmenge A die Überzeugung, dass Kleopatra einen Sohn hatte (y) und die Überzeugung, dass sie ein Kind hatte (x). Da die Überzeugungsmenge A deduktiv geschlossen war, enthielt sie als triviale logische Konsequenz auch das Konditional $x \rightarrow y$. Bei der Kontraktion von A bezüglich x gibt man zwar sowohl x als auch y auf, aber *Konditionalresistenz / Wiederherstellung* fordert, dass an dem Konditional $x \rightarrow y$ in jedem Fall festzuhalten ist. Es wird also gefordert, dass ich weiterhin davon überzeugt bin, dass wenn Kleopatra ein Kind hatte, sie einen Sohn hatte. Dies ist ohne jede Frage kontraintuitiv und führt zu den absurden Konsequenzen von *Wiederherstellung*, denn sobald ich nun bezüglich x expandiere, bin ich wegen Modus Ponens folglich auch darauf festgelegt, y wieder zu akzeptieren. In meiner ursprünglichen Überzeugungsmenge konnte ich das Konditional $x \rightarrow y$ nur deshalb rechtfertigen, weil ich von dem Konsequens (und dem Antezedens) überzeugt war. Gebe ich bei der Kontraktion bezüglich x die beiden Überzeugungen x und y auf, so kann ich $x \rightarrow y$ nicht mehr rechtfertigen und muss dieses Konditional - im Widerspruch zu *Konditionalresistenz / Wiederherstellung* - ebenfalls verwerfen.[46]

---

[46] Der hier unterbreitete Vorschlag, dass zur Vermeidung der kontraintuitiven Wiederherstellungseigenschaft Konditionale der Form $x \rightarrow y$ aufgegeben werden müssen, falls man diese im Zuge einer Kontraktion bezüglich x nicht mehr rechtfertigen kann, hat große Ähnlichkeit mit der so genannten *filtering condition*, die von Fuhrmann (1991) diskutiert wird: Falls im Zuge einer Kontraktion bezüglich x die Überzeugung y aufgegeben wird, dann sollte die Kontraktion bezüglich x keinerlei Überzeugungen enthalten, von denen man „nur deshalb" (*just because*) überzeugt war, weil man von y überzeugt war. Vgl. Fuhrmann (1991, 184). In den diskutierten Gegenbeispielen trifft dies aber gerade auf die Konditionale $x \rightarrow y$ zu. Im Kleopatra-Beispiel wurde das Konditional $x \rightarrow y$ *nur deshalb* geglaubt, weil man von y überzeugt war. Gemäß der Filterungsbedingung sollte dieses Konditional also im Zuge der Kontraktion bezüglich x aufgegeben werden, weil dabei die Überzeugung y aufgegeben wird. Fuhrmanns Filterungsbedingung und das hier vorgeschlagene Prinzip stellen beide Spezialfäl-

Ob ich bei der Kontraktion von A bezüglich x das Konditional $x \rightarrow y$ erhalten kann oder auch verwerfen muss, hängt davon ab, ob ich es in dem kontrahierten Überzeugungszustand noch *rechtfertigen* kann oder nicht! Wegen Lemma 2.5 hängt also auch die Frage, ob *Wiederherstellung* erfüllt ist oder nicht, davon ab, ob ich im Überzeugungszustand $A-x$ in der Lage bin, alle Konditionale der Form $x \rightarrow y$ zu rechtfertigen oder nicht. In vielen Fällen, wie etwa im Hausschlüssel-Beispiel, werde ich in der Lage sein, $x \rightarrow y$ für alle Einsetzungen von $y \in A$ auch in $A-x$ zu rechtfertigen und somit *Wiederherstellung* zu erfüllen. In anderen Fällen, wie etwa bei dem Kleopatra- und dem Massenmörder-Beispiel, werde ich aber nicht alle Konditionale dieser Form rechtfertigen können und werde somit gegen *Wiederherstellung* verstoßen. Ob in einem konkreten Fall einer Überzeugungsänderung *Wiederherstellung* erfüllt ist oder nicht, muss mit Rekurs auf statische Rechtfertigungsstrukturen entschieden werden.[47]

In Abschnitt 2.7 und 2.8 wurde gezeigt, dass AGM's Erfolgs- und Monotoniepostulat keine allgemeingültigen Prinzipien der Dynamik epistemischer Zustände sein können und dass adäquate Relativierungen derselben auf den Rechtfertigungsbegriff rekurrieren müssen. In Abschnitt 2.9 wurde gezeigt, dass auch die Erhaltungseigenschaft der AGM-Revision und die Konzeption der

le eines überaus plausiblen, allgemeineren Prinzips dar, das sich ungefähr so formulieren lässt: Wenn man im Zuge einer Überzeugungsänderung eine bestimmte Überzeugung nicht mehr rechtfertigen kann, so muss man diese aufgeben.

[47] Makinson (1997a) gelangt im Wesentlichen zur gleichen Analyse von Hanssons beiden Beispielen gegen das Wiederherstellungspostulat. Er scheint die Auffassung zu teilen, dass *Wiederherstellung* inadäquat ist, wenn man Rechtfertigungsstrukturen berücksichtigt: „They [Hanssons Gegenbeispiele] show that [...] recovery is still an inappropriate condition for the operation of contraction when the theory is seen as comprising not only statements but also a relation or other structural element indicating lines of justification, grounding, or reasons for belief." (Makinson 1997a, 478). Bizarrerweise scheint Makinson hierin jedoch in erster Linie kein Argument *gegen Wiederherstellung* und *für* die Einbeziehung von Rechtfertigungsstrukturen bei der Modellierung von Überzeugungsänderungen zu sehen, sondern will darin eher ein Argument *für Wiederherstellung* im Rahmen von Theorien sehen, welche - wie die AGM-Theorie - Rechtfertigungsstrukturen unberücksichtigt lassen: „But when a theory is taken as „naked" [d.h. ohne Rechtfertigungsstrukturen], i. e. as a bare set $A = Cn(A)$ of statements closed under consequence, then recovery appears to be free of intuitive counterexamples. [...] We have defended recovery for naked theories closed under logical consequence." (478 f.). Dass der aufgedeckte Zusammenhang zwischen der Wiederherstellungsproblematik und der Vernachlässigung von Rechtfertigungsstrukturen umgekehrt auch gegen *Wiederherstellung* interpretiert und zu einer Abkehr von der AGM-Konzeption, welche Rechtfertigungsstrukturen unberücksichtigt lässt, führen kann, scheint allerdings auch Makinson zu sehen, wenn er schreibt: „A critic may scoff that this is like defending cheshire cats, or „drink me" potions, as appropriate to Alice's wonderland. The appropriateness merely serves to emphasize that naked closed sets are far from being an adequate representation of belief sets in the real world. These should be bases or closed sets equipped with justificational and perhaps other structure. It is difficult to disagree." (479)

minimalen Veränderung, die ihr zugrunde liegt, defizitär sind und einer Modifikation bedürfen, die es erlaubt, auch Rechtfertigungsstrukturen bei der Beurteilung der Ähnlichkeit epistemischer Zustände zu berücksichtigen. Nun hat sich auch beim umstrittenen Wiederherstellungspostulat gezeigt, dass die Schwierigkeiten der AGM-Theorie von ihrer Ignoranz gegenüber statischen Rechtfertigungsstrukturen herrühren. Insgesamt liefert dies starke Evidenz dafür, dass letztlich nur eine Theorie der Dynamik epistemischer Zustände adäquat sein kann, die auch den Rechtfertigungsbegriff in ihr Vokabular aufnimmt.

2.11 Kritik an AGM's iterierten Überzeugungsänderungen

Die Überzeugungsänderungsfunktionen der AGM-Theorie basieren auf einer Ordnung der epistemischen Verankerung - oder einer gleichwertigen Präferenzordnung. Formal hängt diese Verankerungsrelation aufgrund der Postulate (EE3) und (EE4) von der Überzeugungsmenge A ab. Auch inhaltlich ist es klar, dass relativ zu verschiedenen epistemischen Zuständen Sätze verschieden stark verankert sein können. Mit verschiedenen Überzeugungsmengen A und A' sind also auch verschiedene Verankerungsrelationen $\leq$ und $\leq'$ verbunden. Diese Abhängigkeit der Verankerungsrelation von der Überzeugungsmenge könnte der Deutlichkeit halber durch einen Index kenntlich gemacht werden: $\leq_A$.

Genau besehen konstruieren AGM also für den Revisions- und den Kontraktionsfall jeweils Überzeugungsänderungsfunktionen, bei denen einer beliebigen Überzeugungsmenge A, einer zugehörigen Relation $\leq_A$ und einem beliebigen Satz x eine neue Überzeugungsmenge A' zugeordnet wird. AGM geben also an, wie sich die neue Überzeugungsmenge A' aus der alten Überzeugungsmenge A, der Relation $\leq_A$ und dem Satz x ermitteln lässt. Was AGM jedoch *nicht* angeben, ist, wie sich die neue Ordnung der epistemischen Verankerung $\leq_{A'}$ aus der alten Überzeugungsmenge A, der alten Relation $\leq_A$ und dem Satz x ermitteln lässt.

Auf den ersten Blick mag dies nicht so schlimm erscheinen, weil man bei der Modellierung von Überzeugungsänderungen schließlich eigentlich an den Überzeugungen interessiert ist, während die dazu verwendete Ordnung der epistemischen Verankerung nur eine Hilfskonstruktion ist, der nicht das eigentliche Augenmerk gilt. Genauer besehen stellt dies aber durchaus ein ernsthaftes Problem für die AGM-Theorie dar. Oft geht es nämlich darum, nicht nur eine einzige Überzeugungsänderung von einer Überzeugungsmenge A zu einer anderen Überzeugungsmenge A' zu modellieren, sondern eine ganze Serie von Überzeugungsänderungen A, A', A'', ... Um dies aber mit der

AGM-Theorie bewerkstelligen zu können, wäre es erforderlich, nach der ersten Überzeugungsänderung von A nach A' neben der neuen Überzeugungsmenge A' auch die neue Verankerungsrelation $\leq_{A'}$ zu kennen, damit die darauf folgende Überzeugungsänderung von A' nach A'' ermittelt werden kann.

Von einigen Spezialfällen abgesehen, hat die Theorie von AGM deshalb Schwierigkeiten, *iterierte Überzeugungsänderungen* zu modellieren. Daher haben einige Autoren alternative Theorien der Dynamik epistemischer Zustände entwickelt, die auch iterierte Überzeugungsänderungen modellieren können, oder haben versucht, diese Schwierigkeit im Rahmen der AGM-Theorie zu überwinden. Zu nennen sind hier unter anderem die Arbeiten von Cantwell (1999), Darwiche/Pearl (1997), Glaister (1998), Nayak (1994), Rott (1999), Schlechta (1991), Segerberg (1998) und Spohn (1987). Obwohl im Gegensatz zu den bisher diskutierten Defiziten der AGM-Theorie ihre Unfähigkeit, iterierte Überzeugungsänderungen modellieren zu können, in keinem direkten Zusammenhang zu ihrer Ignoranz gegenüber statischen Rechtfertigungsstrukturen steht, wäre es selbstverständlich trotzdem wünschenswert, dass die Einbeziehung von Rechtfertigungsstrukturen auch in dieser Hinsicht eine Verbesserung mit sich bringen könnte. Die Theorie, die in Kapitel 5 entwickelt werden soll, wird zeigen, dass diese Hoffnung nicht unberechtigt ist.

3 Die dynamische Theorie des Bayesianismus

3.1 Der Wunsch nach mehr Feinstruktur

Formale Repräsentationen epistemischer Zustände lassen sich in qualitative und quantitative Modelle einteilen. Bei qualitativen Modellen - wie etwa AGM's Überzeugungsmengen - werden dem epistemischen Subjekt Überzeugungen simpliciter zugeschrieben, das heißt, es wird angenommen, dass das Subjekt einen Satz beziehungsweise eine Proposition einfach für wahr oder für falsch hält oder keines von beidem; andere als diese drei epistemischen Einstellungen werden von derartigen Modellen nicht erfasst. Quantitative Modelle sind dagegen „feinkörniger" und erlauben es, verschiedene Überzeugungen nach numerischen Graden zu unterscheiden, das heißt, eine bestimmte Proposition wird nicht einfach geglaubt oder nicht, sondern sie wird zu einem bestimmten Grad für wahr gehalten.[48]

Die in Abschnitt 1.4 formulierte Abhängigkeitsthese, also die Behauptung, dass eine adäquate Modellierung der Dynamik epistemischer Zustände nur mit Rekurs auf Rechtfertigungsstrukturen möglich ist, lässt sich in zwei Teilbehauptungen zerlegen:

(AT1) Für eine adäquate Modellierung der Dynamik epistemischer Zustände benötigt man mehr Feinstruktur als von einfachen qualitativen Modellen erfasst wird.

(AT2) Die Sorte von Feinstruktur, die zu einer adäquaten Modellierung der Dynamik epistemischer Zustände zusätzlich benötigt wird, sind statische Rechtfertigungsstrukturen.

Auch wenn meines Erachtens die Diskussion des letzen Kapitels gezeigt haben dürfte, dass Rechtfertigungsstrukturen bei der Änderung von Überzeugungen eine so erhebliche Rolle spielen, dass es im höchsten Maße plausibel erscheint, dass sie auch bei einer Modellierung derselben nicht außen vor gelassen werden dürfen, hat sich die ganze Diskussion unmittelbar jedoch nur auf die Theorie von AGM, also eine rein qualitative Theorie bezogen. Daher könnte eingewendet werden, dass diese Diskussion zwar gezeigt habe, dass man zu einer adäquaten Modellierung der Dynamik epistemischer Zustände mehr Feinstruktur benötigt als dies von AGM's Ansatz geboten wird, es aber kei-

[48] Diese Unterscheidung entspricht mehr oder weniger Spohns (1987) Unterscheidung zwischen deterministischen und probabilistischen Repräsentationen epistemischer Zustände.

neswegs klar sei, dass gerade die Einbeziehung von Rechtfertigungsstrukturen unerlässlich sei. Mit anderen Worten: Es könnte eingewendet werden, dass bisher nicht die ganze Abhängigkeitsthese, sondern nur deren erste Teilbehauptung (AT1) hinreichend gestützt wurde. Um diese Bedenken zu zerstreuen, soll in diesem Kapitel in knapper Form auch auf einen quantitativen Ansatz eingegangen und gezeigt werden, dass auch dieser nicht befriedigen kann, da auch bei ihm rechtfertigende Zusammenhänge keine Rolle spielen. Der übliche Formalismus für eine quantitative Modellierung epistemischer Zustände ist selbstverständlich die Wahrscheinlichkeitstheorie. Zurückgehend auf den britischen Geistlichen Th. Bayes (1702–1761) wird diese Doktrin, die sowohl einen statischen als auch einen dynamischen Teil umfasst, *Bayesianismus* genannt. Der rein darstellende nächste Abschnitt wird demjenigen Leser, der mit dieser Theorie vertraut ist, nichts Neues bringen.[49]

3.2 Die Theorie des Bayesianismus

Gemäß dem Bayesianismus wird ein epistemischer Zustand modelliert, indem man jedem Satz einer geeigneten Sprache eine reelle Zahl zwischen 0 und 1 zuweist. Die intendierte Interpretation dabei ist, dass diese Zahl ein Maß für den Grad ist, mit dem das Subjekt von der Wahrheit der fraglichen Aussage überzeugt ist. Ganz analog zu AGM's Modellierung mit Hilfe von Satzmengen repräsentiert nicht jede Verteilung derartiger Glaubensgrade einen *rationalen* epistemischen Zustand. Als statisches Rationalitätskriterium fordert der Bayesianismus, dass die Glaubensgrade über der Sprache gerade eine Wahrscheinlichkeitsverteilung bilden. Doch weshalb sollte eine Verteilung von Glaubensgraden gerade dann rational sein, wenn sie den Kolmogorov-Axiomen genügt? Verschiedene Argumente wurden ersonnen, um diese Forderung zu motivieren. Die bekanntesten Begründungen sind so genannte *Dutch-Book-Argumente*. Dafür wird zunächst davon ausgegangen, dass die Glaubensgrade als Wettquotienten für Wetten bezüglich der Wahrheit der verschiedenen Aussagen herangezogen werden. Als sehr plausible Forderung wird dann verlangt, dass die Glaubensgrade beziehungsweise die Wettquotienten einer rationalen Person so beschaffen sein müssen, dass es nicht möglich ist, mit der Person ein System von Wetten abzuschließen, bei dem die Person in jedem Fall verliert, egal wie der Ausgang der Ereignisse ist (dies wäre ein so genanntes Dutch-Book). Das Dutch-Book-Theorem besagt, dass in diesem Fall die Wettquotienten beziehungsweise die Glaubensgrade eine Wahrscheinlichkeitsverteilung bilden müs-

[49] Die Darstellung des Bayesianismus in Abschnitt 3.2 lehnt sich an die Präsentation in Gärdenfors (1988) an.

sen.[50] Im Bayesianismus wird also der epistemische Zustand eines Subjekts zu einem gegebenen Zeitpunkt durch eine Wahrscheinlichkeitsverteilung P über einer Sprache **L** modelliert.

Es stellt sich die Frage, wie sich nach dem Bayesianismus derartig modellierte epistemische Zustände mit der Zeit unter dem Einfluss neuer Informationen verändern. Die elementarste Regel für eine derartige Dynamik ist die der einfachen Konditionalisierung. Angenommen das epistemische Subjekt erhält im Zustand P eine Information x, die konsistent mit ihren bisherigen Überzeugungen ist, das heißt, x wurde bisher nicht für sicher falsch gehalten, das heißt, es gilt: $P(x) > 0$. In diesem Fall ist die Wahrscheinlichkeitsverteilung $P{+}x$, die den neuen epistemischen Zustand repräsentiert, gemäß dem Bayesianismus gerade durch die mathematische Operation der Konditionalisierung von P bezüglich x gegeben. Für den Fall $P(x) = 0$ wird $P{+}x$ konventionell gleich $P_\perp$ gesetzt, wobei $P_\perp(y) = 1$ für alle $y \in \mathbf{L}$ gilt.

(Def +) $P{+}x(y) := P(y|x) := P(x\&y) \,/\, P(x)$, falls $P(x) > 0$,
$P{+}x := P_\perp$, falls $P(x) = 0$.[51]

Wie schon im Fall der statischen Forderung, dass die Glaubensgrade eine Wahrscheinlichkeitsverteilung bilden müssen, wurden auch zur Stützung dieser dynamischen Regel verschiedene Typen von Argumenten in der Literatur vorgebracht. Um nur auf eine dieser Begründungen kurz einzugehen, sei zunächst die Mischung zweier (Wahrscheinlichkeits-) Funktionen in der üblichen Weise eingeführt: $(PaP')(x) := a{\cdot}P(x) + (1{-}a){\cdot}P'(x)$ für alle x, wobei $0 \leq a \leq 1$ und $P, P' \neq P_\perp$. Für den Grenzfall sei definiert $(PaP_\perp) := P$ und $(P_\perp aP) := P$. Mit Hilfe der Mischung zweier Funktionen ist es einfach nachzuweisen, dass die Konditionalisierungsregel folgende Eigenschaften erfüllt:

(P+1) Falls x und y disjunkt sind, das heißt $\vdash\neg(x\&y)$, dann $P{+}(x\vee y) = (P{+}x)a(P{+}y)$, wobei $a = P(x)/P(x\vee y)$.

(P+2) $P{+}x(x) = 1$.

50 Das Dutch-Book-Theorem zeigt sogar, dass die umgekehrte Richtung ebenfalls gilt, das heißt eine Verteilung von Wettquotienten/Glaubensgraden einer Person ist genau dann eine Wahrscheinlichkeitsverteilung, wenn kein Dutch-Book gegen die Person möglich ist. Die Idee, Glaubensgrade als Wettquotienten zu interpretieren, geht zurück auf Ramsey (1931b) und de Finetti (1937). Ausführliche Beweise für das Dutch-Book-Theorem finden sich u.a. auch in Kemeny (1955), wo beide Richtungen des Theorems bewiesen werden, Shimony (1955) und Vickers (1976). Vgl. auch Skyrms (1966) und Resnik (1987).

51 Jeffrey (1965) hat diese Regel verallgemeinert für Fälle, in denen man Informationen der Form „die Wahrscheinlichkeit von x ist p" erhält, wobei x dann nicht – wie bei der einfachen Konditionalisierungsregel – im neuen Zustand die Wahrscheinlichkeit 1, sondern die Wahrscheinlichkeit p erhält. Die Regel lautet: Für alle y: $P'(y) = p{\cdot}P(y\,|\,x) + (1{-}p){\cdot}P(y\,|\,\neg x)$.

(P+3) Falls $\vdash x$, dann $P{+}x = P$.
(P+4) $P{+}x = P_\perp$ gdw $P(x) = 0$.

Wie sich sehr einfach nachprüfen lässt, charakterisieren diese Eigenschaften die Konditionalisierung als dynamische Regel sogar schon eindeutig:

> LEMMA 3.1: Konditionalisierung ist die einzige Funktion von **P x L** nach **P**, die (P+1)-(P+4) erfüllt.[52]

Um (P+1) zu motivieren, ist es hilfreich, die *a*-Mischung PaP' zweier Wahrscheinlichkeitsverteilungen P und P' als einen Zustand zu interpretieren, in dem man mit Wahrscheinlichkeit a vom Zustand P und mit Wahrscheinlichkeit $1-a$ vom Zustand P' überzeugt ist. (P+1) besagt demnach: Wenn man in einem Zustand P erfährt, dass $x \vee y$ der Fall, wobei x und y disjunkt sind, dann ist das dasselbe, als ob man x mit Wahrscheinlichkeit $P(x)/[P(x)+P(y)]$ und y mit Wahrscheinlichkeit $P(y)/[P(x)+P(y)]$ lernt. Da diese so interpretierte Forderung durchaus plausibel erscheint und (P+2)-(P+4) lediglich Regularitätsforderungen sind, die sich in nahe liegender Weise ebenfalls gut motivieren lassen, stellt Lemma 3.1 ein gutes Argument dar, um die bayesianische Forderung zu stützen, dass eine konsistente neue Information x zu einer Konditionalisierung der bisherigen Wahrscheinlichkeitsverteilung bezüglich x führen sollte.[53]

Die Konditionalisierung hat den Nachteil, dass sie für den Fall $P(x) = 0$ nicht definiert ist (beziehungsweise genauer: die konventionelle Erweiterung gemäß (Def +) liefert in diesem Fall nur ein triviales Ergebnis). Der Fall $P(x) = 0$ ist der Fall, in dem die neue Information x bisher für sicher falsch gehalten wurde, das heißt der Fall, in dem die neue Information mit den bisherigen Überzeugungen inkonsistent ist. Die Konditionalisierungsregel gestat-

---

52 **P** steht dabei für die Menge aller Wahrscheinlichkeitsverteilungen über der Sprache **L**.

53 Zurückgehend auf eine Idee von David Lewis wurden zur Begründung der Konditionalisierungsregel auch dynamische Dutch-Book-Argumente vorgebracht, die zeigen, dass ein Subjekt, das seinen epistemischen Zustand nicht im Einklang mit der Konditionalisierungsregel verändert, einem dynamischen Dutch-Book ausgesetzt ist; das heißt es ist dann möglich, gegen diese Person ein System von Wetten bezüglich verschiedener Zeitpunkte (und den zu diesen Zeitpunkten jeweils eingetroffenen Ereignissen) abzuschließen, bei dem die Person sicher verliert. Ausführlich wird diese Strategie präsentiert in Teller (1976). Dort finden sich auch andere Argumente zugunsten der Konditionalisierungsregel. Eine Verallgemeinerung der Dutch-Book-Strategie liefert Skyrms (1987). Kritische Überlegungen zu dynamischen Dutch-Book-Argumenten finden sich in Earman (1992). Eine weitere Strategie zur Legitimation der Konditionalisierung arbeitet mit einem Prinzip der Minimierung der relativen Entropie bei der Veränderung epistemischer Zustände. Vgl. hierzu Hunter (1991). Trotz einiger Kritik an der Konditionalisierungsregel wurden in der Literatur praktisch keine Alternativen dazu entwickelt. Zu erwähnen wäre lediglich Lewis' (1976) so genannte Imaging-Operation, die von Gärdenfors (1988, 108ff.) allgemeiner formuliert und diskutiert wird.

tet also keine Revisionsprozesse, die aber gerade der interessanteste Teil der epistemischen Dynamik sind. Umso verwunderlicher ist es, dass sich annähernd die gesamte Literatur zur probabilistischen Dynamik auf die Regel der Konditionalisierung beschränkt. Die Ausnahme hiervon bildet Gärdenfors (1988), der außer einer Expansion durch Konditionalisierung auch Revisions- und Kontraktionsoperationen für probabilistisch modellierte epistemische Zustände untersucht.[54] Diese lassen sich wie im AGM-Fall axiomatisch charakterisieren. Für die Revision $P{*}x$ eines Zustandes P bezüglich einer neuen Information x werden Postulate jeweils in direkter Analogie zu den Revisionspostulaten von AGM gefordert, so dass diese in ebenfalls analoger Weise motiviert werden können. Zum besseren Vergleich sind deshalb bei der folgenden Zusammenstellung der Revisionspostulate die AGM-Korrelate jeweils in Klammern angegeben.

(P∗1)	Für alle Wahrscheinlichkeitsfunktionen P und alle Sätze x ist $P{*}x$ eine Wahrscheinlichkeitsfunktion.	(Abschluss)
(P∗2)	$P{*}x(x) = 1$.	(Erfolg)
(P∗3)	Falls $\vdash x \leftrightarrow y$, dann $P{*}x = P{*}y$.	(Extensionalität)
(P∗4)	$P{*}x = P_{\perp}$ gdw $\vdash \neg x$.	(Konsistenz)
(P∗5)	Falls $P(x) > 0$, dann $P{*}x = P{+}x$.	(Inklusion, Leere)
(P∗6)	Falls $P{*}x(y) > 0$, dann $P{*}(x \& y) = (P{*}x){+}y$.	(Superexp., Subexp.)

Auch für die Kontraktion $P{-}x$ eines Zustandes P bezüglich eines Satzes x werden Postulate analog zu den Kontraktionspostulaten von AGM gefordert und können wiederum entsprechend motiviert werden. Zum besseren Vergleich sind auch bei der folgenden Zusammenstellung der Kontraktionspostulate die AGM-Entsprechungen jeweils in Klammern angegeben.

(P–1)	Für alle Wahrscheinlichkeitsfunktionen P und alle Sätze x ist $P{-}x$ eine Wahrscheinlichkeitsfunktion.	(Abschluss)
(P–2)	$P{-}x(x) < 1$ gdw nicht $\vdash x$.	(Erfolg)
(P–3)	Falls $\vdash x \leftrightarrow y$, dann $P{-}x = P{-}y$.	(Extensionalität)
(P–4)	Falls $P(x) < 1$, dann $P{-}x = P$.	(Leere)
(P–5)	Falls $P(x) = 1$, dann $(P{-}x){+}x = P$.	(Wiederherstellung)
(P–6)	Falls $P{-}(x \& y)(\neg x) > 0$, dann $P{-}x(z \mid \neg x) = P{-}(x \& y)(z \mid \neg x)$.	(Konj. Überl., Konj. Inkl.)

---

[54] Vgl. Gärdenfors (1988, 118ff.). Einen verwandten Ansatz hat auch Popper (1959) vorgeschlagen. Vgl. zu diesem auch Spohn (1986).

Ebenfalls analog zum AGM-Paradigma sind Revisionen und Kontraktionen auch im probabilistischen Fall vermittels Konstruktionen ähnlich der Levi und der Harper Identität interdefinierbar, so dass es genügt, eine dieser Überzeugungsänderungsmechanismen als primitiv anzusehen. Schließlich können auch im probabilistischen Fall konstruktive Überzeugungsänderungsfunktionen gefunden werden, die obige Postulate repräsentieren (jedenfalls, wenn die Sprache **L** gewissen Mindestanforderungen genügt). Diese Resultate sind für das Weitere jedoch unerheblich, so dass an dieser Stelle nicht auf die technischen Details eingegangen werden soll.[55] Viel wichtiger ist hingegen die Frage, wie sich der quantitative Ansatz des Bayesianismus zu einer qualitativen Epistemologie in Beziehung setzen lässt.

3.3 Bayesianismus und Überzeugungen

Der Überzeugungsbegriff ist ohne jeden Zweifel einer der zentralsten Begriffe der Erkenntnistheorie, der nicht nur an und für sich großes philosophisches Interesse verdient, sondern auch für die Analyse anderer erkenntnistheoretischer Begriffe ersten Ranges, wie dem Rechtfertigungs- und dem Wissensbegriff, von fundamentaler Bedeutung ist. Qualitative Modellierungen epistemischer Zustände, wie AGM's Überzeugungsmengen, die direkt zu erkennen geben, was die Überzeugungen sind, die in einem so repräsentierten Zustand geglaubt werden, fügen sich daher sehr gut in einen weiteren erkenntnistheoretischen Rahmen. Da quantitative Modellierungen wie der Bayesianismus dagegen per se keine Überzeugungen im üblichen Sinn beinhalten, dürfte hier eine der Hauptursachen dafür liegen, dass die Wahrscheinlichkeitstheorie unter Philosophen nicht die Beachtung findet, die ihr als durchaus nützlicher Formalismus zur Behandlung zahlreicher philosophischer Probleme gebühren würde.

Um eine quantitative Modellierung epistemischer Zustände kompatibel mit dem üblichen erkenntnistheoretischen Rahmen, wie er nicht zuletzt seit Hintikka (1962) durch die epistemische Logik vorgegeben ist, zu gestalten, ist es daher erforderlich anzugeben, welches die Überzeugungen sind, die in einem quantitativ modellierten Zustand geglaubt werden. Mithin muss gezeigt werden, wie die quantitative Modellierung in eine qualitative überführt werden kann, das heißt aus der quantitativen „Tiefenstruktur" muss eine rein qualitative „Oberflächenstruktur" gewonnen werden.

Es gibt zwei Möglichkeiten, die Überzeugungen aufzufassen, die in einem epistemischen Zustand geglaubt werden, der als ein Wahrscheinlichkeitsmaß repräsentiert wird. Eine Lesart besteht darin, einen Satz x, dem von der Wahr-

---

55 Vgl. hierzu ebenfalls Gärdenfors (1988, 118ff.).

scheinlichkeitsverteilung die Wahrscheinlichkeit p zugewiesen wird, als die Überzeugung zu interpretieren, dass x mit der Wahrscheinlichkeit p wahr ist. Nach dieser Lesart wären Überzeugungen aber nichts, das sich als wahr oder falsch herausstellen könnte. Wenn ich es etwa für sehr wahrscheinlich halte, dass es morgen regnen wird, dann macht es einfach keinen Sinn, von dieser Überzeugung zu sagen, dass sie wahr oder falsch ist; sie kann bestenfalls wohlinformiert, vernünftig oder ähnliches sein. Überzeugungen wären nach dieser Interpretation des Bayesianismus keine Wahrheitswertträger. Aber ohne den Wahrheitsbegriff kann eine probabilistische Epistemologie auch nicht von Wissen reden und müsste somit zentrale erkenntnistheoretische Anliegen enttäuschen.[56]

Daher ist eine andere Auffassung von Überzeugungen im Zusammenhang mit einer probabilistischen Modellierung angemessener, nach der eine Überzeugung nicht in einem Satz plus dessen Wahrscheinlichkeit, sondern eben nur in dem fraglichen Satz besteht. Nach dieser Lesart sind Überzeugungen offensichtlich wahrheitswertfähig. Konnten bei der ersten Lesart alle Sätze der Sprache zusammen mit ihren zugehörigen Wahrscheinlichkeiten als Überzeugungen aufgefasst werden, macht es aber natürlich keinen Sinn, bei der zweiten Lesart einen Satz x als eine der Überzeugungen des Subjekts zu verstehen, wenn die Wahrscheinlichkeit von x sehr klein ist; andernfalls müsste man annehmen, dass das Subjekt von jedem Satz der Sprache überzeugt ist, was offenkundig absurd ist. Man benötigt nun also ein Kriterium, das - unter Rückgriff auf die Wahrscheinlichkeitsverteilung - angibt, welche Sätze der Sprache Überzeugungen des Subjekts ausdrücken und welche nicht. Selbstverständlich sind die plausibelsten Kandidaten für die Überzeugungen des Subjekts jene Sätze, die von der Wahrscheinlichkeitsverteilung eine besonders hohe Wahrscheinlichkeit zugewiesen bekommen. Dies führt zu einem Kriterium, nach dem die Menge der Überzeugungen aus denjenigen Sätzen besteht, deren Wahrscheinlichkeit oberhalb einer gewissen Mindestgrenze liegt. Bezeichnet man die Menge der Überzeugungen wiederum mit A, so sollte also für jeden Satz $x \in \mathbf{L}$ gelten:

(3.1) $x \in A$ gdw $P(x) \geq 1-\delta$, für ein geeignet kleines (fest gewähltes) δ.

Zwei Fälle sind zu diskutieren, die beide prima facie nicht abwegig erscheinen. Sei zunächst der Fall $\delta > 0$ betrachtet, dass heißt der Fall, in dem die Überzeugungen des Subjekts aus den Sätzen gebildet werden, die eine gewisse Mindestwahrscheinlichkeit haben, die aber kleiner 1 gewählt wurde. Dieser Ansatz führt zu wohlbekannten Problemen. Die erste Schwierigkeit besteht in der so

[56] Auf diesen Punkt weist auch Spohn (2005) hin.

genannten Lotterie-Paradoxie, die von Kyburg (1961) aufgezeigt wurde und demonstriert, dass bei jeder Wahl eines $\delta > 0$ dieser Ansatz dazu führen kann, dass eine durchaus rationale Wahrscheinlichkeitsverteilung eine inkonsistente Überzeugungsmenge generiert. Dabei geht es um eine Lotterie mit n Losen, von denen genau eines gewinnt. Außerdem sei $1/n < \delta$. Die Wahrscheinlichkeit, dass das i-te Los verliert, beträgt dann $P(\text{Los } i \text{ verliert}) = 1 - 1/n > 1 - \delta$. Also ist man gemäß (3.1) für alle $i \in \{1, ..., n\}$ überzeugt, dass Los i verliert. Andererseits glaubt man natürlich, dass eines der n Lose gewinnt. In diesem Fall ist die Menge der Überzeugungen also inkonsistent.

Eine andere Schwierigkeit ergibt sich aus dem Verhalten von Konjunktionen. Glaubt man x und glaubt man y, so sollte man rationalerweise auch $x\&y$ glauben. Das heißt gemäß (3.1) sollte für alle $x, y \in \mathbf{L}$ gelten: Wenn $P(x) \geq 1-\delta$ und $P(y) \geq 1-\delta$, dann $P(x\&y) \geq 1-\delta$. Doch wenn man $\delta > 0$ wählt, gilt dies nicht allgemein; in diesem Fall muss die Wahrscheinlichkeit von $x\&y$ keineswegs größer als $1-\delta$ sein. Dies kann man zum Beispiel einsehen, wenn man annimmt, dass x und y probabilistisch unabhängig sind, so dass die Wahrscheinlichkeit von $x\&y$ durch die Produktwahrscheinlichkeit gegeben ist, und weiter annimmt, dass die Wahrscheinlichkeiten von x und y gerade gleich dem Mindestwert $1-\delta$ sind: $P(x\&y) = P(x) \cdot P(y) = (1-\delta)\cdot(1-\delta) < 1-\delta$. In diesem Fall wäre die Menge der Überzeugungen also nicht deduktiv geschlossen.[57]

Verwendet man also (3.1), um aus einer Wahrscheinlichkeitsverteilung eine Menge von Überzeugungen zu gewinnen, und wählt dabei $\delta > 0$, so kann eine durchaus rationale Wahrscheinlichkeitsverteilung eine inkonsistente oder eine nicht deduktiv geschlossene Überzeugungsmenge generieren. Wie in Abschnitt 2.1 aber dargelegt wurde, bilden Konsistenz und deduktive Geschlossenheit gerade die beiden Kriterien, die von einer rationalen Überzeugungsmenge zu fordern sind. Da bei einer Wahl $\delta > 0$ das Kriterium (3.1) aus einer rationalen Wahrscheinlichkeitsverteilung also eine irrationale Überzeugungsmenge erzeugen kann, scheidet eine derartige Wahl von δ aus. Folglich verbleibt als einzige Möglichkeit die Wahl von $\delta = 0$. In diesem Fall vereinfacht sich (3.1) zu:

(3.2) $\quad x \in A$ gdw $P(x) = 1$.

In diesem Fall ergibt sich - wie sich mit leichter Mühe nachweisen lässt -, dass die so generierten Überzeugungsmengen stets konsistent und deduktiv geschlossen sein müssen. Welche Konsequenzen sich aus (3.2) für die Modellierung der Dynamik epistemischer Zustände ergeben, soll Gegenstand des nächsten Abschnitts sein.

---

[57] Vgl. ebenfalls Kyburg (1961).

3.4 Kritik am Bayesianismus

Wenn *A* die Überzeugungsmenge bezeichne, die gemäß (3.2) von einem Wahrscheinlichkeitsmaß *P* erzeugt wird, so bezeichne *A+x* die Überzeugungsmenge, die von *P+x* erzeugt wird. In diesem Sinn kann man sagen, dass eine Expansionsoperation auf der (Tiefenstruktur-)Ebene der Wahrscheinlichkeitsfunktionen eine Expansionsoperation auf der (Oberflächen-)Ebene der Überzeugungsmengen erzeugt. Analog erzeugen auch Revisions- und Kontraktionsfunktionen für Wahrscheinlichkeitsverteilungen Revisions- und Kontraktionsfunktionen für Überzeugungsmengen.[58] Es stellt sich die Frage, welche Eigenschaften die so gewonnenen Überzeugungsänderungsfunktionen haben, wenn man von den zugrunde liegenden Expansions-, Revisions- und Kontraktionsoperationen für Wahrscheinlichkeitsmaße annimmt, dass sie den in diesem Kapitel vorgestellten Postulaten genügen. Gärdenfors (1978, 1988) kann auf diese Frage eine für sich komfortable Antwort finden, indem er folgende Theoreme beweist:[59]

> THEOREM 3.2: Wenn die Expansionsfunktion von **P x L** nach **P** durch Konditionalisierung gegeben ist, dann erfüllt die Expansionsfunktion von **A x L** nach **A**, die über die zugehörigen Überzeugungsmengen definiert ist, *Abschluss*, *Erfolg*, *Inklusion*, *Redundanz*, *Monotonie* und *Minimalität*.

> THEOREM 3.3: Wenn eine Revisionsfunktion von **P x L** nach **P** (P*1)-(P*5) erfüllt, dann erfüllt die Revisionsfunktion von **A x L** nach **A**, die über die zugehörigen Überzeugungsmengen definiert ist, *Abschluss*, *Erfolg*, *Inklusion*, *Leere*, *Konsistenz* und *Extensionalität*. Wenn außerdem (P*6) erfüllt ist, erfüllt die korrespondierende Revisionsfunktion auch *Superexpansion* und *Subexpansion*.

> THEOREM 3.4: Wenn eine Kontraktionsfunktion von **P x L** nach **P** (P−1)-(P−5) erfüllt, dann erfüllt die Kontraktionsfunktion von **A x L** nach **A**, die über die zugehörigen Überzeugungsmengen definiert ist, *Abschluss*, *Inklusion*, *Leere*, *Erfolg*, *Wiederherstellung* und *Extensionalität*. Wenn außerdem (P−6) erfüllt ist, erfüllt die korrespondierende Kon-

---

[58] Damit die so erzeugten Expansions-, Revisions- und Kontraktionsfunktionen für alle Überzeugungsmengen definiert sind, ist es erforderlich, dass sich jede Überzeugungsmenge durch irgendeine Wahrscheinlichkeitsverteilung erzeugen lässt. Es lässt sich aber leicht nachprüfen, dass diese Voraussetzung gewährleistet ist.

[59] Theorem 3.2 lässt sich einfach zeigen. Beweise für Theorem 3.3 und 3.4 finden sich in Gärdenfors (1978, 1988, Kap. 5 + Anh. C)

traktionsfunktion auch *Konjunktive Überlappung* und *Konjunktive Inklusion*.

Mit anderen Worten: Wenn die Überzeugungsänderungsfunktionen für Wahrscheinlichkeitsmaße die in diesem Kapitel vorgestellten Axiome erfüllen, dann erfüllen die zugehörigen Überzeugungsänderungsfunktionen für Überzeugungsmengen gerade die AGM-Postulate. Damit fällt dieser Ansatz aber derselben Kritik anheim, die im letzten Kapitel an der Theorie von AGM geübt wurde. Im Einzelnen war dies der Vorwurf, dass die uneingeschränkten Erfolgspostulate für Expansionen und Revisionen unhaltbar sind, dass auch das Monotoniepostulat der Expansion einer Relativierung bedarf, dass die Erhaltungseigenschaft der Revision sowie die ihr zugrunde liegende Konzeption der minimalen Veränderung mangelhaft sind und last but not least, dass das Wiederherstellungspostulat keine Allgemeingültigkeit beanspruchen kann.

Zusammenfassend ist also Folgendes festzuhalten. Zunächst erscheint eine probabilistische Modellierung epistemischer Zustände viel versprechend zu sein, da sie eine differenziertere Analyse bietet als qualitative Ansätze wie AGM's Theorie. Die bekannte Regel der Konditionalisierung - auf die sich die meiste Literatur zur probabilistischen Dynamik beschränkt - gestattet allerdings keine Revisionsprozesse. Die von Gärdenfors axiomatisch charakterisierten Revisions- und Kontraktionsoperationen sind der Versuch, diesen Mangel zu beheben. Bei der Frage, wie sich eine probabilistische Epistemologie in eine qualitative Epistemologie, die es - im Einklang mit üblichen erkenntnistheoretischen Interessen - gestattet, von Überzeugungen des Subjekts zu sprechen, überführen lässt, hat sich durch eine Diskussion der Lotterie-Paradoxie und des Verhaltens von Konjunktionen gezeigt, dass lediglich gemäß (3.2) eine befriedigende derartige Verbindung etabliert werden kann. Doch dies führte dazu, dass die probabilistische Dynamik auf der Ebene der Überzeugungen - der vor allem das Augenmerk des Erkenntnistheoretikers gilt - eine Dynamik induziert, die alle Eigenschaften der AGM-Theorie aufweist und somit der Kritik des letzten Kapitels ausgesetzt ist. Obwohl eine probabilistische Modellierung epistemischer Zustände also mehr Feinstruktur bietet als qualitative Ansätze, vermag sie diese auf der Ebene der Überzeugungen nicht zugunsten einer adäquateren Modellierung der epistemischen Dynamik zu realisieren.

Da sich also gezeigt hat, dass auch der strukturell reichere Ansatz des Bayesianismus letztlich denselben Kritikpunkten wie die AGM-Theorie ausgesetzt ist und diese sich sämtlich aus der Ignoranz gegenüber statischen Rechtfertigungsstrukturen ergaben, ist dies ein starkes Argument dafür, dass man zu einer adäquaten Modellierung der Dynamik epistemischer Zustände nicht nur mehr Feinstruktur als bei qualitativen Ansätzen benötigt, sondern dass es gerade die Einbeziehung von Rechtfertigungsmechanismen ist, die erforderlich ist. Das bedeutet, dass außer der Teilthese (AT1) auch (AT2) und somit die

Abhängigkeitsthese insgesamt gut begründet ist. Zwar mag die Abhängigkeitsthese das Schicksal praktisch aller philosophischen Thesen teilen, dass sie nicht absolut zwingend bewiesen wurde, aber die letzten beiden Kapitel dürften die Abhängigkeitsthese zumindest so stark stützen, dass die Einbeziehung von Rechtfertigungsstrukturen bei der Modellierung epistemischer Zustände als ein äußerst lohnender, vor dem Hintergrund der bisherigen Diskussion sogar als ein nahe liegender Ansatz erscheint. Dieser Ansatz soll nun im Rest der vorliegenden Arbeit untersucht werden.

4 Einige metatheoretische Betrachtungen

4.1 Die Grundidee zur Lösung der Schwierigkeiten

Eingangs wurden kurz das statische und das dynamische Projekt des Fallibilismus skizziert. Während es ersterem darum geht aufzuklären, wie man seine Überzeugungen zu einem gegebenen Zeitpunkt rechtfertigt, geht es letzterem darum aufzuklären, wie man seine Überzeugungen im Laufe der Zeit ändert. In den vorherigen beiden Kapiteln habe ich versucht zu zeigen, dass das dynamische Projekt des Fallibilismus auf das statische Projekt in dem Sinn angewiesen ist, dass statische Rechtfertigungsstrukturen auch für die Dynamik epistemischer Zustände von *erheblicher* Bedeutung sind. Wenn ich mit dieser Behauptung Recht habe, könnte letztlich nur eine Theorie der Dynamik epistemischer Zustände adäquat sein, die auch sensibel für statische Rechtfertigungsstrukturen ist. Eine derartige Theorie müsste in dem Sinn umfassend sein, dass sie sowohl eine Antwort auf das statische als auch auf das dynamische Projekt des Fallibilismus anzubieten hat.

Wie sollte man eine derartige umfassende statodynamische Epistemologie konstruieren? Welchen methodischen Zugang sollte man für dieses Problem wählen? Meines Erachtens sollte man zunächst einmal den faulsten Weg probieren und nicht versuchen, das Rad neu zu erfinden, sondern sollte soweit wie möglich auf bestehenden Forschungsresultaten aufbauen. Anstatt eine umfassende Epistemologie völlig neu zu kreieren, sollte man lieber die beste statische und die beste dynamische Theorie nehmen und beide auf möglichst geschickte Weise zu einer Gesamttheorie verbinden. Leider besteht aber keineswegs Konsens darüber, was die jeweils „beste" statische und dynamische Theorie ist und wie man beide „möglichst geschickt" miteinander verbinden könnte, ist allemal unklar.

Dem Problem, dass es *die* beste statische Rechtfertigungstheorie nicht gibt, soll auf zwei Weisen begegnet werden. Zum einen soll es bei der Konstruktion einer statodynamischen Überzeugungsänderungstheorie so lange wie möglich vermieden werden, sich auf eine spezielle Explikation des Rechtfertigungsbegriffs festzulegen. Dazu soll im nächsten Abschnitt eine Konzeption erarbeitet werden, die die Möglichkeit eröffnet, den Rechtfertigungsbegriff innerhalb einer Theorie der Überzeugungsänderung zu implementieren, die aber gleichzeitig so allgemein gehalten ist, dass sie sich nicht auf *eine* Rechtfertigungstheorie festlegt. Der Rechtfertigungsbegriff soll also zunächst lediglich schematisch in eine Überzeugungsänderungstheorie eingebracht werden. Das formale Instrument hierfür wird die Einführung eines Rechtfertigungsoperators sein, der axiomatisch lediglich so schwach charakterisiert werden soll, dass er mit einer ganzen Reihe von Rechtfertigungstheorien kompatibel ist. Aufbauend auf einen derartigen Rechtfertigungsoperator soll dann in den nächsten beiden Kapiteln eine statodynamische Theorie der Überzeugungsänderung entwickelt werden. Für sich genommen liefert diese Herangehensweise eine Explikation des Begriffs einer rationalen Überzeugungsänderung, bei der der Rechtfertigungsbegriff als undefinierter Grundbegriff fungiert. Um die Analyse von Überzeugungsänderungen noch einen Schritt weiter zu treiben und eine Explikation zu liefern, die ohne den Rechtfertigungsbegriff auskommt, der seinerseits ebenfalls überaus komplex und damit explikationsbedürftig ist, soll der zu entwickelnden statodynamischen Überzeugungsänderungstheorie in Kapitel 8 noch eine Analyse des Rechtfertigungsbegriffs zur Seite gestellt werden, die sich formal so rekonstruieren lässt, dass aus ihr ein Rechtfertigungsoperator resultiert, der den aufgestellten Postulaten genügt.

Zur Wahl einer derartigen Rechtfertigungstheorie sollen in Kapitel 7 einige Adäquatheitsbedingungen formuliert werden, denen eine statische Theorie genügen muss, damit sie für eine Synthese mit einer dynamischen Theorie der Überzeugungsänderung geeignet ist. Dieser Forderungskatalog wird die Wahl einer statischen Theorie so stark eingrenzen, dass es möglich sein wird, einer einzigen Theorie - namentlich der Theorie des Wissens von Keith Lehrer - den Vorzug gegenüber anderen Ansätzen zu geben, die auf dem epistemologischen Markt feilgeboten werden. Die Erstellung eines derartigen Kriterienkatalogs zur Wahl einer statischen Theorie stellt die zweite Art dar, wie dem Problem begegnet werden soll, dass es *die* beste Rechtfertigungstheorie nicht gibt. Selbst wenn auf die Frage, welches die beste derzeit zur Verfügung stehende Rechtfertigungstheorie ist, keine konsensfähige Antwort gegeben werden kann, ist es nichtsdestoweniger möglich, eine begründete Antwort auf die Frage zu geben, welche derzeit zur Verfügung stehende Rechtfertigungstheorie der erfolgversprechendste Kandidat *für eine Implementierung innerhalb des dynamischen Kontextes einer Überzeugungsänderungstheorie ist.* Da für das Vorhaben einer Verbindung der besten statischen mit der besten dynamischen Theorie lediglich eine Beantwortung der schlichteren zweiten Fragestellung erforderlich ist, versteht sich das Prädikat „beste statische Theorie“ im Folgenden stets in dieser Hinsicht.

Trotz aller Kritik an der Theorie von AGM bin ich der Überzeugung, dass diese Modellierung der Dynamik epistemischer Zustände unseren Intuitionen schon recht nahe kommt. Deshalb soll diese Standardtheorie als Leitfaden für meinen Entwurf einer umfassenden fallibilistischen Epistemologie dienen, den ich im nächsten Kapitel entwickeln möchte. Der Hauptvorwurf, der meines Erachtens gegen die AGM-Theorie erhoben werden muss, ist, dass sie Rechtfertigungsstrukturen unberücksichtigt lässt. Positiv gewendet heißt dies, dass die Theorie von AGM in Kontexten, in denen Rechtfertigung keine Rolle spielt, als durchaus adäquat gelten kann. Ich plädiere deshalb dafür, dass man in derartigen Kontexten die AGM-Theorie nicht nur als Leitfaden heranzieht, sondern diese uneingeschränkt übernehmen kann.[60] Da im Fall des dynamischen Projekts des Fallibilismus die Pluralität konkurrierender Theorien vergleichsweise geringer ist, und weil die AGM-Theorie lediglich als Leitfaden herangezogen werden soll, erscheint dieses Vorgehen weniger problematisch zu sein als die Wahl einer statischen Theorie.

Was schließlich die Verbindung von statischer und dynamischer Theorie angeht, so stelle ich es in das Urteil des Lesers, ob der Synthesevorschlag, den ich entwickeln möchte, als einigermaßen „geschickt" angesehen werden kann.

4.2 Der Rechtfertigungsoperator

Philosophische Theorien der epistemischen Rechtfertigung werden üblicherweise im Rahmen einer umfassenderen Theorie des Wissens entwickelt. Nach der klassischen Analyse von Wissen ist Wissen nämlich gerechtfertigte, wahre Meinung, so dass zu einer Explikation des Wissensbegriffs, dem von jeher größtes philosophisches Interesse gegolten hat, auch eine Rechtfertigungstheorie erforderlich ist, so dass auch diese eine zentrale Bedeutung für die Erkenntnistheorie erlangt hat. Nicht zuletzt aufgrund dieser Einbettung von Rechtfertigungstheorien in die klassische Analyse von Wissen ist eine Spezifikation einer Menge von Sätzen, die das epistemische Subjekt akzeptiert, integraler Bestandteil praktisch aller Rechtfertigungstheorien. Entweder arbeiten Rechtfertigungstheorien direkt mit einer derartigen Menge von akzeptierten *Sätzen*, oder sie arbeiten mit einer anderen Modellierung epistemischer Zustände - etwa mit Mengen möglicher Welten - aus denen sich eine derartige Menge sehr einfach ableiten lässt als diejenige Menge von Sätzen, die die Überzeugungen des Subjekts in dem fraglichen epistemischen Zustand sprachlich *ausdrücken*. Im Jargon der Rechtfertigungsdebatte bezeichnet man diese Menge A akzeptierter Sätze als „Meinungs-" oder „Akzeptanzsystem"; in der Überzeugungsänderungsdebatte hat sich hierfür dagegen der Ausdruck „Überzeugungsmenge" eingebürgert. Um auch terminologisch zum Ausdruck zu bringen, dass im Folgenden bei der Modellierung epistemischer Zustände und ihres dynamischen Verhaltens Rechtfertigungsstrukturen zu berücksichtigen sind, empfiehlt es sich, die Bezeichnung „Akzeptanzsystem" für die Menge A akzeptierter Sätze aus der Rechtfertigungsdebatte zu übernehmen.[61]

---

[60] Dass es tatsächlich Kontexte gibt, in denen Rechtfertigungsstrukturen irrelevant sind, soll in Kapitel 6 erörtert werden.

[61] Rott (2001) argumentiert ebenfalls dafür, dass der englische Ausdruck „acceptance" im Zusammenhang mit Fragen der Dynamik epistemischer Zustände angemessener ist als andere

In ähnlicher Weise legt jede Rechtfertigungstheorie entweder direkt oder indirekt fest, welche *Sätze* gerechtfertigt sind und welche nicht. Damit spezifiziert jede Rechtfertigungstheorie also eine Menge von Sätzen, die gemäß des formulierten epistemischen Standards gerechtfertigt sind. Um zum Ausdruck zu bringen, dass diese Menge von gerechtfertigten Sätzen selbstverständlich von dem Akzeptanzsystem A abhängt, soll diese mit $Js(A)$ („Js" für englisch: justified) bezeichnet werden. Js ist also ein Operator, der eine Satzmenge A abbildet auf die Satzmenge $Js(A)$, die aus genau denjenigen Sätzen besteht, die relativ zu A gerechtfertigt sind. Dieser Operator soll *Rechtfertigungsoperator* genannt werden. Damit der Js-Operator diesen Namen zu Recht tragen kann, muss er selbstverständlich einer Reihe von intuitiven Erwartungen genügen. Um den Js-Operator im Rahmen einer eher formalen Theorie der Dynamik epistemischer Zustände implementieren zu können, ist es zweckmäßig, in diesem Abschnitt einige unserer Intuitionen über einen Rechtfertigungsoperator in einer Reihe von Postulaten formal zu präzisieren, um auf diese an späterer Stelle rekurrieren zu können.

Analog zu AGM wird vorausgesetzt, dass der Rechtfertigungsoperator auf einer Objektsprache **L** operiert, der eine Logik zugrunde liegt, die die folgenden „üblichen" Eigenschaften besitzt: Ein Satz x ist logisch gültig gdw er eine Folgerung aus der leeren Menge ist. Von der Folgerungsrelation $\vdash$ wird vorausgesetzt: (1) Wenn x eine aussagen-logische Tautologie ist, dann $\vdash x$. (2) Modus Ponens. Wenn $\vdash x \rightarrow y$ und $\vdash x$, dann $\vdash y$. (3) Nicht $\vdash \bot$, das heißt $\vdash$ ist konsistent. (4) Deduktionstheorem. $\vdash x \rightarrow y$ gdw $x \vdash y$. (5) Kompaktheit. Wenn x aus einer Menge A ableitbar ist, dann ist x aus einer endlichen Teilmenge von A ableitbar. Ferner muss für einige Beweise an späterer Stelle die sehr schwache Voraussetzung gemacht werden, dass die Sprache **L** mindestens drei Sätze enthält, die logisch unabhängig voneinander sind. Der deduktive Abschluss einer Satzmenge A soll auch hier wieder mit $Cn(A)$ bezeichnet werden.

Basierend auf einer derartigen Sprache können nun geeignete Postulate für den Rechtfertigungsoperator formuliert werden. Zunächst soll Js – wie gesagt – eine Funktion von **A** nach **A** sein, wobei **A** die Menge aller Satzmengen, also die Potenzmenge der Sprache **L** sei:[62]

Ausdrücke für doxastische Einstellungen. Dessen ungeachtet hält Rott allerdings an dem gebräuchlicheren Ausdruck „belief" fest. Vgl. Rott (2001, 2 u. 13ff.).

[62] So natürlich und trivial die Forderung (Js1) auch erscheinen mag, durch die Wahl dieses syntaktischen Formats für den Rechtfertigungsoperator sind dennoch einige theoretische Vorentscheidungen getroffen. Diese seien hier zumindest vermerkt, auch wenn es den Rahmen dieser Arbeit sprengen würde, mögliche Alternativen zu der Forderung (Js1) ausführlich zu diskutieren. Neben der bereits angesprochenen Möglichkeit, die Überzeugungen eines Subjekts nicht durch Sätze, sondern durch andere Entitäten wie Propositionen oder Mengen möglicher Welten modellieren zu können, stellt sich die Frage, ob die Menge der gerechtfertigten Überzeugungen nur von der Menge der Überzeugungen des Subjekts abhängt oder ob

(Js1) Js: **A** $\to$ **A**.

Für die Rechtfertigbarkeit der *Akzeptanz* von x scheint es eine absolute Mindestvoraussetzung zu sein, dass das epistemische Subjekt x überhaupt akzeptiert. Es scheint also vernünftig zu sein, zu fordern, dass jeder Satz, der relativ zum Akzeptanzsystem A gerechtfertigt ist, in A enthalten sein muss:

(4.1) $Js(A) \subseteq A$.

Trotz ihrer großen Prima-Facie-Plausibilität muss diese Forderung ein wenig abgeschwächt werden. Weil die spezifische sprachliche Formulierung einer Überzeugung unerheblich ist, und es stets nur auf deren *Inhalt* ankommt, muss (4.1) dahingehend abgeschwächt werden, dass es zur Rechtfertigbarkeit eines *Satzes* x nur erforderlich ist, dass die durch x ausgedrückte *Proposition* akzeptiert wird, in dem Sinn, dass es mindestens einen Satz y gibt, der logisch äquivalent zu x ist und in A enthalten ist. Es ist sinnvoll, an dieser Stelle den so genannten *propositionalen Abschluss* einer Satzmenge A einzuführen, den man

andere Faktoren ebenfalls eine Rolle spielen können. Diese Möglichkeit soll hier zumindest nicht ausgeschlossen werden. Formal würde dies bedeuten, dass derartige andere Variablen bei dem gewählten syntaktischen Format in dem Rechtfertigungsoperator *Js* „versteckt“ und nicht explizit gemacht werden würden. Mit anderen Worten bedeutet dies, dass hier nur die Abhängigkeit der Menge der gerechtfertigten Überzeugungen von der Menge der Überzeugungen betrachtet wird, während andere Variablen konstant gehalten werden. Dass die Menge der gerechtfertigten Überzeugungen zumindest (auch) von der Menge der Überzeugungen abhängt beziehungsweise abhängen kann, dürfte hingegen unstrittig sein. Bei der Implementierung des Rechtfertigungsoperators *Js* im nächsten Kapitel werden vor allem solche Akzeptanzsysteme von Interesse sein, die bestimmten Rationalitätskriterien genügen. Hier sollen aber noch alle möglichen Satzmengen als Akzeptanzsysteme in Betracht gezogen werden, so dass der Definitionsbereich tatsächlich die ganze Menge **A** ist. Doch selbst wenn man sich für eine Modellierung von Überzeugungen durch Sätze entschieden hat, und Einigkeit bezüglich des *Definitionsbereichs* von *Js* besteht, könnte man auch andere *Wertebereiche* in Erwägung ziehen. Vertritt man zum Beispiel die Auffassung, dass der Rechtfertigungsbegriff nicht - oder jedenfalls nicht primär - ein einstelliges Prädikat ist, das Überzeugungen zukommt (lies: „x ist gerechtfertigt“), sondern ein zweistelliges Prädikat ist, das zwischen *zwei* Überzeugungen besteht (lies: „x rechtfertigt y“), dann würde als Wertebereich für den Rechtfertigungsoperator *Js* statt **A** das kartesische Produkt **A x A** in Betracht kommen. Unter Umständen ist davon auszugehen, dass in der normalen Sprache tatsächlich eine Pluralität von Rechtfertigungsbegriffen (verschiedener Stellenzahl) vorzufinden ist. Ohne damit andere Ansätze diskriminieren zu wollen, kommen durch die Wahl des syntaktischen Formats für *Js* nur solche Explikationen des Rechtfertigungsbegriffs in Betracht, die von einer Einstelligkeit desselben ausgehen. Das syntaktische Format, das mit (Js1) für den Rechtfertigungsoperator gewählt wurde, kann für sich wohl nicht nur in Anspruch nehmen, ein nahe liegendes, sondern auch ein übliches Format zu sein.

erhält, indem man zu A alle Sätze hinzufügt, die logisch äquivalent sind zu irgendeinem Satz, der bereits in A enthalten ist:[63]

(Def Pr) $Pr(A) := \{ x \in \mathbf{L} \mid \text{Es gibt ein } y \in A \text{ mit } Cn(x) = Cn(y) \}$.

Offensichtlich drücken A und $Pr(A)$ dieselbe Menge von Propositionen aus, und $Pr(A)$ ist maximal bezüglich dieser Eigenschaft. Dies rechtfertigt die Bezeichnung „propositionaler Abschluss von A" für die Menge $Pr(A)$. Ebenso offensichtlich erfüllt $Pr(A)$ die folgenden Eigenschaften:

LEMMA 4.1: Für jede Satzmenge A gilt:
(1) $A \subseteq Pr(A) \subseteq Cn(A)$.
(2) $Pr[Cn(A)] = Cn[Pr(A)] = Cn(A)$.

Mit Hilfe des Operators Pr kann nun eine geeignete Abschwächung von (4.1) formuliert werden:

(Js2) $Js(A) \subseteq Pr(A)$.

Das heißt, wenn ein Satz x relativ zu A gerechtfertigt ist, muss mindestens ein zu x logisch äquivalenter Satz y in A enthalten sein. Oder anders gesagt: damit die Akzeptanz eines Satzes x rechtfertigbar ist, muss die durch x ausgedrückte Proposition akzeptiert werden. Obwohl die meisten Rechtfertigungstheorien wohl eher deskriptiv intendiert sind, sollen diese Ansätze hier im Rahmen einer deutlich normativen Theorie implementiert werden, weshalb man von einem idealisierten epistemischen Subjekt auszugehen hat. Für ein derartiges Subjekt scheint es vernünftig zu sein zu fordern, dass die Menge der Meinungen, die sich relativ zu seinem Akzeptanzsystem A rechtfertigen lassen, konsistent sein sollte:

(Js3) $\bot \notin Cn[Js(A)]$.

Wenn ein Satz x aus *gerechtfertigten* Prämissen logisch folgt, scheint es nahe zu liegen, dass dann auch x selbst gerechtfertigt ist. Folgende Forderung scheint also plausibel zu sein:

(4.2) Falls $x \in Cn[Js(A)]$, dann $x \in Js(A)$.

---

63 Für einen Satz $x \in \mathbf{L}$ wird $Cn(\{x\})$ der Einfachheit halber wie üblich mit $Cn(x)$ bezeichnet.

Diese Forderung ist aber zu stark, da das epistemische Subjekt ungeachtet seiner Ableitbarkeit aus gerechtfertigten Prämissen x (oder einen zu x logisch äquivalenten Satz) unter Umständen nicht akzeptiert. In diesem Fall würde die Forderung (4.2) mit (Js2) in Konflikt geraten. Deshalb ist es erforderlich, (4.2) auf den Fall $x \in A$ zu relativieren:

(4.3) Falls $x \in A$ und $x \in Cn[Js(A)]$, dann $x \in Js(A)$.

Offensichtlich ist (4.3) äquivalent zu der Forderung:

(Js4) Falls $x \in A$ und $x \notin Js(A)$, dann $x \notin Cn[Js(A)]$.

Da es wie gesagt nicht auf die spezifische sprachliche Formulierung einer Überzeugung, sondern nur auf deren Inhalt ankommt, sollte der Rechtfertigungsoperator bestimmten Extensionalitätspostulaten genügen, die dann im nächsten Kapitel geeignete Extensionalitätseigenschaften der Überzeugungsänderungsfunktionen sicherstellen werden. Zwei logisch äquivalente Sätze sollten genau dann gerechtfertigt sein, wenn der jeweils andere Satz gerechtfertigt ist:

(4.4) Falls $Cn(x) = Cn(y)$, dann $x \in Js(A)$ gdw $y \in Js(A)$.

Außerdem sollten relativ zu zwei Akzeptanzsystemen A und B, die dieselben Propositionen ausdrücken, dieselben Sätze gerechtfertigt sein:

(4.5) Falls $Pr(A) = Pr(B)$, dann $Js(A) = Js(B)$.

(4.4) und (4.5) sind zusammen äquivalent zu der Forderung:

(Js5) Falls $Cn(x) = Cn(y)$ und $Pr(A) = Pr(B)$, dann $x \in Js(A)$ gdw $y \in Js(B)$.

Mit Ausnahme von (Js5) stellen die bisherigen Postulate Forderungen an die Rechtfertigbarkeit von Meinungen relativ zu *einem* Akzeptanzsystem dar. Es ist aber offenkundig, dass auch zwischen *verschiedenen* Akzeptanzsystemen Zusammenhänge hinsichtlich der Menge von Meinungen bestehen, die sich relativ zu ihnen rechtfertigen lassen. Beispielsweise hat man die klare Intuition, dass sich relativ zu „ähnlichen“ Akzeptanzsystemen eine „ähnliche“ Menge von Meinungen rechtfertigen lässt. Obwohl die Redeweise von „ähnlichen“ Akzeptanzsystemen notorisch vage ist, dürfte klar sein, dass unsere diesbezüglichen Intuitionen durch (Js5) nicht voll ausgeschöpft werden. Sei einmal angenommen, dass x aus gerechtfertigten Prämissen folgt, das heißt $x \in Cn[Js(A)]$, und seien diejenigen Akzeptanzsysteme betrachtet, die zwischen $Js(A)$ und $Cn[Js(A)]$ liegen, das heißt diejenigen Akzeptanzsysteme, die sich durch sukzessive Hinzunahme von Sätzen bilden lassen, die sich aus den gerechtfertigten Prämissen von $Js(A)$ ableiten lassen. Ähnlich wie bei der Motivierung von (Js4) über (4.2) könnte man auf den ersten Blick versucht sein zu fordern, dass unter diesen Voraussetzungen x relativ zu *allen* Akzeptanzsystemen zwischen $Js(A)$ und $Cn[Js(A)]$ gerechtfertigt sein muss. Um einen Konflikt mit (Js2) zu verhindern, muss - wie im Fall von (Js4) - allerdings noch zusätzlich gefordert werden, dass x in den fraglichen Akzeptanzsystemen akzeptiert wird:

(4.6) Für alle B mit $Js(A) \subseteq B \subseteq Cn[Js(A)]$ gilt: Falls $x \in B$, dann $x \in Js(B)$.

Obwohl ich (4.6) für eine diskutable Forderung halte, genügt im Folgenden die schwächere Bedingung für den Spezialfall $B := Cn[Js(A)]$, so dass aus Gründen der Sparsamkeit der Voraussetzungen nur folgendes Postulat verlangt werden soll:

(Js6) $Cn[Js(A)] \subseteq Js[Cn[Js(A)]]$.

In Worten besagt (Js6) ungefähr Folgendes: Wenn ein epistemisches Subjekt über gerechtfertigte Prämissen $Js(A)$ verfügt und aus diesen Prämissen x_1, x_2, x_3, ... folgen, dann *wäre* das Subjekt auch gerechtfertigt, x_1, x_2, x_3, ... zu akzeptieren, *sobald* das Subjekt x_1, x_2, x_3, ... akzeptiert. Wenn das Subjekt nun seine epistemischen Verpflichtungen dahingehend erfüllt, dass es alle Sätze x_1, x_2, x_3, ... zu seinem Akzeptanzsystem hinzufügt und in den Zustand $Cn[Js(A)]$ übergeht, dann sollten relativ zu *diesem* neuen Zustand alle akzeptierten Sätze gerechtfertigt sein. Dies beendet die Reihe der Eigenschaften des Rechtfertigungsoperators, die im Folgenden von Bedeutung sein werden. Zur besseren Bezugnahme seien diese noch einmal zusammengestellt:

EIGENSCHAFTEN DES RECHTFERTIGUNGSOPERATORS JS:

(Js1) Js: $\mathbf{A} \rightarrow \mathbf{A}$.

(Js2) $Js(A) \subseteq Pr(A)$.

(Js3) $\perp \notin Cn[Js(A)]$.

(Js4) Falls $x \in A$ und $x \notin Js(A)$, dann $x \notin Cn[Js(A)]$.

(Js5) Falls $Cn(x) = Cn(y)$ und $Pr(A) = Pr(B)$, dann $x \in Js(A)$ gdw $y \in Js(B)$.

(Js6) $Cn[Js(A)] \subseteq Js[Cn[Js(A)]]$.

Auch wenn unsere Intuitionen bezüglich eines Rechtfertigungsoperators, also unsere Intuitionen hinsichtlich des Zusammenhangs zwischen einem Akzeptanzsystem A und der Menge $Js(A)$ von Meinungen, die sich relativ zu A rechtfertigen lassen, sicherlich durch die Axiome (Js1)–(Js6) nicht erschöpfend wiedergegeben werden, formulieren diese Axiome aber auf präzise Weise diejenigen intuitiven Eigenschaften eines derartigen Operators, die im Folgenden von Bedeutung sein werden. Da im Weiteren lediglich die Eigenschaften (Js1)-(Js6) und keine weiteren relevant sein werden, soll jeder Operator, der diesen Postulaten genügt als ein *Rechtfertigungsoperator* bezeichnet werden:

(Def Js) Ein Operator *Js* ist ein Rechtfertigungsoperator gdw *Js* (Js1)-(Js6) erfüllt.

Da unter Umständen auch Operatoren, die man intuitiv nicht als Rechtfertigungsoperatoren ansehen würde, den Postulaten (Js1)-(Js6) genügen, stellt dies einen technischen Gebrauch der Bezeichnung „Rechtfertigungsoperator" dar.

Obwohl jedes der sechs Postulate (Js1)-(Js6) für sich genommen eine durchaus plausible - das heißt, im Einklang mit unseren Intuitionen befindliche - Forderung für einen Rechtfertigungsoperator darstellt, erhebt sich die Frage, ob sie auch *miteinander* verträglich sind, oder ob unsere Intuitionen letztlich zu einem Ensemble von Axiomen geführt haben, das inkonsistent ist.

4.3 Zur Konsistenz und Kompatibilität der Rechtfertigungspostulate

Bevor ernstzunehmende Rechtfertigungstheorien behandelt werden sollen, die tatsächlich von Autoren vertreten wurden, lohnt es sich, eine eigens konstruierte, sehr einfache Theorie zu betrachten. Nach dieser Theorie sollen lediglich logisch gültige Sätze gerechtfertigt sein, falls das epistemische Subjekt derartige Sätze akzeptiert, andernfalls sollen sogar überhaupt keine Sätze als gerechtfertigt angesehen werden. Selbstverständlich ist diese „Rechtfertigungstheorie" viel zu restriktiv, um unseren Erwartungen an eine realistische Modellierung unserer Rechtfertigungspraxis oder einer normativen Idealisierung derselben auch nur im Entferntesten gerecht zu werden. Üblicherweise unterhalten epistemische Subjekte eine Unzahl empirischer Meinungen, die man nach gängigen Rechtfertigungsstandards auch als epistemisch gerechtfertigt ansehen würde. Obwohl die vorgeschlagene rudimentäre Rechtfertigungstheorie also kaum ihren Namen verdient, ist sie nichtsdestoweniger überaus nützlich, weil mit ihrer Hilfe die Konsistenz der geforderten Eigenschaftspostulate (Js1)-(Js6) des Rechtfertigungsoperators gezeigt werden kann. Die entworfene Rechtfertigungstheorie lässt sich formal durch folgenden Operator repräsentieren:

(Def Js_{min}) $$Js_{min}(A) := \begin{cases} Cn(\emptyset), & \text{falls } A \cap Cn(\emptyset) \neq \emptyset; \\ \emptyset, & \text{sonst.} \end{cases} = Pr(A) \cap Cn(\emptyset).$$

Dieser sehr einfache Operator erfüllt alle Postulate (Js1)–(Js6).

LEMMA 4.2: Der Operator Js_{min} ist ein Rechtfertigungsoperator.

BEWEIS: (Js1) und (Js2): trivial.

(Js3): Aus $Pr(A) \cap Cn(\emptyset) \subseteq Cn(\emptyset)$ folgt zusammen mit der Monotonie und der Idempotenz des *Cn*-Operators $Cn[Pr(A) \cap Cn(\emptyset)] \subseteq Cn[Cn(\emptyset)] = Cn(\emptyset)$. Da aus der leeren Menge kein Widerspruch ableitbar ist, gilt also auch: $\bot \notin Cn[Js_{\text{min}}(A)]$.

(Js4): Sei $x \in A$ und $x \notin Js_{\text{min}}(A) = Pr(A) \cap Cn(\emptyset)$. Daraus folgt unmittelbar $x \notin Cn(\emptyset)$. Außerdem folgt aus $Pr(A) \cap Cn(\emptyset) \subseteq Cn(\emptyset)$ zusammen mit der Monotonie und der Idempotenz des *Cn*-Operators auch hier $Cn[Pr(A) \cap Cn(\emptyset)] \subseteq Cn[Cn(\emptyset)] = Cn(\emptyset)$. Damit ergibt sich $x \notin Cn[Js_{\text{min}}(A)]$.

(Js5): Sei $Cn(x) = Cn(y)$ und $Pr(A) = Pr(B)$. Dann gilt: $Js_{\text{min}}(A) = Pr(A) \cap Cn(\emptyset) = Pr(B) \cap Cn(\emptyset) = Js_{\text{min}}(B)$. Somit verbleibt zu zeigen: $x \in Js_{\text{min}}(A)$ gdw $y \in Js_{\text{min}}(A)$. Da x und y logisch äquivalent sind, gilt zum einen $x \in Pr(A)$ gdw $y \in Pr(A)$ und zum anderen natürlich auch $x \in Cn(\emptyset)$ gdw $y \in Cn(\emptyset)$ und folglich $x \in Pr(A) \cap Cn(\emptyset)$ gdw $y \in Pr(A) \cap Cn(\emptyset)$.

(Js6): Sei $x \in Cn[Js_{\text{min}}(A)] = Cn[Pr(A) \cap Cn(\emptyset)]$. Es muss gezeigt werden, dass dann auch $x \in Js_{\text{min}}[Cn[Js_{\text{min}}(A)]] = Pr[Cn[Pr(A) \cap Cn(\emptyset)]] \cap Cn(\emptyset)$ gilt. Aus der Voraussetzung ergibt sich zusammen mit Lemma 4.1(1), dass $x \in Pr[Cn[Pr(A) \cap Cn(\emptyset)]]$. Um auch noch zu zeigen, dass $x \in Cn(\emptyset)$ gilt, wird wiederum die Monotonie und die Idempotenz des *Cn*-Operators auf $Pr(A) \cap Cn(\emptyset) \subseteq Cn(\emptyset)$ angewendet, um $Cn[Pr(A) \cap Cn(\emptyset)] \subseteq Cn[Cn(\emptyset)] = Cn(\emptyset)$ zu folgern. Damit folgt dann nach Voraussetzung, dass auch $x \in Cn(\emptyset)$ ist.

q. e. d.

Aus dieser Feststellung folgt unmittelbar die Konsistenz der Eigenschaftspostulate des Rechtfertigungsoperators, die im letzten Abschnitt formuliert wurden.

KOROLLAR 4.3: Die Postulate (Js1)–(Js6) sind konsistent.

Obwohl damit die Konsistenz der Postulate (Js1)–(Js6) wunschgemäß bewiesen wurde, könnte eingewendet werden, dass der Satz von Eigenschaften - obschon konsistent - dennoch zu stark sein könnte, weil er möglicherweise nur von solchen Operatoren erfüllt werden kann, die wie Js_{min} die Menge der gerechtfertigten Meinungen minimieren, und somit Operatoren ausgeschlossen werden, die unsere Intuitionen und Erwartungen realistisch zu modellieren vermögen. Um nachzuweisen, dass (Js1)–(Js6) auch mit Operatoren kompatibel sind, welche die Menge der gerechtfertigten Meinungen nicht als unrealistisch klein annehmen, soll eine weitere eigens konstruierte Rechtfertigungstheorie betrachtet werden, welche die Menge der gerechtfertigten Überzeugungen umgekehrt unrealistisch groß spezifiziert. Nach dieser Theorie sollen *alle* Propositionen, die (in irgendeiner sprachlichen Form) akzeptiert werden, gerechtfertigt sein, falls das Akzeptanzsystem konsistent ist. Relativ zu einem inkonsistenten Akzeptanzsystem sollen keine Sätze, oder zumindest keine empirischen Sätze gerechtfertigt sein. Eine derartige Rechtfertigungstheorie lässt sich formal durch folgenden Operator repräsentieren:[64]

$$(\text{Def Js}_{\text{max}}) \qquad Js_{\text{max}}(A) := \begin{cases} Pr(A), & \text{falls } \perp \notin Cn(A); \\ Pr(A) \cap Cn(\emptyset), & \text{sonst.} \end{cases}$$

Auch dieser sehr einfache Operator erfüllt alle Postulate (Js1)-(Js6).

LEMMA 4.4: Der Operator Js_{max} ist ein Rechtfertigungsoperator.

BEWEIS: Erster Fall, A ist inkonsistent: (Js1)-(Js4) und (Js6) ergeben sich unmittelbar aus Lemma 4.2. (Js5) wird beim zweiten Fall mitbehandelt.

Zweiter Fall, A konsistent: (Js1) und (Js2): trivial.

(Js3): Wegen Lemma 4.1(2) ist $Cn[Pr(A)] = Cn(A)$ und somit folglich $\perp \notin Cn[Js_{\text{max}}(A)]$.

(Js4): Aufgrund der Konstruktion von Js_{max} und wegen $A \subseteq Pr(A)$ ist das Antezedens falsch und das Konditional somit trivialerweise wahr.

(Js5): Sei $Cn(x) = Cn(y)$ und $Pr(A) = Pr(B)$. Wegen $Pr(A) = Pr(B)$ sind entweder A und B beide konsistent oder beide inkonsistent. Falls A und B inkonsistent sind, ergibt sich (Js5) unmittelbar aus Lemma 4.2. Falls A und B konsistent sind, gilt nach Konstruktion $Js_{\text{max}}(A) = Pr(A) = Pr(B) = Js_{\text{max}}(B)$ und es verbleibt nur zu zeigen, dass gilt: $x \in Js_{\text{max}}(A)$ gdw $y \in Js_{\text{max}}(A)$. Da x und y logisch äquivalent sind, gilt dies nach Konstruktion aber offensichtlich und somit ist (Js5) auch in diesem Fall erfüllt.

(Js6): Ergibt sich unmittelbar aus Lemma 4.1(2).

q. e. d.

---

64 Obwohl für die hier verfolgten Zwecke die Frage unerheblich ist, ob Rechtfertigungstheorien, wie sie von Js_{min} und Js_{max} repräsentiert werden, tatsächlich von Autoren vertreten worden sind oder nicht, sei am Rande bemerkt, dass die Rechtfertigungstheorie von Js_{min} einem Skeptiker entspricht, der lediglich logisch gültige Sätze von seinem Zweifel ausnimmt. Js_{max} kann dagegen mit einer rudimentären Kohärenztheorie der Rechtfertigung in Verbindung gebracht werden, wie sie von positivistischer Seite etwa von Neurath vertreten wurde. Nach Neuraths (1959) eher skizzenhaftem Theorieentwurf scheint für ihn das einzige Kriterium für Rechtfertigung Kohärenz zu sein. Kohärenz wiederum scheint er mit Konsistenz gleichzusetzen. Daraus ergibt sich eine Theorie, nach der relativ zu einem konsistenten Akzeptanzsystem alle Meinungen gerechtfertigt sind, also eine Theorie, wie sie von Js_{max} repräsentiert wird.

Da jede Rechtfertigungstheorie, die unseren Intuitionen gerecht zu werden vermag, mindestens die logisch gültigen Sätze und höchstens die Menge aller akzeptierten Sätze als gerechtfertigt qualifizieren muss, liegt jede realistische Rechtfertigungstheorie gewissermaßen zwischen den beiden Extremen, die durch Js_{min} und Js_{max} repräsentiert werden.[65] Weil sowohl Js_{min} als auch Js_{max} alle Anforderungen an einen Rechtfertigungsoperator erfüllen, wurde somit nicht nur die Konsistenz von (Js1)-(Js6) bewiesen, sondern auch gezeigt, dass diese Postulate entgegen obiger Befürchtungen sehr wohl kompatibel mit realistischen Explikationen des Rechtfertigungsbegriffs sind.[66]

Obwohl die axiomatische Charakterisierung eines Rechtfertigungsoperators somit schwach genug ist, um eine Vielzahl von Rechtfertigungstheorien zuzulassen, sollte daraus keinesfalls der Schluss gezogen werden, dass diese alle gleichermaßen geeignet wären. Um eine rechtfertigungsgestützte Theorie der Dynamik epistemischer Zustände zu entwickeln, welche die Änderung von Überzeugungen korrekt modelliert, ist es selbstverständlich erforderlich, dass dabei eine statische Theorie zu Grunde gelegt wird, welche die Rechtfertigung von Überzeugungen *korrekt* beschreibt. Die Postulate (Js1)-(Js6) stellen lediglich eine formale und somit bloß notwendige Bedingung dafür dar, dass eine Rechtfertigungstheorie für eine Synthese mit einer Theorie der Dynamik epistemischer Zustände in Frage kommt. In Kapitel 7 soll erörtert werden, welche anderen Kriterien ebenfalls in Betracht zu ziehen sind.[67]

---

[65] An dieser Stelle sei noch einmal daran erinnert, dass die fraglichen Rechtfertigungstheorien im Rahmen einer deutlich normativen Theorie der Überzeugungsänderung implementiert werden sollen und daher von einem idealisierten epistemischen Subjekt auszugehen ist. Andernfalls wäre die Annahme, dass alle logisch gültigen Sätze gerechtfertigt sind, durchaus problematisch.

[66] Andere Rechtfertigungsoperatoren werden im weiteren Verlauf der Arbeit explizit definiert werden.

[67] Vgl. zu der Konzeption eines Rechtfertigungsoperators auch Haas (2004).

5 JuDAS: Eine statodynamische Theorie der Überzeugungsänderung

Nun wurden alle Bestandteile zusammengetragen, die erforderlich sind, um eine dynamischen Theorie der Überzeugungsänderung zu konstruieren, die auch statische Rechtfertigungsstrukturen berücksichtigt. Eine solche Theorie soll im Folgenden entwickelt werden: die *JuDAS-Theorie* (kurz für: *Ju*-stification-based *D*-ynamics of *A*-cceptance *S*-ystems). Der erste Schritt zur Formulierung einer solchen statodynamischen Erkenntnistheorie ist eine geeignete Modellierung epistemischer Zustände, das heißt eine Modellierung der epistemisch relevanten Aspekte eines Zustandes, in dem sich ein Subjekt zu einem gegebenen Zeitpunkt befindet. Im Gegensatz zum AGM-Ansatz umfassen die epistemisch relevanten Aspekte hier allerdings nicht nur die Menge der akzeptierten Sätze (und eine Präferenzordnung), sondern auch die Rechtfertigungsstrukturen zum fraglichen Zeitpunkt.

5.1 Stabile Akzeptanzsysteme

Ebenso wie bei AGM soll der epistemische Zustand, in dem sich eine Person, oder allgemeiner ein epistemisches Subjekt, befindet, repräsentiert werden als eine Menge von Sätzen. Die intendierte Interpretation dabei ist, dass diese Menge aus genau denjenigen Sätzen besteht, die von der Person in dem zu modellierenden Zustand (mit dem Ziel der Wahrheitsfindung und Vermeidung von Fehlern) akzeptiert werden. Die Satzmenge soll also gleich dem *Akzeptanzsystem* des epistemischen Subjekts sein. Diese Repräsentation bietet sich offensichtlich für eine Synthese einer Theorie der Dynamik epistemischer Zustände mit einer Rechtfertigungstheorie an, da einschlägige Theorien aus beiden Bereichen üblicherweise mit einer derartigen Modellierung, beziehungsweise mit mehr oder weniger äquivalenten Derivaten derselben arbeiten. Von der Sprache, in der diese Sätze formuliert werden, wird nur vorausgesetzt, dass sie die üblichen aussagenlogischen Junktoren enthält. Bei dieser Modellierung eines epistemischen Zustands durch ein Akzeptanzsystem A sind folgende Einstellungen ausdrückbar, die eine Person gegenüber einem Satz x einnehmen kann:

(i) $x \in A$: x wird akzeptiert.
(ii) $\neg x \in A$: x wird abgelehnt.
(iii) $x \notin A$ und $\neg x \notin A$: x ist unbestimmt.

Nicht jedes Akzeptanzsystem repräsentiert einen (ideal-) *rationalen* epistemischen Zustand. Im Rahmen einer *normativen* Theorie der Überzeugungsänderung ist von einem Akzeptanzsystem zu fordern, dass es bestimmten Rationalitätskriterien genügt. Neben der von AGM geforderten Konsistenz und deduktiven Geschlossenheit des Akzeptanzsystems sollte ein (ideal) rationales epistemisches Subjekt in der Lage sein, seine Meinungen zu rechtfertigen. Mit Hilfe eines Rechtfertigungsoperators *Js* lässt sich diese Forderung formulieren als: $A \subseteq Js(A)$. Das heißt, jedes Element des Akzeptanzsystems A soll ein Element der Menge der Sätze sein, die sich relativ zu A rechtfertigen lassen; oder kürzer: Jede Akzeptanz sollte gerechtfertigt sein. Da außerdem gefordert wird, dass A deduktiv geschlossen ist, ist die umgekehrte Inklusion mit (Js2) trivialerweise gegeben: $Js(A) \subseteq Pr(A) \subseteq Cn(A) = A$. Somit lässt sich die Forderung nach Rechtfertigbarkeit aller Meinungen reformulieren als: $A = Js(A)$. Eine Satzmenge, die diesen Rationalitätskriterien genügt, heißt stabiles Akzeptanzsystem.

(Def SA) Eine Satzmenge A ist ein stabiles Akzeptanzsystem gdw
(i) $A = Cn(A)$ und
(ii) $\bot \notin A$ und
(iii) $A = Js(A)$.

Ebenso wie AGM's Überzeugungsmengen stellen stabile Akzeptanzsysteme offensichtlich ein normatives Rationalitätsideal dar, das von faktischen Akzeptanzsystemen aktualer epistemischer Subjekte in der Regel nicht erfüllt wird. Da sich stabile Akzeptanzsysteme von (nicht-absurden) Überzeugungsmengen lediglich durch die zusätzliche Forderung (iii) unterscheiden, ist offensichtlich jedes stabile Akzeptanzsystem auch eine (nicht-absurde) Überzeugungsmenge.[68]

Ebenfalls analog zur AGM-Theorie können drei Typen von Überzeugungsänderungen unterschieden werden. Eine *Expansion* bezüglich x besteht

---

[68] Da es jedoch (nicht-absurde) Überzeugungsmengen gibt, die nicht der Bedingung (iii) von (Def SA) genügen, gilt umgekehrt nicht, dass jede (nicht-absurde) Überzeugungsmenge auch ein stabiles Akzeptanzsystem bildet. Die Menge der stabilen Akzeptanzsysteme bildet also eine *echte* Teilmenge der Menge der (nicht-absurden) Überzeugungsmengen. Überzeugungsmengen, die – gemäß allen realistischen Rechtfertigungsstandards – keine stabilen Akzeptanzsysteme darstellen, sind beispielsweise Satzmengen des Typs $Cn(x)$, wobei $x \in \mathbf{L}$ ein kontingenter Satz ist. Offensichtlich ist $Cn(x)$ konsistent und deduktiv geschlossen, aber nach üblichen Rechtfertigungsstandards gilt nicht $\{x\} = Js(x)$, da sich ein einzelner Satz nicht rechtfertigen lässt. Gemäß Lehrers Rechtfertigungstheorie zum Beispiel lässt sich unter anderem die Behauptung, dass das epistemische Subjekt unzuverlässig sei, als Konkurrent von x nicht schlagen oder neutralisieren (vgl. hierzu Lehrers Diskussion seines *Principle of trustworthiness* in Lehrer (1990b, 121 ff.)). Lehrers Rechtfertigungstheorie wird ausführlich in Kapitel 8 vorgestellt werden.

darin, dass eine neue Information x verarbeitet wird, die mit den bisherigen Überzeugungen nicht konfligiert. Eine *Revision* bezüglich x besteht darin, dass eine neue Information x verarbeitet wird, die mit den bisherigen Überzeugungen konfligiert. Eine *Kontraktion* bezüglich x besteht schließlich darin, dass man eine bisherige Überzeugung x aufgibt. Für die Frage, wann eine neue Information x mit den bisherigen Überzeugungen konfligiert und wann nicht, soll in den folgenden Abschnitten allerdings ein Kriterium in Anschlag gebracht werden, das von dem Kriterium abweicht, das AGM verwenden. Daher ist diese Einteilung von Überzeugungsänderungstypen zwar analog, nicht aber identisch mit der AGM-Klassifikation.

5.2 Das Trägheitsprinzip

Ein epistemisches Subjekt, das sich in einem epistemischen Zustand befindet, der durch ein stabiles Akzeptanzsystem repräsentiert wird, erfüllt seine epistemischen Verpflichtungen ideal. Es ist deshalb vernünftig anzunehmen, dass ein rationales epistemisches Subjekt einen solchen Zustand nicht ohne „guten Grund" verlässt. Diese Idee kommt gut zum Ausdruck, wenn man stabile Akzeptanzsysteme als Gleichgewichtszustände betrachtet, die ein Subjekt nur unter dem Einfluss einer „äußeren Kraft" verlässt. Dieses Bild motiviert auch die Bezeichnung derartiger Systeme als *stabile* Akzeptanzsysteme. Doch was sind „gute Gründe" oder „äußere Kräfte", die ein epistemisches Subjekt veranlassen können, ein stabiles Akzeptanzsystem zu verlassen? Als derartige Ursachen werden in der Literatur zum einen neue Informationen, die das Subjekt erhält, angeführt, zum anderen die Aufforderung (durch eine andere Person), sein epistemisches System in bestimmter Weise zu verändern. Neue Informationen können das epistemische Subjekt durch eigene Beobachtungen (auch nicht-visuelle) erreichen, oder es kann sich um Informationen handeln, die dem Subjekt von anderen Personen sprachlich übermittelt werden. Dass ein epistemisches Subjekt aufgefordert wird, sein epistemisches System in bestimmter Weise zu verändern, kann im Rahmen einer Diskussion vorkommen, wenn man zum Beispiel seine bisherige Überzeugung x (hypothetisch) aufgibt, um $\neg x$ sinnvoll diskutieren zu können, ohne bereits vorauszusetzen, dass $\neg x$ falsch ist. Ich gehe davon aus, dass es außer diesen beiden Ursachen keine anderen Gründe gibt, die ein rationales epistemisches Subjekt veranlassen können, ein stabiles Akzeptanzsystem zu verlassen und erachte deshalb folgendes *Trägheitsprinzip* als gültig:

(Trägheitsprinzip) Wenn ein epistemisches Subjekt sich in einem epistemischen Zustand befindet, der durch ein stabiles Akzeptanzsystem repräsentiert wird, verlässt es diesen Zustand nur dann, wenn:

(i) Neue Informationen das epistemische Subjekt zu einer Veränderung veranlassen (freie Überzeugungsänderung) oder

(ii) ein Befehl das epistemische Subjekt zu einer Veränderung veranlasst (erzwungene Überzeugungsänderung).

Freie und erzwungene Überzeugungsänderungen sollen im Folgenden getrennt diskutiert werden.[69] Diese Fallunterscheidung ist nützlich, weil beide Arten von Überzeugungsänderungen meines Erachtens nach verschiedenen Mechanismen funktionieren und somit nicht sinnvollerweise als ein Fall behandelt werden können.[70] Wie die Diskussion in Abschnitt 2.7 beispielsweise gezeigt hat, ist es für freie Expansionen und Revisionen nicht sinnvoll, ein uneingeschränktes Erfolgspostulat zu fordern. Dagegen möchte ich im nächsten Kapitel dafür argumentieren, dass es für erzwungene Expansionen und Revisionen durchaus sinnvoll ist, ein derartiges Postulat zu fordern.[71] Insgesamt ergeben sich somit sechs verschiedene Überzeugungsänderungstypen (s. Tab. 5.1).

Es ist anzumerken, dass mit Abstand die meisten und wohl auch die wichtigsten Überzeugungsänderungen in die Kategorie der freien Überzeugungsänderungen fallen, weil erzwungene Überzeugungsänderungen lediglich hypothetisch vollzogen werden. Daher kann man bei der getroffenen Fallunterscheidung freie Überzeugungsänderungen durchaus auch als den Hauptfall, erzwungene Überzeugungsänderungen dagegen als den Nebenfall bezeichnen.

---

[69] Die Charakterisierung von erzwungenen Überzeugungsänderungen als diejenigen, die „auf einen Befehl hin" ausgeführt werden, bedarf eventuell einer Klärung. Unter einer Kontraktion beispielsweise, die auf einen Befehl hin ausgeführt wird, verstehe ich etwa eine (hypothetische) Kontraktion bezüglich x, zu der mich ein Diskussionspartner (oder ich selbst) auffordert, um mit ihm die Hypothese $\neg x$ sinnvoll diskutieren zu können, ohne bereits deren Falschheit vorauszusetzen. Ich verwende den Ausdruck „erzwungene Kontraktion" also zur Bezeichnung von Überzeugungsänderungen, die in der Literatur oft als „hypothetische Kontraktionen" oder als „contractions for the sake of argument" bezeichnet werden. Gleiches gilt sinngemäß für erzwungene Expansionen und Revisionen.

[70] Die Unterscheidung zwischen freien und erzwungenen Überzeugungsänderungen ist verwandt mit der Unterscheidung zwischen Updating und Supposing, die es in der englischsprachigen Literatur gibt.

[71] Da somit die *Nicht*gültigkeit des (uneingeschränkten) Erfolgspostulats ein wesentliches Merkmal für freie Überzeugungsänderungen darstellt, wäre es durchaus denkbar, „freie" Überzeugungsänderungen auch als „autonome" oder als „non-prioritized" Überzeugungsänderungen zu bezeichnen und sich damit stärker an die gebräuchliche Terminologie anzulehnen. Ich ziehe jedoch den Terminus „freie" Überzeugungsänderung vor, weil dadurch besser der Gegensatz zu erzwungenen Überzeugungsänderungen kenntlich gemacht wird.

	nicht-konfligierender Input	konfligierender Input	Aufgabe bisheriger Überzeugungen
aufgrund neuer Informationen	freie Expansion	freie Revision	freie Kontraktion
aufgrund eines Befehls	erzwungene Expansion	erzwungene Revision	erzwungene Kontraktion

Tab. 5.1: Überzeugungsänderungstypen

Für die Modellierung freier Expansionen und freier Revisionen soll in den nächsten beiden Abschnitten ein eigener Vorschlag erarbeitet werden, der durch eine geeignete Berücksichtigung von Rechtfertigungsstrukturen die Defizite der AGM-Theorie vermeidet, die in den Abschnitten 2.7–2.11 diskutiert wurden. In Abschnitt 5.7 soll dagegen nachgewiesen werden, dass der Fall einer freien Kontraktion ein „leerer" Fall ist, das heißt, dass es keine freien Kontraktionen gibt. Daher ist eine Modellierung freier Kontraktionen weder notwendig noch möglich. Die Frage, wie die drei erzwungenen Überzeugungsänderungstypen modelliert werden können, soll im nächsten Kapitel erörtert werden.

5.3 Freie Expansionen

Ähnlich wie bei AGM ist der intendierte Anwendungsfall für eine (freie) Expansion von A bezüglich einer neuen Information x der Fall, in dem x mit A nicht konfligiert. Bei AGM genügte es für eine derartige Konfliktfreiheit, dass $\neg x \notin A$ gilt, und x mit A somit *logisch* verträglich ist in dem Sinn, dass $A \cup \{x\}$ konsistent ist. Das heißt, AGM definieren einen Konflikt zwischen x und A wie folgt:

(Def Konf_{AGM}) x konfligiert mit A gdw $\neg x \in A$.

Weil hier eine Theorie der Dynamik epistemischer Zustände entworfen werden soll, in der auch Rechtfertigungsstrukturen berücksichtigt werden, soll im Rahmen dieses Ansatzes ein Konflikt zwischen x und A vorliegen, wenn durch die Hinzunahme der neuen Information x zu den bisherigen Überzeugungen in A eine der Rechtfertigungen unterminiert wird, über die man in A verfügt hat:

(Def Konf) x konfligiert mit A gdw $A \not\subseteq Js(A \cup \{x\})$.

Selbstverständlich sollte jeder logische Konflikt im Sinne von (Def Konf_{AGM}) auch ein Konflikt im Sinne von (Def Konf) sein, das heißt die Menge der Konflikte gemäß (Def Konf) sollte alle Konflikte gemäß (Def Konf_{AGM}) einschließen. Lemma 5.1 zeigt, dass dem tatsächlich so ist, wenn man voraussetzt, dass $x \in Js(A \cup \{x\})$ ist. Die Relativierung dieser Aussage auf die Antezedensbedingung $x \in Js(A \cup \{x\})$ ist dabei unerheblich, weil es sich im weiteren Verlauf zeigen wird, dass im Fall $x \notin Js(A \cup \{x\})$ $A{+}x$ und $A{*}x$ ohnehin übereinstimmen, so dass es in diesem Fall keine Rolle spielt, ob man eine Expansion oder eine Revision durchführt.

> LEMMA 5.1: Falls $x \in Js(A \cup \{x\})$, dann gilt: Falls $\neg x \in A$, dann $A \not\subseteq Js(A \cup \{x\})$.

BEWEIS: Sei $x \in Js(A \cup \{x\})$ und sei $\neg x \in A$. Es muss gezeigt werden, dass dann $A \not\subseteq Js(A \cup \{x\})$ gilt. Wegen $x \in Js(A \cup \{x\})$ gilt aufgrund von (Js3): $\neg x \notin Js(A \cup \{x\})$. Da andererseits nach Voraussetzung $\neg x \in A$ ist, gilt somit: $A \not\subseteq Js(A \cup \{x\})$.

q. e. d.

Der intendierte Anwendungsfall für eine Expansion von A bezüglich x ist also der Fall, in dem gilt: $A \subseteq Js(A \cup \{x\})$. Wegen Lemma 5.1 ist dieser Anwendungsbereich *höchstens* so umfangreich wie der der AGM-Expansion. Die Diskussion der so genannten Erhaltungseigenschaft in Abschnitt 2.9 hat jedoch gezeigt, dass es Fälle gibt, in denen eine neue Information x zwar logisch konsistent mit A ist, aber dennoch mit A konfligiert in dem Sinn, dass x eine oder mehrere Rechtfertigungen unterminiert, über die man in A verfügt hat. Daher gibt es Fälle, in denen zwar ein Konflikt gemäß (Def Konf) gegeben ist, nicht jedoch gemäß (Def Konf_{AGM}). Es gibt – mit anderen Worten – Fälle, in denen man gemäß dem Kriterium (Def Konf) eine (freie) Revision durchzuführen hat, obwohl man nach AGM eine Expansion durchführen sollte. Auch formal kann bewiesen werden, dass es nicht-logische Konflikte gibt:

> LEMMA 5.2: Es gibt ein stabiles Akzeptanzsystem A, einen Satz x und einen Rechtfertigungsoperator Js, für die gilt: (i) $\neg x \notin A$ und (ii) $A \not\subseteq Js(A \cup \{x\})$.

Der Beweis von Lemma 5.2 ist relativ aufwändig und setzt einen Rechtfertigungsoperator voraus, der erst an späterer Stelle eingeführt werden wird. Daher wird der Beweis für Lemma 5.2 im Anhang A ausgeführt.

Bevor die technischen Einzelheiten der Konstruktion einer (freien) Expansionsfunktion erörtert werden sollen, ist es sinnvoll, die sehr einfache, leitende Idee für die folgenden Überlegungen kurz zu skizzieren. Ich habe versucht zu zeigen, dass eine adäquate Beschreibung der Dynamik epistemischer Zustände nur dann möglich ist, wenn man auch Rechtfertigungsstrukturen berücksichtigt und von einem rationalen epistemischen Subjekt verlangt, dass es seine Meinungen stets rechtfertigen kann. Konkret heißt dies, dass das Resultat einer Expansion von A bezüglich x ein stabiles Akzeptanzsystem sein sollte. Diese Forderung wird das schwächere Postulat *Abschluss* ablösen. Ein rationales epistemisches Subjekt sollte sich bei einer Überzeugungsänderung von einem stabilen Akzeptanzsystem zu einem anderen bewegen. Aufgrund der Überlegungen der Abschnitte 2.7 und 2.8 sind das Erfolgs- und das Monotoniepostulat in geeigneter Weise abzuschwächen. Alle anderen AGM-Expansionspostulate sollten (sinngemäß) auch von freien Expansionen erfüllt werden. Insgesamt wird dies zu einer Expansionsfunktion führen, die im Inkorporationsfall mit der AGM-Konstruktion übereinstimmt und im Zurückweisungsfall $A+x = A$ liefert. Das Kriterium für die Dichotomie *Inkorporation / Zurückweisung* wird dabei die Frage sein, ob das epistemische Subjekt die neue Information x *rechtfertigen* kann oder nicht. Eine derartige Funktion scheint unseren intuitiven Erwartungen an einen rationalen Expansionsprozess sehr gut gerecht zu werden.

Wenn A das ursprüngliche stabile Akzeptanzsystem des epistemischen Subjekts ist, so wird die (freie) Expansion von A bezüglich x mit $A+x$ bezeichnet. Wie bereits angekündigt, wird gefordert, dass $A+x$ wieder ein stabiles Akzeptanzsystem ist:[72]

(Stabilität) $A+x$ ist ein stabiles Akzeptanzsystem.

Wie anhand einiger Beispiele in Abschnitt 2.7 deutlich wurde, sollte ein rationales epistemisches Subjekt eine neue Information x, die ihm angeboten wird, nicht in jedem Fall inkorporieren. Auch dann, wenn die neue Information konsistent mit den bisherigen Überzeugungen ist oder mit diesen sogar konfliktfrei gemäß (Def Konf) ist, kann es unter Umständen angezeigt sein, die neue Information zurückzuweisen. Die Abwesenheit eines Konfliktes sollte keine hinreichende Bedingung für eine Inkorporation einer neuen Information x sein, vielmehr ist es erforderlich, dass das epistemische Subjekt über positive Gründe für x verfügt, die es in die Lage versetzen, x zu *rechtfertigen*. Diese Überlegungen führten in Abschnitt 2.7 zu einer ersten Formulierung einer Abschwächung des Erfolgspostulats:

---

[72] Hier und bei allen nachfolgenden Postulaten wird stets vorausgesetzt, dass das Akzeptanzsystem A, das den epistemischen Ausgangszustand des Subjekts repräsentiert, ein *stabiles* Akzeptanzsystem ist. Es geht also stets darum, wie ein epistemisches Subjekt auf rationale Weise seine Überzeugungen ändern sollte, *gegeben, dass das Subjekt sich zuvor in einem rationalen Zustand befunden hat.*

> Bedingter Erfolg (erste Version): Wenn einem epistemischen Subjekt neue Informationen angeboten werden, sollte es diese genau dann inkorporieren, wenn es in der Lage ist, diese zu rechtfertigen.

Mit Hilfe des Rechtfertigungsoperators *Js* kann dieses Postulat nun präzisiert werden. Da bei der Konstruktion des Rechtfertigungsoperators vorausgesetzt wurde, dass eine Meinung nicht gerechtfertigt simpliciter ist, sondern gerechtfertigt ist *relativ zu einem Akzeptanzsystem*, stellt sich dabei unmittelbar die Frage, relativ zu welchem Akzeptanzsystem eine neue Information x gerechtfertigt sein muss, damit sie inkorporiert werden sollte. Der nahe liegendste Vorschlag ist vielleicht zu fordern, dass die neue Information x sich relativ zu dem bisherigen Akzeptanzsystem A des epistemischen Subjekts rechtfertigen lassen muss, um inkorporiert zu werden, das heißt $x \in Js(A)$. Nun gilt aber wegen der vorausgesetzten *Stabilität* von A: $Js(A) = A$. Das heißt, wenn x relativ zu A rechtfertigbar ist, dann ist x bereits in A enthalten und ist somit keine *neue* Information. Es scheint also so, als ob eine Information nicht zugleich neu *und* rechtfertigbar relativ zu A sein kann. Dieses Resultat hätte man auch intuitiv erwarten sollen: Man kann relativ zu einem Akzeptanzsystem immer nur solche Propositionen rechtfertigen, die man in diesem Zustand akzeptiert. Propositionen, die man nicht einmal akzeptiert, kann man unmöglich rechtfertigen. Da eine *neue* Information x im *bisherigen* Überzeugungszustand einer Person nicht akzeptiert wird, kann x also unmöglich relativ zu *diesem* Überzeugungszustand gerechtfertigt werden. Das Akzeptanzsystem, das für die Frage maßgeblich ist, ob x inkorporiert werden sollte oder nicht, kann also nicht identisch mit dem bisherigen Akzeptanzsystem A sein. Andererseits ist klar, dass das relevante Akzeptanzsystem dem bisherigen Akzeptanzsystem A des epistemischen Subjekts hinreichend ähnlich sein muss, um noch sagen zu können, dass das *Subjekt S* in der Lage ist, die neue Information zu rechtfertigen. Der plausibelste Kandidat für ein Akzeptanzsystem, das A ähnlich ist und das x enthält, ist wohl das Akzeptanzsystem $A \cup \{x\}$. Wenn sich ein Satz x relativ zu $A \cup \{x\}$ rechtfertigen lässt, soll A *offen für x* heißen, andernfalls heiße A *geschlossen für x*:[73]

[73] Man könnte statt des Begriffspaares „offen"/„geschlossen" auch einen Begriff verwenden, den Alvin Goldman geprägt hat. Goldman unterscheidet eine *ex post* und eine *ex ante* Verwendung des Rechtfertigungsbegriffs. Die *ex post* Verwendung liegt vor, wenn man bereits eine bestimmte Überzeugung x hat und von dieser Überzeugung sagt, dass sie gerechtfertigt ist (beziehungsweise nicht gerechtfertigt ist). Die *ex ante* Verwendung liegt vor, wenn man bislang keine solche Überzeugung hat und zum Ausdruck bringen möchte, dass man gerechtfertigt wäre, x zu glauben, sobald man die Überzeugung x bildet (beziehungsweise nicht darin gerechtfertigt wäre). Anstatt zu sagen, dass A für x offen ist, könnte man also auch sagen, dass x relativ zu A *ex ante* gerechtfertigt ist. Anstatt zu sagen, dass A für x geschlossen ist,

(Def O/G) A ist offen für x gdw $x \in Js(A \cup \{x\})$.
A ist geschlossen für x gdw $x \notin Js(A \cup \{x\})$.

Die Forderung nach einem bedingten Erfolg lässt sich somit formal präzisieren zu:

(Bedingter Erfolg) $x \in A{+}x$ gdw A ist offen für x.

Diesem Postulat entspricht die Intuition, dass man eine neue Information x genau dann inkorporieren sollte, wenn man x rechtfertigen kann, *sobald man x akzeptiert hat*. Diese Intuition scheint unstrittig zu sein und führt dazu, dass für die Frage, ob eine neue Information inkorporiert werden sollte oder nicht, ihre Rechtfertigbarkeit relativ zu $A \cup \{x\}$ entscheidend ist, und nicht ihre Rechtfertigbarkeit relativ zu A. Die Grundidee einer derartigen Rechtfertigung neuer Informationen ist entlehnt von BonJours (1985) kohärentistischer Rechtfertigung von Beobachtungsmeinungen:[74] Angenommen ich habe die kognitiv spontane Meinung, dass vor mir ein Computer steht (x) und angenommen mein Hintergrundwissen A enthält Überzeugungen, die kognitiv spontane visuelle Meinungen unter den bestehenden Bedingungen (gute Lichtverhältnisse etc.) als zuverlässig qualifizieren, dann bin ich in der Lage, meine Meinung zu rechtfertigen, dass vor mir ein Computer steht. *Bevor* ich allerdings die kognitiv spontane Meinung x habe, kann ich x (relativ zu A) nicht rechtfertigen. *Sobald* ich aber die kognitiv spontane Meinung x habe, kann ich x (relativ zu $A \cup \{x\}$!) rechtfertigen.[75]

Im intendierten Anwendungsfall einer freien Expansion konfligiert x nicht mit A, das heißt, auch bei Hinzunahme von x zu A kann man alle bisherigen Überzeugungen weiterhin rechtfertigen. Das Prinzip der informationellen Ökonomie gebietet deshalb, dass man bei einer Expansion von A bezüglich x selbstverständlich an allen bisherigen Überzeugungen festhält:

(Inklusion) $A \subseteq A{+}x$.

---

könnte man auch sagen, dass x relativ zu A nicht *ex ante* gerechtfertigt ist. Vgl. hierzu Goldman (1979).

74 Vgl. hierzu BonJour (1985, Kap. 6).

75 Die Behauptung von Lemma 5.1 war relativiert auf die Bedingung $x \in Js(A \cup \{x\})$. Diese Bedingung der Offenheit von A für x ist zugleich das Kriterium für die Dichotomie Inkorporation/Zurückweisung sowohl im Fall einer freien Expansion als auch im Fall einer freien Revision (vgl. hierzu Abschnitt 5.4). Da es im Zurückweisungsfall unerheblich ist, ob ein Konflikt vorliegt oder nicht, weil in diesem Fall $A{+}x = A{*}x = A$ gilt, ist die Relativierung von Lemma 5.1 auf den Inkorporationsfall unerheblich.

Ebenso unstrittig dürfte es sein, dass man auch von freien Expansionen fordert, dass das epistemische Subjekt im Zustand A verharrt, falls x bereits in A enthalten ist:

(Redundanz) Falls $x \in A$, dann $A{+}x = A$.

Ich habe in Abschnitt 2.8 versucht, dafür zu argumentieren, dass man statt des uneingeschränkten AGM-Monotoniepostulats nur eine schwächere Form desselben fordern sollte, die sich vorläufig folgendermaßen formulieren ließ:

> Bedingte Monotonie (erste Version): Wenn x in $A{+}x$ zurückgewiesen wird, oder x in $B{+}x$ inkorporiert wird, dann sollte gelten: Falls $A \subseteq B$, dann $A{+}x \subseteq B{+}x$.

Mit Hilfe des nun formal präzisierten Kriteriums für die Dichotomie *Inkorporation/Zurückweisung* ist es jetzt möglich, diese Forderung genauer zu formulieren. Anders als bei den bisherigen Postulaten, bei denen jeweils nur ein Akzeptanzsystem A eingeht, muss beim Monotoniepostulat von *beiden* Akzeptanzsystemen A und B vorausgesetzt werden, dass es sich um einen intendierten Anwendungsfall einer Expansion handelt. Deshalb soll die Forderung, dass x sowohl mit A als auch mit B konfliktfrei ist, in diesem Fall explizit in die Formulierung des Postulats aufgenommen werden:

(Bedingte Monotonie) Falls x konfliktfrei ist mit A und B und [A geschlossen für x ist, oder B offen für x ist], dann gilt: Falls $A \subseteq B$, dann $A{+}x \subseteq B{+}x$.

Weil die sprachliche Formulierung einer Überzeugung oder einer neuen Information unerheblich ist, und es stets nur auf deren *Inhalt* ankommt, sollen Sätze, die dieselbe Proposition ausdrücken, zu gleichen Überzeugungsänderungen Anlass geben. Freie Expansionen sollten also, ebenso wie AGM's Expansionsfunktion, für logisch äquivalente Inputsätze x und y zu identischen Resultaten führen:

(Extensionalität) Falls $Cn(x) = Cn(y)$, dann $A{+}x = A{+}y$.

Erhält man im Überzeugungszustand A zweimal hintereinander dieselbe Information x, so sollte dies den gleichen Effekt haben, als ob man die entsprechende Information nur einmal erhält:

(Idempotenz) $(A{+}x){+}x = A{+}x$.

Weil ein uneingeschränktes Erfolgspostulat und *Redundanz* zusammen *Idempotenz* implizieren, erfüllen AGM-Expansionen *Idempotenz* trivialerweise.[76] Weil im Unterschied dazu von freien Expansionen aber nur *Bedingter Erfolg* gefordert wurde, muss diese selbstverständliche Forderung zusätzlich erhoben werden.

Weil man nicht grundlos irgendwelche Überzeugungen haben sollte, ist es vernünftig zu fordern, dass *A+x* keine Überzeugungen enthält, die nicht von den anderen Postulaten eingefordert werden. Das heißt, es sollte ein Minimalitätsprinzip gelten, das analog zu dem von AGM ist:

(5.1) A+x ist das kleinste Akzeptanzsystem, das *Stabilität, Bedingter Erfolg, Inklusion, Redundanz, Bedingte Monotonie, Extensionalität* und *Idempotenz* erfüllt.

Eine adäquate Expansionsfunktion sollte ohne Zweifel alle der Postulate *Stabilität, Bedingter Erfolg, Redundanz, Inklusion, Bedingte Monotonie, Extensionalität, Idempotenz* und eine Minimalitätseigenschaft der genannten Art erfüllen. Es lässt sich auch zeigen, dass durch diese Postulate eindeutig eine Expansionsoperation bestimmt wird. Allerdings lässt sich sogar ein noch stärkeres Resultat beweisen. Es wird nämlich bereits durch die Postulate *Stabilität, Bedingter Erfolg, Inklusion* und eine entsprechend modifizierte Minimalitätsforderung eindeutig eine Expansionsfunktion charakterisiert, von der sich dann zeigen lässt, dass sie auch die übrigen Postulate *Redundanz, Bedingte Monotonie, Extensionalität* und *Idempotenz* erfüllt.[77] Deshalb soll folgende Minimalitätsforderung erhoben werden:

(Minimalität) *A+x* ist das kleinste Akzeptanzsystem, das *Stabilität, Bedingter Erfolg,* und *Inklusion* erfüllt.

Folgendes Repräsentationstheorem für freie Expansionen zeigt, welche explizite Prozedur den geforderten Postulaten genügt:

---

[76] Diese Forderung an den *zweistelligen* Operator + ist gleichbedeutend mit der Forderung, dass der *einstellige* Operator $(\cdot + x)$ für alle Sätze *x* idempotent ist. Daher erklärt sich der Name für dieses Postulat.

[77] Entgegen AGM's eigenen Ausführungen lässt sich in entsprechender Weise auch im Fall der AGM-Expansionsoperation das stärkere Resultat beweisen, dass bereits die Postulate *Abschluss, Erfolg, Inklusion* und eine entsprechend modifizierte Minimalitätseigenschaft eindeutig die von AGM formulierte Expansionsfunktion $Cn(A \cup \{x\})$ charakterisieren, von der sich dann zeigen lässt, dass diese auch die anderen beiden Postulate *Redundanz* und *Monotonie* erfüllt.

THEOREM 5.3:[78] (1) Die Expansionsfunktion + erfüllt *Stabilität*, *Bedingter Erfolg*, *Inklusion* und *Minimalität* gdw $A{+}x = Cn \circ Js(A \cup \{x\})$.

(2) Die Expansionsfunktion $Cn \circ Js(A \cup \{x\})$ erfüllt auch *Redundanz*, *Bedingte Monotonie*, *Extensionalität* und *Idempotenz*.

BEWEIS: Zu (1): „$\Leftarrow$": Sei $A{+}x := Cn \circ Js(A \cup \{x\})$. Es muss gezeigt werden, dass $A{+}x$ dann den Postulaten genügt.

Stabilität: Zu (i): $A{+}x = Cn(A{+}x)$ folgt unmittelbar aus der Idempotenz des Cn-Operators. Zu (ii): $\bot \notin A{+}x$ folgt unmittelbar aus (Js3). Zu (iii): Wegen (Js2) gilt: $Js(A{+}x) \subseteq Pr(A{+}x)$. Da ferner $Pr(A{+}x) = Pr \circ Cn \circ Js(A \cup \{x\}) = Cn \circ Js(A \cup \{x\}) = A{+}x$ gilt, ist also: $Js(A{+}x) \subseteq A{+}x$. Die umgekehrte Inklusion $A{+}x \subseteq Js(A{+}x)$ folgt unmittelbar aus (Js6). Also gilt insgesamt: $A{+}x = Js(A{+}x)$.

Bedingter Erfolg: Erster Fall, A ist offen für x: Aus $x \in Js(A \cup \{x\})$ folgt unmittelbar $x \in Cn \circ Js(A \cup \{x\}) = A{+}x$.

Zweiter Fall, A ist geschlossen für x: Aus $x \notin Js(A \cup \{x\})$ folgt zusammen mit $x \in A \cup \{x\}$ und (Js4) $x \notin Cn \circ Js(A \cup \{x\}) = A{+}x$.

Inklusion: Im intendierten Anwendungsfall der Expansion kann man voraussetzen: $A \subseteq Js(A \cup \{x\})$. Wegen der Monotonie des Cn-Operators gilt also: $Cn(A) \subseteq Cn \circ Js(A \cup \{x\})$. Weil außerdem auch $A \subseteq Cn(A)$ gilt, ist also insgesamt: $A \subseteq A{+}x$.

Minimalität: Es muss gezeigt werden, dass für alle Expansionsfunktionen +, die den Postulaten *Stabilität*, *Bedingter Erfolg* und *Inklusion* genügen, $Cn \circ Js(A \cup \{x\}) \subseteq A{+}x$ gilt.

Erster Fall, A ist offen für x: Wegen *Bedingter Erfolg* gilt also: $x \in A{+}x$. Wegen *Inklusion* gilt auch: $A \subseteq A{+}x$. Also gilt: $A \cup \{x\} \subseteq A{+}x$. Wegen der Monotonie des Cn-Operators folgt damit $Cn(A \cup \{x\}) \subseteq Cn(A{+}x)$. Da wegen *Stabilität* $A{+}x = Cn(A{+}x)$ ist, gilt sogar: $Cn(A \cup \{x\}) \subseteq A{+}x$. Weil trivialerweise auch $Pr(A \cup \{x\}) \subseteq Cn(A \cup \{x\})$ ist, ergibt sich $Pr(A \cup \{x\}) \subseteq A{+}x$. Weil nach (Js2) $Js(A \cup \{x\}) \subseteq Pr(A \cup \{x\})$ ist, folgt insgesamt $Js(A \cup \{x\}) \subseteq A{+}x$. Eine nochmalige Anwendung der Monotonie des Cn-Operators liefert zusammen mit *Stabilität* die gewünschte Inklusion $Cn \circ Js(A \cup \{x\}) \subseteq Cn(A{+}x) = A{+}x$.

Zweiter Fall, A ist geschlossen für x: Es wird zunächst gezeigt, dass gilt:

(5.2) $\quad Js(A \cup \{x\}) \subseteq A.$

[78] Um Klammern einzusparen und somit die Lesbarkeit der Formeln zu erhöhen, ist es zweckmäßig, im Folgenden die Verknüpfung „$\circ$" zweier Operatoren O_1 und O_2 einzuführen: $O_1 \circ O_2(A) := O_1[O_2(A)]$.

Sei zum Widerspruch angenommen, dass es ein $y \in Js(A \cup \{x\})$ gibt mit $y \notin A$. Weil mit (Js2) $Js(A \cup \{x\}) \subseteq Pr(A \cup \{x\})$ gilt, ist daher auch: $y \in Pr(A \cup \{x\})$. Da man voraussetzen kann, dass A deduktiv geschlossen ist, gilt ferner $Pr(A \cup \{x\}) = A \cup [x]$ und somit: $y \in A \cup [x]$.[79] Aus $y \notin A$ und $y \in A \cup [x]$ folgt unmittelbar $y \in [x]$ und somit $Cn(x) = Cn(y)$. Wegen (Js5) muss also gelten $x \in Js(A \cup \{x\})$ gdw $y \in Js(A \cup \{x\})$. Da angenommen wurde, dass $y \in Js(A \cup \{x\})$ gilt, muss also auch $x \in Js(A \cup \{x\})$ sein. Dies steht aber im Widerspruch zu der Annahme, dass A für x geschlossen ist. Aus diesem Widerspruch kann man (5.2) folgern. Wegen *Inklusion* ist $A \subseteq A+x$, so dass insgesamt gilt: $Js(A \cup \{x\}) \subseteq A+x$. Daraus folgt aufgrund der Monotonie des Cn-Operators unmittelbar $Cn \circ Js(A \cup \{x\}) \subseteq Cn(A+x)$. Wegen *Stabilität* ist $Cn(A+x) = A+x$, so dass sogar gilt: $Cn \circ Js(A \cup \{x\}) \subseteq A+x$. Also erfüllt $Cn \circ Js(A \cup \{x\})$ auch *Minimalität*.

„⇒“: Wenn die Expansionsfunktion + *Minimalität* erfüllt, muss gelten $A+x = Cn \circ Js(A \cup \{x\})$, weil die Funktion $Cn \circ Js(A \cup \{x\})$ die Postulate *Stabilität*, *Bedingter Erfolg* und *Inklusion* erfüllt, und darüber hinaus $Cn \circ Js(A \cup \{x\}) \subseteq A+x$ ist für alle Expansionsfunktionen +, die *Stabilität*, *Bedingter Erfolg* und *Inklusion* erfüllen.

Zu (2): Es verbleibt zu zeigen, dass die Expansionsfunktion $Cn \circ Js(A \cup \{x\})$ auch die Postulate *Redundanz*, *Bedingte Monotonie*, *Extensionalität* und *Idempotenz* erfüllt.

Redundanz: Falls $x \in A$ gilt, ist $A \cup \{x\} = A$. Folglich ist $Js(A \cup \{x\}) = Js(A) = A$. Somit ist $Cn \circ Js(A \cup \{x\}) = Cn(A) = A$. Also gilt in diesem Fall: $A+x = A$.

Bedingte Monotonie: Erster Fall, A ist geschlossen für x: Sei also x konfliktfrei mit A und B und sei A geschlossen für x und sei ferner $A \subseteq B$. Es muss gezeigt werden, dass dann gilt: $A+x \subseteq B+x$. Zunächst wird gezeigt, dass gilt:

(5.3) $Js(A \cup \{x\}) \subseteq A.$

Sei zum Widerspruch angenommen, dass es ein $y \in Js(A \cup \{x\})$ gibt mit $y \notin A$. Weil mit (Js2) $Js(A \cup \{x\}) \subseteq Pr(A \cup \{x\})$ gilt, ist auch $y \in Pr(A \cup \{x\})$. Da man voraussetzen kann, dass A deduktiv geschlossen ist, gilt ferner $Pr(A \cup \{x\}) = A \cup [x]$ und somit: $y \in A \cup [x]$. Aus $y \notin A$ und $y \in A \cup [x]$ folgt unmittelbar $y \in [x]$ und somit $Cn(x) = Cn(y)$. Wegen (Js5) muss also gelten $x \in Js(A \cup \{x\})$ gdw $y \in Js(A \cup \{x\})$. Da angenommen wurde, dass

---

79 Dabei bezeichnet „$[x]$“ wie üblich die Äquivalenzklasse von x, das heißt $[x] := \{ y \in \mathbf{L} \mid Cn(y) = Cn(x) \}$.

$y \in Js(A \cup \{x\})$ gilt, muss also auch $x \in Js(A \cup \{x\})$ sein. Dies steht aber im Widerspruch zu der Annahme, dass A für x geschlossen ist. Aus diesem Widerspruch kann man (5.3) folgern. Mit $A \subseteq B$ ergibt sich dann $Js(A \cup \{x\}) \subseteq B$. Da nach Voraussetzung x konfliktfrei mit B ist, gilt: $B \subseteq Js(B \cup \{x\})$. Zusammen liefert dies $Js(A \cup \{x\}) \subseteq Js(B \cup \{x\})$. Aufgrund der Monotonie des *Cn*-Operators ergibt sich daraus dann $Cn \circ Js(A \cup \{x\}) \subseteq Cn \circ Js(B \cup \{x\})$, das heißt $A{+}x \subseteq B{+}x$.

Zweiter Fall, B ist offen für x: Sei also x konfliktfrei mit A und B und sei B offen für x und sei ferner $A \subseteq B$. Es muss gezeigt werden, dass dann gilt: $A{+}x \subseteq B{+}x$. Wegen (Js2) und der deduktiven Geschlossenheit von A gilt: $Js(A \cup \{x\}) \subseteq Pr(A \cup \{x\}) = A \cup [x]$. Da nach Voraussetzung $A \subseteq B$ ist, gilt also: $Js(A \cup \{x\}) \subseteq B \cup [x]$. Es muss gezeigt werden, dass darüber hinaus gilt:

(5.4) $\quad B \cup [x] \subseteq Js(B \cup \{x\})$.

Sei also angenommen, dass $y \in B \cup [x]$ gilt, es muss gezeigt werden, dass dann auch $y \in Js(B \cup \{x\})$ ist. Falls $y \in B$ ist, folgt dies wegen der vorausgesetzten Konfliktfreiheit von x mit B unmittelbar. Sei also angenommen, dass $y \notin B$ ist. Wegen $y \in B \cup [x]$ ist dann offensichtlich $y \in [x]$ und somit $Cn(x) = Cn(y)$. Wegen (Js5) muss also gelten $x \in Js(B \cup \{x\})$ gdw $y \in Js(B \cup \{x\})$. Da vorausgesetzt wurde, dass B für x offen ist, gilt also $y \in Js(B \cup \{x\})$ und somit ist (5.4) bewiesen. Mit Hilfe von (5.4) ergibt sich dann $Js(A \cup \{x\}) \subseteq Js(B \cup \{x\})$. Aufgrund der Monotonie des *Cn*-Operators gilt somit $Cn \circ Js(A \cup \{x\}) \subseteq Cn \circ Js(B \cup \{x\})$, das heißt $A{+}x \subseteq B{+}x$.

Extensionalität: Falls $Cn(x) = Cn(y)$ ist, gilt offensichtlich: $Pr(A \cup \{x\}) = Pr(A \cup \{y\})$. Wegen (Js5) gilt somit also für alle z: $z \in Js(A \cup \{x\})$ gdw $z \in Js(A \cup \{y\})$. Folglich ist $Js(A \cup \{x\}) = Js(A \cup \{y\})$ und somit ist auch $Cn \circ Js(A \cup \{x\}) = Cn \circ Js(A \cup \{y\})$, das heißt $A{+}x = A{+}y$.

Idempotenz: Erster Fall, A ist offen für x: Wegen *Bedingter Erfolg* ist $x \in A{+}x$. Wegen *Redundanz* ist somit $(A{+}x){+}x = A{+}x$.

Zweiter Fall, A ist geschlossen für x: Zunächst wird gezeigt, dass gilt:

(5.5) $\quad Js(A \cup \{x\}) \subseteq A$.

Sei zum Widerspruch angenommen, dass es ein $y \in Js(A \cup \{x\})$ gibt mit $y \notin A$. Weil mit (Js2) $Js(A \cup \{x\}) \subseteq Pr(A \cup \{x\})$ gilt, ist auch $y \in Pr(A \cup \{x\})$. Da man voraussetzen kann, dass A deduktiv geschlossen ist, gilt ferner $Pr(A \cup \{x\}) = A \cup [x]$ und somit: $y \in A \cup [x]$. Aus $y \notin A$ und $y \in A \cup [x]$ folgt unmittelbar $y \in [x]$ und somit $Cn(x) = Cn(y)$. Wegen (Js5) muss also gelten $x \in Js(A \cup \{x\})$ gdw $y \in Js(A \cup \{x\})$. Da angenommen wurde, dass $y \in Js(A \cup \{x\})$ gilt, muss also auch $x \in Js(A \cup \{x\})$ sein. Dies steht aber im Widerspruch zu der Annahme, dass A für x geschlossen ist. Aus diesem Widerspruch kann man (5.5) folgern. Weil im intendierten Anwendungsfall der Expansion auch die umgekehrte Inklusion gilt, ergibt sich insgesamt also: $Js(A \cup \{x\}) = A$. Weil man voraussetzen kann, dass A deduktiv geschlossen ist, gilt somit $A{+}x = Cn \circ Js(A \cup \{x\}) = Cn(A) = A$ und folglich ist $(A{+}x){+}x = Cn \circ Js(A{+}x \cup \{x\}) = Cn \circ Js(A \cup \{x\}) = A$. Also gilt auch in diesem Fall: $(A{+}x){+}x = A{+}x$.

q.e.d.

Im Folgenden sei mit einem freien Expansionsoperator + stets ein Expansionsoperator gemeint, wie er von Theorem 5.3 (relativ zu einem Rechtfertigungsoperator *Js*) spezifiziert wird:

(Def +) $A{+}x := Cn \circ Js(A \cup \{x\})$.

Eine derartige Expansion soll im Folgenden als *JuDAS-Expansion* bezeichnet werden.[80]

5.4 Freie Revisionen

Der intendierte Anwendungsfall für eine freie Revision von A bezüglich x ist der Fall, in dem x mit A gemäß (Def Konf) konfligiert, das heißt der Fall, in dem gilt: $A \not\subseteq Js(A \cup \{x\})$. Wenn das epistemische Subjekt die neue Information x zu seinen bisherigen Überzeugungen A hinzufügt, ist es also im intendierten Anwendungsfall einer Revision nicht mehr in der Lage, alle seine bisherigen Überzeugungen weiterhin zu rechtfertigen. Um geeignete Postulate zur Charakterisierung einer konstruktiven Revisionsfunktion formulieren zu können, ist es daher zweckmäßig, das bisherige Akzeptanzsystem (A) des epistemischen Subjekts disjunkt zu zerlegen in die Menge der Überzeugungen, die auch bei einer Hinzunahme der neuen Information x gerechtfertigt werden können (A_{pos}), und in die Menge der Überzeugungen, deren Rechtfertigung durch Hinzunahme der neuen Information x unterminiert werden (A_{neg}).

(Def P/N) $A_{pos}(x) := A \cap Js(A \cup \{x\})$.
$A_{neg}(x) := A \setminus Js(A \cup \{x\})$.

LEMMA 5.4: $A = A_{pos}(x) \oplus A_{neg}(x)$. Das heißt $A_{pos}(x)$ und $A_{neg}(x)$ stellen (für alle x) eine disjunktive Zerlegung von A dar.

---

[80] Vgl. zu der Konzeption einer JuDAS-Expansion auch Haas (2004).

BEWEIS: $A = A_{pos}(x) \cup A_{neg}(x)$:

$$\begin{aligned} A_{pos}(x) \cup A_{neg}(x) &= [A \cap Js(A \cup \{x\})] \cup [A \setminus Js(A \cup \{x\})] \\ &= \big[A \cup [A \setminus Js(A \cup \{x\})]\big] \cap \\ &\quad \big[Js(A \cup \{x\}) \cup [A \setminus Js(A \cup \{x\})]\big] \\ &= A \cap [Js(A \cup \{x\}) \cup A\,] \\ &= A. \end{aligned}$$

$A_{pos}(x) \cap A_{neg}(x) = \varnothing$:

$$\begin{aligned} A_{pos}(x) \cap A_{neg}(x) &= [A \cap Js(A \cup \{x\})] \cap [A \setminus Js(A \cup \{x\})] \\ &= \big[A \cap [A \setminus Js(A \cup \{x\})]\big] \cap \\ &\quad \big[Js(A \cup \{x\}) \cap [A \setminus Js(A \cup \{x\})]\big] \\ &= \big[A \cap [A \setminus Js(A \cup \{x\})]\big] \cap \varnothing \\ &= \varnothing. \end{aligned}$$

q. e. d.

Wenn A das ursprüngliche stabile Akzeptanzsystem des epistemischen Subjekts ist, so wird die (freie) Revision von A bezüglich x mit $A{*}x$ bezeichnet. Auch im Fall der Revision wird gefordert, dass das neue Akzeptanzsystem $A{*}x$ stabil ist:

(Stabilität) $A{*}x$ ist ein stabiles Akzeptanzsystem.

Ebenso wie im Fall der freien Expansion soll die neue Information x genau dann inkorporiert werden, wenn A für x offen ist, das heißt, wenn das epistemische Subjekt in der Lage ist, die neue Information (relativ zu $A \cup \{x\}$) zu rechtfertigen:[81]

---

[81] In der Regel ist es selbstverständlich einfacher, eine neue Information x zu rechtfertigen, wenn diese mit den bisherigen Überzeugungen nicht konfligiert. Deshalb könnte es so scheinen, als ob ein epistemisches Subjekt nie in der Lage sein könnte, eine *konfligierende* neue Information x zu rechtfertigen, und es somit gemäß *Bedingter Erfolg* im Revisionsfall nie zu einer Inkorporation kommt. Dass dem nicht so ist, mag eine Variation des Gipsbein-Beispiels aus Abschnitt 2.7 verdeutlichen. Sei einmal angenommen, dass ich zunächst von einem Freund erfahre, dass sich Tom ein Bein gebrochen hat, und ich erst *anschließend* Tom ohne Gipsbein treffe. In diesem Fall werde ich zunächst von x (= „Tom hat sich ein Bein gebrochen") überzeugt sein und erhalte dann die konfligierende Information $\neg x$. Da ich meinen eigenen Augen mehr vertraue als dem Wort meines Freundes, bin ich in diesem Fall durchaus in der Lage, die konfligierende Information $\neg x$ zu rechtfertigen und werde sie inkorporieren. Technischer formuliert heißt dies, dass mein Hintergrundwissen meinen visuellen Inputkanal unter den bestehenden Bedingungen als derart zuverlässig qualifiziert, dass neue Informationen, die über diesen Kanal angeboten werden, als hinreichend zuverlässig eingestuft werden, um auch konfligierende alte Überzeugungen verdrängen zu können.

(Bedingter Erfolg) $x \in A{*}x$ gdw A ist offen für x.

Selbstverständlich sollte man von seinen bisherigen Überzeugungen mindestens diejenigen aufrechterhalten, deren Rechtfertigungen durch eine Hinzunahme von x nicht unterminiert werden:

(Kern) $A_{pos}(x) \subseteq A{*}x$.

Ebenso unstrittig dürfte die Forderung sein, dass man in seinem bisherigen Überzeugungszustand A verharren sollte, falls die „neue" Information x darin bereits enthalten ist:

(Redundanz) Falls $x \in A$, dann $A{*}x = A$.

Da man stets in der Lage sein sollte, alle seine Überzeugungen zu rechtfertigen, muss man in dem Fall, in dem es tatsächlich zu einer Inkorporation der konfligierenden Information x kommt, alle Überzeugungen aufgeben, deren Rechtfertigung durch die Hinzunahme von x unterminiert wird. Falls man sich andererseits dafür entscheidet, die konfligierende Information x zurückzuweisen, ist es nicht erforderlich, frühere Überzeugungen aufzugeben, weil in diesem Fall keine der bisherigen Rechtfertigungen unterminiert wird. Das Prinzip der informationellen Ökonomie gebietet deshalb, dass man unter diesen Umständen auch an den Überzeugungen von A_{neg} festhält:

(Disjunktheit) Falls $x \in A{*}x$, dann $A{*}x \cap A_{neg}(x) = \emptyset$.
(Zurückweisung) Falls $x \notin A{*}x$, dann $A_{neg}(x) \subseteq A{*}x$.

Die AGM-Revisionspostulate *Inklusion* und *Leere* besagen zusammen, dass die Revision mit der Expansion identisch sein sollte, falls die neue Information x mit A nicht konfligiert. Obwohl der intendierte Anwendungsfall einer Revision der Fall ist, in dem die neue Information mit den bisherigen Überzeugungen konfligiert, ist es einfach und zweckmäßig, die Revisionsprozedur derart zu erweitern, dass sie auch die Fälle abdeckt, in denen *kein* Konflikt besteht. Auch diese Maxime soll für freie Revisionen sinngemäß übernommen werden:

(Leere) Falls x mit A nicht konfligiert, dann $A{*}x = A{+}x$.

Zu beachten ist hierbei, dass für die Frage, ob x mit A konfligiert oder nicht, hier selbstverständlich das Kriterium (Def Konf) und nicht das schwächere

Kriterium (Def $Konf_{AGM}$) einschlägig ist.[82] In Abschnitt 2.9 wurde dafür argumentiert, dass Revisionen statt der AGM-Eigenschaft *Erhaltung* nur eine schwächere Form derselben erfüllen sollten, die sich vorläufig folgendermaßen formulieren ließ:

> Schwache Erhaltung (erste Version): Falls x konfliktfrei mit A ist und $y \in A$, dann $y \in A*x$.

In Abschnitt 2.9 verblieb der Begriff der Konfliktfreiheit jedoch noch vage. Weil mit der Definition (Def Konf) dieser Begriff jetzt genauer bestimmt wurde, kann dieser Forderung nun eine präzise Lesart gegeben werden. Freie Revisionen sollten folgende Eigenschaft erfüllen:

(Schwache Erhaltung) Falls x konfliktfrei mit A ist und $y \in A$, dann $y \in A*x$.

Weil das soeben formulierte Revisionspostulat *Leere* und das Expansionspostulat *Inklusion* zusammen offensichtlich *Schwache Erhaltung* implizieren, braucht diese Forderung jedoch nicht als eigenständiges Postulat aufgestellt zu werden. Des Weiteren sollte auch für freie Revisionen ein Extensionalitätspostulat gelten, das sich in gleicher Weise motivieren lässt wie im Fall der freien Expansion:

(Extensionalität) Falls $Cn(x) = Cn(y)$, dann $A*x = A*y$.

Erhält man im Überzeugungszustand A zweimal hintereinander dieselbe Information x, so sollte dies den gleichen Effekt haben, als ob man die entsprechende Information nur einmal erhält. Ebenso wie für Expansionen sollte also folgende Forderung erfüllt sein:

(Idempotenz) $(A*x)*x = A*x$.

---

[82] Aus eher technischen Gründen splitten AGM dieses Postulat in zwei Teilbedingungen auf und können bei dem Teilpostulat *Inklusion* die Relativierung auf die Bedingung der Konfliktfreiheit weglassen, weil aus ebenfalls technischen Gründen die Inklusionsforderung mit der Relativierung auf die Bedingung der Konfliktfreiheit und die Inklusionsforderung ohne die Relativierung auf die Bedingung der Konfliktfreiheit vor dem Hintergrund der übrigen AGM-Axiome äquivalent sind. Bei freien Revisionen gilt eine entsprechende Trivialisierung der Konfliktfreiheitsbedingung jedoch nicht. Daher scheint es für freie Revisionen auch zweckmäßiger zu sein, die Forderung nach Übereinstimmung von Revision und Expansion im Falle einer Konfliktfreiheit in Form eines einzigen Postulats zu formulieren und diese nicht - wie bei AGM - in zwei Teilbedingungen aufzuteilen. Vgl. auch die entsprechende Bemerkung in Abschnitt 2.3.

Die bisherigen Postulate hatten vor allem die Aufgabe festzulegen, unter welchen Umständen welche Teile des bisherigen Akzeptanzsystems A in dem revidierten Akzeptanzsystem $A*x$ enthalten sein sollen und unter welchen Umständen x inkorporiert werden soll oder nicht. Insgesamt wurde also geklärt, welche Teilmenge von $A \cup \{x\}$ in $A*x$ enthalten sein sollte. Bisher wurde jedoch durch kein Postulat verhindert, dass man im Zuge der Revision von A bezüglich x *irgendwelche* neuen Überzeugungen bildet. Weil man aber nicht grundlos irgendwelche Überzeugungen haben sollte, ist es vernünftig zu fordern, dass $A*x$ keine Überzeugungen enthält, die nicht von den anderen Postulaten eingefordert werden. Das heißt es sollte analog zum Expansionsfall ein Minimalitätspostulat gelten:

(5.6) A*x ist das kleinste Akzeptanzsystem, das *Stabilität*, *Bedingter Erfolg*, *Kern*, *Redundanz*, *Disjunktheit*, *Zurückweisung*, *Leere*, *Extensionalität* und *Idempotenz* erfüllt.

Eine adäquate Revisionsfunktion sollte alle der Postulate *Stabilität*, *Bedingter Erfolg*, *Kern*, *Redundanz*, *Disjunktheit*, *Zurückweisung*, *Leere*, *Extensionalität*, *Idempotenz* und eine Minimalitätseigenschaft der genannten Art erfüllen. Es lässt sich auch zeigen, dass durch diese Postulate eindeutig eine Revisionsoperation bestimmt wird. Allerdings lässt sich sogar ein noch stärkeres Resultat beweisen. Ähnlich wie schon im Expansionsfall wird nämlich bereits durch die Postulate *Stabilität*, *Bedingter Erfolg*, *Kern*, *Disjunktheit*, *Zurückweisung* und eine entsprechend modifizierte Minimalitätsforderung eindeutig eine Revisionsfunktion charakterisiert, von der sich dann zeigen lässt, dass sie auch die übrigen Postulate *Redundanz*, *Leere*, *Extensionalität* und *Idempotenz* erfüllt. Deshalb soll folgende Minimalitätsforderung erhoben werden:

(Minimalität) $A*x$ ist das kleinste Akzeptanzsystem, das *Stabilität*, *Bedingter Erfolg*, *Kern*, *Disjunktheit* und *Zurückweisung* erfüllt.

Dies beendet die Liste von Postulaten, die von einer adäquaten Revisionsoperation gefordert werden sollen. Es sei darauf hingewiesen, dass eine Konsistenzforderung für freie Revisionen analog zu AGM's Postulat *Konsistenz* nicht eigens formuliert werden muss, weil eine derartige Bedingung wegen (Def SA) bereits in *Stabilität* enthalten ist. AGM relativieren ihre Konsistenzforderung auf den Fall $\neg x \notin Cn(\emptyset)$, weil sich im Fall $\neg x \in Cn(\emptyset)$ wegen ihres uneingeschränkten Erfolgspostulats und der Forderung nach deduktiver Geschlossenheit keine Konsistenz erzielen lässt. Für freie Revisionen kann dagegen eine uneingeschränkte Konsistenzforderung erhoben werden, weil es im Fall $\neg x \in Cn(\emptyset)$ nicht zu einer Inkorporation von x kommt. Auch in diesem Punkt scheinen freie Überzeugungsänderungen unseren Intuitionen also besser gerecht zu werden als die Konstruktion von AGM. Folgendes Repräsentationstheorem für freie Revisionen zeigt, welche explizite Prozedur den geforderten Postulaten genügt:

THEOREM 5.5: (1) Die Revisionsfunktion $*$ erfüllt *Stabilität*, *Bedingter Erfolg*, *Kern*, *Disjunktheit*, *Zurückweisung* und *Minimalität* gdw gilt:

$$A*x = \begin{cases} Cn \circ Js(A \cup \{x\}), & \text{falls } A \text{ offen für } x; \\ A, & \text{sonst.} \end{cases}$$

(2) Die Revisionsfunktion

$$A*x := \begin{cases} Cn \circ Js(A \cup \{x\}), & \text{falls } A \text{ offen für } x; \\ A, & \text{sonst.} \end{cases}$$

erfüllt auch *Redundanz*, *Leere*, *Extensionalität* und *Idempotenz*.

BEWEIS: Zu (1): „$\Leftarrow$“: Sei $A*x := \begin{cases} Cn \circ Js(A \cup \{x\}), & \text{falls } A \text{ offen für } x; \\ A, & \text{sonst.} \end{cases}$

Es muss gezeigt werden, dass $A*x$ dann den Postulaten genügt.

Stabilität: Erster Fall, A ist offen für x: Nach Konstruktion von $A*x$ gilt in diesem Fall: $A*x = Cn \circ Js(A \cup \{x\})$. (i) $A*x = Cn(A*x)$ folgt unmittelbar aus der Idempotenz des Cn-Operators. (ii) $\bot \notin A*x = Cn \circ Js(A \cup \{x\})$ folgt unmittelbar aus (Js3). (iii) Wegen (Js2) gilt: $Js(A*x) \subseteq Pr(A*x)$. Da ferner $Pr(A*x) = Pr \circ Cn \circ Js(A \cup \{x\}) = Cn \circ Js(A \cup \{x\}) = A*x$ gilt, ist also: $Js(A*x) \subseteq A*x$. Die umgekehrte Inklusion $A*x \subseteq Js(A*x)$ folgt unmittelbar aus (Js6). Also gilt insgesamt: $A*x = Js(A*x)$.

Zweiter Fall, A ist geschlossen für x: Nach Konstruktion von $A*x$ gilt in diesem Fall $A*x = A$, so dass die *Stabilität* von $A*x$ trivialerweise gegeben ist.

Bedingter Erfolg: Erster Fall, A ist offen für x: In diesem Fall gilt: $x \in Js(A \cup \{x\}) \subseteq Cn \circ Js(A \cup \{x\})$. Da nach Konstruktion von $A*x$ außerdem $A*x = Cn \circ Js(A \cup \{x\})$ gilt, ist $x \in A*x$.

Zweiter Fall, A ist geschlossen für x: Es muss gezeigt werden, dass in diesem Fall $x \notin A*x$ gilt. Sei zum Widerspruch angenommen, dass $x \in A*x$ gilt. Da nach Konstruktion von $A*x$ gilt $A*x = A$, ist also $x \in A$ und somit: $A \cup \{x\} = A$. Dann ist $Js(A \cup \{x\}) = Js(A)$. Da man ferner voraussetzen kann, dass A ein stabiles Akzeptanzsystem ist, gilt ferner auch $Js(A) = A$ und somit: $Js(A \cup \{x\}) = A$. Daraus folgt $x \in Js(A \cup \{x\})$ im Widerspruch zu der Annahme, dass A für x geschlossen ist. Aus diesem Widerspruch kann man $x \notin A*x$ schließen.

Kern: Erster Fall, A ist offen für x: Nach (Def P/N) gilt: $A_{pos}(x) = A \cap Js(A \cup \{x\}) \subseteq Js(A \cup \{x\}) \subseteq Cn \circ Js(A \cup \{x\})$. Da nach Konstruktion von $A{*}x$ ferner $A{*}x = Cn \circ Js(A \cup \{x\})$ gilt, ist also: $A_{pos}(x) \subseteq A{*}x$.

Zweiter Fall, A ist geschlossen für x: Nach (Def P/N) gilt: $A_{pos}(x) = A \cap Js(A \cup \{x\}) \subseteq A$. Da nach Konstruktion von $A{*}x$ ferner $A{*}x = A$ gilt, ist also auch in diesem Fall: $A_{pos}(x) \subseteq A{*}x$.

Disjunktheit: Sei $x \in A{*}x$. Es muss gezeigt werden, dass in diesem Fall $A{*}x \cap A_{neg}(x) = \emptyset$ gilt. Sei zum Widerspruch angenommen, dass gilt: $A{*}x \cap A_{neg}(x) \neq \emptyset$. Es gibt also ein $y \in A{*}x \cap A_{neg}(x)$. Nach (Def P/N) gilt für dieses y also: $y \in A_{neg}(x) = A \setminus Js(A \cup \{x\})$. Daraus ergibt sich unmittelbar $y \in A \subseteq A \cup \{x\}$ und $y \notin Js(A \cup \{x\})$. Zusammen mit (Js4) folgt daraus $y \notin Cn \circ Js(A \cup \{x\})$. Andererseits folgt aus $x \in A{*}x$ wegen des bereits gezeigten Postulats *Bedingter Erfolg*, dass A offen für x sein muss und dass somit nach Konstruktion von $A{*}x$ gilt: $A{*}x = Cn \circ Js(A \cup \{x\})$. Da angenommen wurde, dass $y \in A{*}x \cap A_{neg}(x)$ ist, muss also gelten: $y \in Cn \circ Js(A \cup \{x\})$. Aus diesem Widerspruch kann man schließen, dass $A{*}x \cap A_{neg}(x) = \emptyset$ sein muss, und *Disjunktheit* somit erfüllt ist.

Zurückweisung: Sei $x \notin A{*}x$. Es muss gezeigt werden, dass dann $A_{neg}(x) \subseteq A{*}x$ gilt. Aus der Voraussetzung folgt wegen des bereits gezeigten Postulats *Bedingter Erfolg*, dass A geschlossen sein muss für x. Nach Konstruktion von $A{*}x$ ist dann $A{*}x = A$. Also gilt zusammen mit (Def P/N): $A_{neg}(x) = A \setminus Js(A \cup \{x\}) \subseteq A = A{*}x$.

Minimalität: Es wird gezeigt, dass für alle Revisionsfunktionen $*'$, die den Postulaten *Stabilität*, *Bedingter Erfolg*, *Kern*, *Disjunktheit*, und *Zurückweisung* genügen, $A{*}x \subseteq A{*'}x$ gilt; wobei $A{*}x$ wie bisher definiert sei als

$$A{*}x := \begin{cases} Cn \circ Js(A \cup \{x\}), & \text{falls } A \text{ offen für } x; \\ A, & \text{sonst.} \end{cases}$$

Erster Fall, A ist offen für x: Zunächst wird gezeigt, dass gilt:

$$(5.7) \qquad Js(A \cup \{x\}) \subseteq A{*'}x.$$

Sei zum Widerspruch angenommen, dass es ein $y \in Js(A \cup \{x\})$ gibt mit $y \notin A{*'}x$. Aus $y \notin A{*'}x$ kann man wegen *Kern* schließen $y \notin A_{pos}(x) = A \cap Js(A \cup \{x\})$. Zusammen mit $y \in Js(A \cup \{x\})$ folgt daraus $y \notin A$. Da aber wegen (Js2) und der deduktiven Geschlossenheit von A gilt $y \in Js(A \cup \{x\}) \subseteq Pr(A \cup \{x\}) = A \cup [x]$[83], muss offensichtlich $y \in [x]$ sein. Da nach Voraussetzung A für x offen ist, muss wegen *Bedingter Erfolg* gelten $x \in A{*'}x$ und

83 Es sei daran erinnert, dass „$[x]$" wie üblich die Äquivalenzklasse von x bezeichnet.

somit $y \in Cn(A{*'}x)$. Wegen der *Stabilität* von $A{*'}x$ muss dann sogar gelten $y \in A{*'}x$. Aus diesem Widerspruch ergibt sich (5.7). Aus (5.7) folgt mit der Monotonie des *Cn*-Operators und der *Stabilität* von $A{*'}x$ dann unmittelbar $Cn \circ Js(A \cup \{x\}) \subseteq Cn(A{*'}x) = A{*'}x$. Da vorausgesetzt wurde, dass A für x offen ist, gilt nach Konstruktion von $A{*}x$ außerdem $A{*}x = Cn \circ Js(A \cup \{x\})$ und somit: $A{*}x \subseteq A{*'}x$.

Zweiter Fall, A ist geschlossen für x: Nach Konstruktion von $A{*}x$ gilt in diesem Fall: $A{*}x = A$. Sei $y \in A{*}x = A$ beliebig. Es muss gezeigt werden, dass dann auch gilt: $y \in A{*'}x$. Falls $y \in A_{pos}(x)$ ist, ergibt sich dies wegen *Kern* unmittelbar. Sei also angenommen, dass $y \notin A_{pos}(x)$ ist. Wegen $y \in A = A_{pos}(x) \oplus A_{neg}(x)$ muss dann $y \in A_{neg}(x)$ gelten. Da nach Voraussetzung A für x geschlossen ist, muss wegen *Bedingter Erfolg* $x \notin A{*'}x$ gelten. Wegen *Zurückweisung* gilt also $A_{neg}(x) \subseteq A{*'}x$ und somit: $y \in A{*'}x$. Also gilt auch in diesem Fall: $A{*}x \subseteq A{*'}x$. Somit erfüllt $A{*}x$ auch *Minimalität*.

$$„\Rightarrow“: A{*}x := \begin{cases} Cn \circ Js(A \cup \{x\}), & \text{falls } A \text{ offen für } x; \\ A, & \text{sonst.} \end{cases}$$

erfüllt *Stabilität*, *Bedingter Erfolg*, *Kern*, *Disjunktheit* und *Zurückweisung*, außerdem gilt $A{*}x \subseteq A{*'}x$ für alle Revisionsoperatoren $*'$, die auch diesen Postulaten genügen. Falls $*'$ *Minimalität* erfüllt, muss also gelten $A{*'}x = A{*}x$.

Zu (2): Es verbleibt zu zeigen, dass die Revisionsfunktion

$$A{*}x := \begin{cases} Cn \circ Js(A \cup \{x\}), & \text{falls } A \text{ offen für } x; \\ A, & \text{sonst.} \end{cases}$$

auch die Postulate *Redundanz*, *Leere*, *Extensionalität* und *Idempotenz* erfüllt.

Redundanz: Sei $x \in A$. Es muss gezeigt werden, dass dann $A{*}x = A$ ist. Erster Fall, A ist offen für x: Wegen $x \in A$ ist $A \cup \{x\} = A$ und somit gilt aufgrund der vorauszusetzenden *Stabilität* von A: $Js(A \cup \{x\}) = Js(A) = A$. Eine nochmalige Verwendung der *Stabilität* von A liefert daher $Cn \circ Js(A \cup \{x\}) = Cn(A) = A$. Weil nach Konstruktion von $A{*}x$ außerdem auch $A{*}x = Cn \circ Js(A \cup \{x\})$ gilt, ist $A{*}x = A$.

Zweiter Fall, A ist geschlossen für x: In diesem Fall ergibt sich $A{*}x = A$ trivialerweise nach der Konstruktion von $A{*}x$.

Leere: Angenommen x konfligiert nicht mit A, das heißt $A \subseteq Js(A \cup \{x\})$. Es muss gezeigt werden, dass in diesem Fall gilt: $A{*}x = A{+}x$. Erster Fall, A ist offen für x: In diesem Fall gilt nach Konstruktion: $A{*}x = Cn \circ Js(A \cup \{x\})$. Nach Theorem 5.3 gilt ebenfalls $A{+}x = Cn \circ Js(A \cup \{x\})$ und somit: $A{*}x = A{+}x$.

Zweiter Fall, A ist geschlossen für x: In diesem Fall gilt nach Konstruktion: $A{*}x = A$. Um zu zeigen, dass auch $A{+}x = A$ ist, wird zunächst gezeigt, dass gilt:

(5.8) $Js(A \cup \{x\}) \subseteq A$.

Sei zum Widerspruch angenommen, dass es ein $y \in Js(A \cup \{x\})$ gibt mit $y \notin A$. Weil aufgrund von (Js2) $Js(A \cup \{x\}) \subseteq Pr(A \cup \{x\})$ gilt, ist auch $y \in Pr(A \cup \{x\})$. Da man voraussetzen kann, dass A deduktiv geschlossen, gilt ferner $Pr(A \cup \{x\}) = A \cup [x]$ und somit: $y \in A \cup [x]$. Aus $y \notin A$ und $y \in A \cup [x]$ folgt aber unmittelbar $y \in [x]$ und somit $Cn(x) = Cn(y)$. Wegen (Js5) muss also gelten $x \in Js(A \cup \{x\})$ gdw $y \in Js(A \cup \{x\})$. Da angenommen wurde, dass $y \in Js(A \cup \{x\})$ gilt, muss also auch $x \in Js(A \cup \{x\})$ sein. Dies steht aber im Widerspruch zu der Annahme, dass A für x geschlossen ist. Aus diesem Widerspruch kann man (5.8) folgern. Weil angenommen wurde, dass x mit A nicht konfligiert, gilt auch die umgekehrte Inklusion: $A \subseteq Js(A \cup \{x\})$. Somit ist $Js(A \cup \{x\}) = A$. Eine nochmalige Anwendung der deduktiven Geschlossenheit von A liefert daher $Cn \circ Js(A \cup \{x\}) = Cn(A) = A$. Zusammen mit Theorem 5.3 folgt also $A{+}x = Cn \circ Js(A \cup \{x\}) = A$. Somit gilt auch in diesem Fall: $A{*}x = A{+}x$.

Extensionalität: Angenommen es gilt: $Cn(x) = Cn(y)$. Es muss gezeigt werden, dass dann gilt: $A{*}x = A{*}y$. Offensichtlich gilt unter der Voraussetzung: $Pr(A \cup \{x\}) = Pr(A \cup \{y\})$. Daraus folgt mit (Js5) $x \in Js(A \cup \{x\})$ gdw $y \in Js(A \cup \{y\})$. Das bedeutet aufgrund von (Def O/G), dass A entweder sowohl für x als auch für y offen ist, oder A sowohl für x als auch für y geschlossen ist.

Erster Fall, A ist offen für x und y: In diesem Fall gilt nach Konstruktion: $A{*}x = Cn \circ Js(A \cup \{x\})$ und $A{*}y = Cn \circ Js(A \cup \{y\})$. Eine nochmalige Ausnutzung von $Pr(A \cup \{x\}) = Pr(A \cup \{y\})$ zusammen mit (Js5) liefert für einen beliebigen Satz z: $z \in Js(A \cup \{x\})$ gdw $z \in Js(A \cup \{y\})$. Mit anderen Worten, es gilt: $Js(A \cup \{x\}) = Js(A \cup \{y\})$. Damit ergibt sich dann insgesamt $A{*}x = Cn \circ Js(A \cup \{x\}) = Cn \circ Js(A \cup \{y\}) = A{*}y$.

Zweiter Fall, A ist geschlossen für x und y: Nach Konstruktion ergibt sich trivial $A{*}x = A = A{*}y$.

Idempotenz: Erster Fall, A ist offen für x: Wegen *Bedingter Erfolg* ist $x \in A{*}x$. Wegen *Redundanz* ist somit $(A{*}x){*}x = A{*}x$.

Zweiter Fall, A ist geschlossen für x: Nach Konstruktion von $A{*}x$ gilt in diesem Fall $A{*}x = A$ und somit ebenfalls: $(A{*}x){*}x = A{*}x$.

q. e. d.

Beachtenswert ist, dass für die Beweise der Theoreme 5.3 und 5.5 jeweils alle Eigenschaften (Js1)–(Js6) eines Rechtfertigungsoperators verwendet wurden. Im

Folgenden sei mit einem freien Revisionsoperator $*$ stets ein Revisionsoperator gemeint, wie er von Theorem 5.5 (relativ zu einem Rechtfertigungsoperator *Js*) spezifiziert wird:

$$\text{(Def } *) \qquad A*x := \begin{cases} Cn \circ Js(A \cup \{x\}), & \text{falls } A \text{ offen für } x; \\ A, & \text{sonst.} \end{cases}$$

Eine derartige Revision soll im Folgenden als *JuDAS-Revision* bezeichnet werden. Offensichtlich hängt eine JuDAS-Revision nur von dem Akzeptanzsystem A, dem Satz x, dem Konsequenzoperator Cn und dem Rechtfertigungsoperator Js ab. Somit steht auch einer Modellierung von iterierten Revisionen durch diese Funktion grundsätzlich nichts im Weg. Vorausgesetzt werden muss lediglich, dass der Definitionsbereich des Rechtfertigungsoperator Js ebenso wie der des Konsequenzoperator Cn alle beliebigen Satzmengen umfasst, und der Rechtfertigungsoperator Js keine versteckten Abhängigkeiten enthält, die einer Iterierung im Wege stehen. Ob diese moderaten Voraussetzungen tatsächlich gegeben sind oder nicht, hängt davon ab, wie man den Rechtfertigungsbegriff im Einzelnen durch eine Theorie der epistemischen Rechtfertigung expliziert. In Abschnitt 2.11 wurde gezeigt, dass die Revisionsoperation von AGM zur Modellierung von iterierten Revisionen ungeeignet ist. Die Tatsache, dass mit JuDAS-Revisionen - je nach zugrunde gelegter Rechtfertigungstheorie - auch iterierte Revisionen modelliert werden können, stellt somit also eine weitere Verbesserung gegenüber der AGM-Theorie dar.

5.5 Welche Eigenschaften JuDAS nicht besitzt

Einige der Postulate, die zur Charakterisierung freier Expansionen und Revisionen in den beiden letzten Abschnitten herangezogen wurden, konnten entweder direkt oder in leicht abgewandelter Form von der AGM-Theorie übernommen werden; für andere Postulate gab es dagegen keine AGM-Entsprechungen. Alle diese Postulate erscheinen intuitiv äußerst plausibel. Deshalb erfüllen auch die konstruktiven JuDAS-Überzeugungsänderungsfunktionen, welche gemäß Theorem 5.3 und 5.5 dadurch charakterisiert wurden, sehr gut die intuitiven Erwartungen, die man an eine Dynamik epistemischer Zustände hat. Um beurteilen zu können, ob sich JuDAS-Überzeugungsänderungen besser im Einklang mit soliden Commonsense-Intuitionen befinden als die Konstruktionen von AGM, ist es neben der Frage, welche Postulate freie Überzeugungsänderungen erfüllen, mindestens ebenso wichtig, welche Eigenschaften diese *nicht* besitzen. In dieser Hinsicht erscheinen JuDAS-Überzeugungsänderungen ebenfalls sehr viel versprechend, weil sie diejenigen Eigenschaften nicht besitzen, die in Kapitel 2 an der Theorie von AGM kritisiert wurden. Es lässt sich zeigen, dass JuDAS-Expansionen weder das uneingeschränkte Erfolgs- noch das uneingeschränkte Monotoniepostulat erfüllen. JuDAS-Revisionen erfüllen das uneingeschränkte Erfolgspostulat ebenfalls nicht und besitzen auch nicht die unerwünschte starke Erhaltungseigenschaft der AGM-Theorie:

LEMMA 5.6 (Erfolgsverletzungen): (1) Es gibt ein stabiles Akzeptanzsystem A, einen Satz x und einen Rechtfertigungsoperator *Js*, für die gilt: x konfligiert nicht mit A und $x \notin A{+}x$.

(2) Es gibt ein stabiles Akzeptanzsystem A, einen Satz x und einen Rechtfertigungsoperator *Js*, für die gilt: $x \notin A{*}x$.

LEMMA 5.7 (Monotonieverletzung): Es gibt stabile Akzeptanzsysteme A und B, einen Satz x und einen Rechtfertigungsoperator *Js*, für die gilt: (i) x konfligiert weder mit A noch mit B und (ii) $A \subseteq B$ und $A{+}x \not\subseteq B{+}x$.

LEMMA 5.8 (Erhaltungsverletzung): Es gibt ein stabiles Akzeptanzsystem A, eine Satz x und einen Rechtfertigungsoperator *Js*, für die gilt: (i) $\neg x \notin A$ und (ii) $A \not\subseteq A{*}x$.

Die Beweise für diese Lemmata sind relativ technisch und finden sich in Anhang A. Statt dieser Postulate, die in Kapitel 2 kritisiert wurden, erfüllen JuDAS-Überzeugungsänderungen die wesentlich plausibleren Postulate *Bedingter Erfolg*, *Bedingte Monotonie* und *Schwache Erhaltung*. In welcher Weise es der JuDAS-Theorie auch gelingt, die Probleme im Zusammenhang mit dem Wiederherstellungspostulat der AGM-Theorie zu lösen, wird in den Abschnitten 5.7 und 6.5 ersichtlich werden. Ein ausführlicher Vergleich zwischen der AGM- und der JuDAS-Theorie soll in Abschnitt 9.1 vorgenommen werden.

5.6 Was ist mit den Zusatzpostulaten?

In Abschnitt 5.4 wurden freie Revisionen durch eine Reihe von Postulaten axiomatisch charakterisiert. Einige dieser Postulate (*Kern*, *Redundanz*, *Disjunktheit*, *Zurückweisung*, *Idempotenz*, *Minimalität*) hatten dabei keine Entsprechungen in der AGM-Theorie. Die meisten der Postulate, die für freie Revisionen formuliert wurden, gründeten sich allerdings auf entsprechende AGM-Postulate. Insbesondere wurden alle sechs Grundpostulate der AGM-Theorie entweder direkt übernommen oder durch geeignete Modifikationen ersetzt. Im

Einzelnen wurde (1) das AGM-Postulat *Abschluss* zu *Stabilität* verstärkt; (2) *Erfolg* abgeschwächt zu *Bedingter Erfolg*; (3) + (4) die beiden Postulate *Inklusion* und *Leere* abgeschwächt in Form des einzelnen Postulats *Leere*; (5) *Konsistenz* ebenfalls mit *Stabilität* durch eine stärkere Forderung ersetzt und (6) *Extensionalität* unverändert übernommen. In Theorem 5.5 wurde dann bewiesen, dass JuDAS-Revisionen neben den anderen Postulaten auch alle sechs (modifizierten) Grundpostulate erfüllen.

Es stellt sich die Frage, ob JuDAS-Revisionen auch die beiden AGM-Zusatzpostulate *Superexpansion* und *Subexpansion* erfüllt. Es stellt sich mit anderen Worten die Frage, ob die bisher formulierten Postulate für freie Revisionen auch *Superexpansion* und *Subexpansion* implizieren.

Die Überlegung, die diese beiden Zusatzpostulate der AGM-Theorie motiviert hatte, war folgende: Angenommen man will ein Akzeptanzsystem A bezüglich x und y revidieren und angenommen y konfligiere nicht mit $A*x$, dann kann man x und y nacheinander zu A hinzufügen und bei der Hinzufügung von y eine Expansion durchführen: $(A*x)+y$. Man kann x und y aber auch auf einmal zu A hinzufügen, indem man bezüglich $x\&y$ revidiert: $A*(x\&y)$. Das Resultat sollte in beiden Fällen identisch sein:

(5.9) Falls y nicht mit $A*x$ konfligiert, dann $A*(x\&y) = (A*x)+y$.

Aus eher technischen Gründen haben AGM diese Bedingung in die zwei Teilbedingungen *Superexpansion* und *Subexpansion* zerlegt:

(Superexpansion) Falls y nicht mit $A*x$ konfligiert, dann $A*(x\&y) \subseteq (A*x)+y$.

(Subexpansion) Falls y nicht mit $A*x$ konfligiert, dann $(A*x)+y \subseteq A*(x\&y)$.

Als Kriterium für die geforderte Konfliktfreiheit bringen AGM die Bedingung (Def Konf_{AGM}) in Anschlag und können bei *Superexpansion* diese Antezedensbedingung weglassen, weil diese Relativierung aus ebenfalls technischen Gründen vor dem Hintergrund der übrigen AGM-Postulate „leerläuft“ und somit keine Rolle spielt.[84] Für freie Revisionen muss selbstverständlich die strengere Bedingung (Def Konf) als Kriterium für Konfliktfreiheit verwendet werden. In diesem Fall ergibt sich keine entsprechende Trivialisierung der Antezedensbedingung, so dass die Relativierung auf den Fall der Konfliktfreiheit sowohl bei *Subexpansion* als auch bei *Superexpansion* durchaus wichtig ist. Erfüllen JuDAS-Revisionen *Subexpansion* und *Superexpansion* (beziehungsweise gleichwertig: die

---

[84] Vergleiche auch die entsprechende Bemerkung in Abschnitt 2.3.

Forderung (5.9)), wenn man diese gemäß (Def Konf) interpretiert? Die Antwort lautet in beiden Fällen: Nein! Diese Behauptung lässt sich auch formal beweisen:

LEMMA 5.9 (Subexpansionsverletzung): Es gibt ein stabiles Akzeptanzsystem A, Sätze x, y und einen Rechtfertigungsoperator Js, so dass gilt: (1) y ist konfliktfrei mit $A*x$ und (2) $(A*x)+y \not\subseteq A*(x\&y)$.

LEMMA 5.10 (Superexpansionsverletzung): Es gibt ein stabiles Akzeptanzsystem A, Sätze x, y und einen Rechtfertigungsoperator Js, so dass gilt: (1) y ist konfliktfrei mit $A*x$ und (2) $A*(x\&y) \not\subseteq (A*x)+y$.

Die Beweise für diese beiden Lemmata finden sich in Anhang B. Da sowohl *Subexpansion* als auch *Superexpansion* zumindest prima facie durchaus plausible Forderungen an eine Revisionsoperation darstellen und JuDAS-Revisionen diese beiden Postulate nicht universell erfüllen, scheint dies gegen eine Modellierung von Überzeugungsrevisionen durch JuDAS-Revisionen zu sprechen. Es soll im Folgenden aber dafür argumentiert werden, dass *Subexpansion* und *Superexpansion* trotz ihrer Prima-Facie-Plausibilität keine haltbaren Forderungen für Überzeugungsrevisionen sind. Des Weiteren soll eine intuitiv plausiblere Abschwächung dieser Zusatzpostulate diskutiert werden.

Folgendes Beispiel wurde von Hansson et al. (2001) vorgebracht, um zu demonstrieren, dass Überzeugungsrevisionen *Subexpansion* nicht erfüllen:

BEISPIEL: Angenommen ich befinde mich im Überzeugungszustand A und erhalte die äußerst fragwürdige Information, dass es in Australien einen lebenden Dinosaurier gibt (x). Später erfahre ich, dass es in Australien einen lebenden Baum einer Art gibt, die es schon zu Zeiten der Dinosaurier gegeben hat (y). In einer anderen Variante des Beispiels erhalte ich diese Informationen auf einmal ($x\&y$) aus derselben Informationsquelle.

Es scheint bei der ersten Variante des Beispiels vernünftig zu sein, die neue Information x nicht zu inkorporieren und somit im ursprünglichen Überzeugungszustand zu verharren: $A*x = A$. Weil die anschließend erhaltene Information y mit meinen bisherigen Überzeugungen nicht konfligiert, kann diese durch eine Expansionsoperation verarbeitet werden. Da y außerdem als durchaus zuverlässig eingestuft werden kann, kommt es bei dieser Expansion zu einer Inkorporation von y: $y \in A+y = (A*x)+y$. Erhält man dagegen bei der zweiten Variante des Beispiels die Informationen x und y auf einmal (aus derselben Informationsquelle), so kann es durchaus vorkommen, dass man die *Gesamtinformation* $x\&y$ als unzuverlässig erachtet und deshalb zurückweist. In diesem Fall verharrt man also im ursprünglichen Überzeugungszustand: $A*(x\&y) = A$. Wenn man des Weiteren annimmt, dass ich in meinem ursprünglichen Überzeugungszustand A keinerlei Meinungen über Baumarten in Australien, welche zur Zeit der Dinosaurier existiert haben, unterhalten habe, so gilt: $y \notin A = A*(x\&y)$. Somit gilt also $(A*x)+y \not\subseteq A*(x\&y)$, obwohl y nicht mit $A*x$ konfligiert. Dieses und ähnliche Beispiele zeigen, dass Überzeugungsrevisionen das AGM-Postulat *Subexpansion* nicht erfüllen.

Weil die Subexpansionsforderung trotz ihrer Prima-Facie-Plausibilität einer genaueren Überprüfung mit Commonsense-Intuitionen also nicht standhält, verwundert es nicht, dass zahlreiche Theorien der Überzeugungsrevision, die in den vergangenen Jahren als Alternativen zur AGM-Theorie entwickelt wurden, *Subexpansion* ebenfalls verletzten.[85]

Um zu demonstrieren, dass Überzeugungsrevisionen auch *Superexpansion* nicht erfüllen, lassen sich Gegenbeispiele in ähnlicher Weise konstruieren, wie im Fall der Subexpansionsforderung:

> BEISPIEL: Angenommen ich glaube in meinem bisherigen Überzeugungszustand A, dass der Mars der fünfte Planet von der Sonne aus ist (z) und erhalte nun die Information, dass der Mars tatsächlich der vierte Planet ist (x). Später erzählt mir jemand, dass es sehr wahrscheinlich vor einer Milliarde Jahren intelligente Lebewesen auf dem Mars gegeben habe (y). In einer anderen Variante des Beispiels erhalte ich diese Informationen auf einmal ($x\&y$) aus derselben Informationsquelle.

Da es angesichts meiner mangelhaften Astronomiekenntnisse gut möglich ist, dass ich mich bisher hinsichtlich der Position des Mars geirrt habe, kann es durchaus vernünftig sein, bei der ersten Variante des Beispiels meine bisherige Überzeugung z durch die neue Information x zu ersetzen: $z \notin A*x$. Selbst wenn man annimmt, dass die Information y durchaus verträglich mit meinen bisherigen Überzeugungen A ist, hat eine Diskussion eines verwandten Beispiels in Abschnitt 2.7 bereits gezeigt, dass es Kontexte gibt, in denen es vernünftig ist, y als unzuverlässig zu qualifizieren und deshalb nicht zu inkorporieren. Unter derartigen Umständen kann die neue Information durch eine Expansionsoperation verarbeiten werden, bei der der bisherige Überzeugungszustand allerdings nicht verändert werden wird: $(A*x)+y = A*x$. Erhält man dagegen bei der zweiten Variante des Beispiels die Informationen x und y auf

---

[85] So wurde etwa von der Theorie der Revision von Überzeugungsbasen - die eine wichtige Alternative zu dem Ansatz von AGM darstellt - gezeigt, dass sie *Subexpansion* nicht erfüllt. Vgl. hierzu Nebel (1989, 1992), Rott (1993, 2001) und del Val (1994, 1997).

einmal (aus derselben Informationsquelle), so kann es durchaus vorkommen, dass man die *Gesamtinformation* $x\&y$ als unzuverlässig erachtet und deshalb zurückweist. In diesem Fall verharrt man also im ursprünglichen Überzeugungszustand: $A*(x\&y) = A$. Es gilt somit also: $z \notin (A*x)+y$ und $z \in A*(x\&y)$. Obwohl y nicht mit $A*x$ konfligiert, gilt hier also: $A*(x\&y) \not\subseteq (A*x)+y$. Dieses und ähnliche Beispiele zeigen daher, dass Überzeugungsrevisionen auch das AGM-Postulat *Superexpansion* nicht erfüllen.

Intuitiv erfüllen Überzeugungsrevisionen also weder *Subexpansion* noch *Superexpansion*. Deshalb spricht die Tatsache, dass JuDAS-Revisionen diese beiden Postulate ebenfalls nicht erfüllen nicht *gegen*, sondern *für* eine adäquate Modellierung derartiger Überzeugungsänderungsprozesse durch JuDAS-Revisionen, wie sie im letzten Abschnitt entwickelt wurden.

Sowohl das Gegenbeispiel für *Subexpansion* als auch das Gegenbeispiel für *Superexpansion* basieren allerdings wesentlich darauf, dass bei einigen der involvierten Überzeugungsänderungen die neuen Informationen nicht inkorporiert werden.[86] Damit legen diese Gegenbeispiele zugleich auch die Vermutung nahe, dass *Subexpansion* und *Superexpansion* - beziehungsweise die gleichwertige Forderung (5.9) - möglicherweise zumindest dann erfüllt sein sollten, wenn bei allen involvierten Akzeptanzsystemen die neue Information tatsächlich inkorporiert wird, das heißt folgende Relativierung der Bedingung (5.9) scheint wesentlich plausibler zu sein, als *Subexpansion* und *Superexpansion*:

(Konjunktion) Falls (i) y nicht mit $A*x$ konfligiert, und
(ii) A offen für x ist, und
(iii) $A*x$ offen für y ist, und
(iv) A offen ist für $x\&y$,
dann: $A*(x\&y) = (A*x)+y$.

Da es allerdings auch Beispiele und Argumente gegen die AGM-Zusatzpostulate *Subexpansion* und *Superexpansion* gibt, die nicht von der Voraussetzung abhängig sind, dass die AGM-Erfolgspostulate nicht erfüllt sind, ist es allerdings auch fragwürdig, ob Überzeugungsrevisionen überhaupt nur die abgeschwächte Forderung *Konjunktion* erfüllen oder nicht.

So diskutieren Ginsberg (1986) und Rott (2001) etwa folgendes Beispiel gegen *Subexpansion*, bei dem die neuen Informationen durchaus jeweils inkorporiert werden:[87]

---

[86] Auch die formalen Gegenbeispiele, mit deren Hilfe im Anhang B die Lemmata 5.9 und 5.10 bewiesen werden, haben genau dieselbe Struktur wie die informellen Gegenbeispiele dieses Abschnitts und basieren somit ebenfalls wesentlich auf der Verletzung der uneingeschränkten Erfolgspostulate.

[87] Vgl. Rott (2001, 188ff.).

BEISPIEL: Angenommen, ich glaube in meinem bisherigen Überzeugungszustand A, dass Bizet Franzose war (z_1), und dass Satie Franzose war (z_2), und dass Verdi Italiener war (z_3). Dann erhalte ich die Information, dass Bizet und Verdi Landsleute waren (x). Später erhalte ich die Information, dass Satie und Verdi Landsleute waren (y). In einer anderen Variante des Beispiels erhalte ich die Informationen x und y auf einmal ($x\&y$).

Es wird durchaus Fälle geben, in denen ich bei der ersten Variante dieses Beispiels nach Erhalt der Information x eine Revision durchführe, bei der ich meine bisherigen Überzeugungen z_1 und z_3 aufgebe und stattdessen nur noch glaube, dass Bizet und Verdi entweder beide Franzosen oder beide Italiener waren. Wenn ich dann die Information y erhalte, ist diese durchaus verträglich mit $A*x$, so dass ich eine Expansion bezüglich y durchführen kann, bei der dann die Überzeugung z_2 erhalten bleibt: $z_2 \in (A*x)+y$. Die Information $x\&y$, die ich bei der zweiten Variante des Beispiels erhalte, ist offensichtlich gleichbedeutend mit der Information, dass Bizet, Satie und Verdi alle drei Landsleute waren. Es kann durchaus der Fall sein, dass ich daraufhin eine Revision durchführe, bei der ich meine bisherigen Überzeugungen z_1, z_2 und z_3 aufgebe und stattdessen nur noch glaube, dass Bizet, Satie und Verdi entweder alle drei Franzosen oder alle drei Italiener waren: $z_2 \notin A*(x\&y)$. Obwohl y nicht mit $A*x$ konfligiert gilt hier also: $(A*x)+y \not\subseteq A*(x\&y)$. *Subexpansion* ist also auch hier verletzt, obwohl sowohl x und y bei der ersten Variante des Beispiels, als auch $x\&y$ bei der zweiten Variante des Beispiels durchaus inkorporiert werden. Somit könnte man dieses Beispiel nicht nur als Argument gegen *Subexpansion*, sondern durchaus auch gegen eine Abschwächung von *Subexpansion* im Sinne von *Konjunktion* anführen.

Ein indirektes Argument gegen *Superexpansion*, das ebenfalls nicht auf einer Verletzung der uneingeschränkten Erfolgspostulate basiert, ergibt sich aus einem formalen Resultat, das von Fermé (1999) bewiesen wurde. In Abschnitt 2.5 wurde gezeigt, dass sich AGM-Revisionen und -Kontraktionen wechselseitig übereinander definieren lassen. Theorem 2.2 hatte gezeigt, dass eine Revisionsfunktion $*$, die gemäß der Levi Identität über eine Kontraktionsfunktion $-$ definiert ist, *Superexpansion* erfüllt, falls die Kontraktionsfunktion $-$ die sechs AGM-Grundpostulate und das AGM-Zusatzpostulat *Konjunktive Überlappung* erfüllt. Fermé hat gezeigt, dass es dabei tatsächlich wesentlich ist, dass der Kontraktionsoperator $-$ das Grundpostulat *Wiederherstellung* erfüllt:[88]

---

[88] Vgl. Fermé (1999, Abschnitt 2.4.4.1). Im Widerspruch dazu findet sich in Gärdenfors (1988) die Behauptung, dass sich *Superexpansion* unter den gemachten Voraussetzungen auch *ohne Wiederherstellung* ableiten lässt. Obwohl Gärdenfors diesen Punkt eigens betont, ist davon auszugehen, dass es sich hierbei um einen Fehler handelt, weil Gärdenfors bei dem entspre-

LEMMA 5.11: Wenn man $A*x$ gemäß der Levi Identität definiert und die Kontraktionsfunktion – *Abschluss*, *Inklusion*, *Leere*, *Erfolg*, *Extensionalität* und *Konjunktive Überlappung* (*nicht jedoch Wiederherstellung*) erfüllt und die Expansionsfunktion + *Abschluss*, *Erfolg*, *Inklusion*, *Redundanz*, *Monotonie* und *Minimalität* erfüllt, dann erfüllt die Revisionsfunktion * nicht allgemein *Superexpansion*.

Gewinnt man einen Revisionsoperator * also gemäß der Levi Identität aus einem Kontraktionsoperator –, so ist nur dann sichergestellt, dass der Revisionsoperator * *Superexpansion* erfüllt, wenn der Kontraktionsoperator – *Wiederherstellung* erfüllt. Da in Abschnitt 2.10 aber überzeugende Gründe gegen das strittige AGM-Postulat *Wiederherstellung* angeführt wurden, kann die Tatsache, dass *Superexpansion* dieser Art wesentlich von *Wiederherstellung* abhängt, auch als Argument gegen *Superexpansion* interpretiert werden. Weil außerdem dabei an keiner Stelle vorausgesetzt wurde, dass die uneingeschränkten Erfolgspostulate verletzt werden, spricht Fermés Resultat auch gegen eine Abschwächung von *Superexpansion* im Sinne von *Konjunktion*.

Nach Ansicht des Verfassers belegen die zuvor angeführten Beispiele überzeugend, dass die beiden AGM-Zusatzpostulate *Sub-* und *Superexpansion* in ihrer ursprünglichen Form verworfen werden müssen. Weil das Komponisten-Beispiel und die Interpretation von Fermés formalem Resultat, die beide auch als Argumente gegen die abgeschwächte Forderung *Konjunktion* angeführt werden können, nicht in gleicher Weise unumstößlich erscheinen, soll es als eine offene Frage dahingestellt bleiben, ob das schwächere Postulat *Konjunktion* von einer adäquaten Modellierung der Dynamik epistemischer Zustände gefordert werden sollte oder nicht.

Obwohl die intuitive Plausibilität von *Konjunktion* hier nicht abschließend geklärt werden soll, ist es interessant, der Frage nachzugehen, ob JuDAS-Revisionen zumindest diese schwächere Eigenschaft haben. Auch hier lautet die Antwort jedoch „nein". JuDAS-Revisionen erfüllen nicht universell die Eigenschaft *Konjunktion*. Genauer gesagt, erfüllen JuDAS-Revisionen diese Eigenschaft zumindest nicht, ohne dass man weitere Annahmen über den Rechtfertigungsoperator *Js* macht. Dieses Resultat hätte man intuitiv auch erwarten sollen. Keines der Postulate (Js1)-(Js6), mit denen in Abschnitt 4.2 Rechtfertigungsoperatoren charakterisiert wurden, macht schließlich eine Aussage über die Rechtfertigung relativ zu einer Erweiterung eines Akzeptanzsystems *A* bezüglich einer Konjunktion von zwei Sätzen *x&y* im Verhältnis zu

---

chenden Beweis für die Ableitung von *Superexpansion* explizit von der Voraussetzung Gebrauch macht, dass die Kontraktionsfunktion – *Wiederherstellung* erfüllt. Vgl. hierzu Gärdenfors (1988, 69 u. 215). Vgl. auch die entsprechende Fußnote in diesem Band im Abschnitt 2.5.

den Erweiterungen von A bezüglich der beiden Konjunkte x und y. Deshalb ist es nicht verwunderlich, dass man dann von der Revisionsfunktion $*$, die über einen solchen Rechtfertigungsoperator *Js* definiert ist, ebenfalls keine Eigenschaften ableiten kann, die eine Aussage über das Verhältnis einer Revision von A bezüglich einer Konjunktion $x\&y$ und den Überzeugungsänderungen bezüglich x und y machen. Will man sicherstellen, dass JuDAS-Revisionen *Konjunktion* erfüllen, so muss man folglich zusätzliche Annahmen über den Rechtfertigungsoperator *Js* machen („Wenn man unten mehr rausbekommen will, muss man oben mehr reinstecken!").

Die Frage, die man also besser stellen sollte, ist, ob sich neben den bisher geforderten Axiomen (Js1)-(Js6) eine weitere Eigenschaft (Js7) für Rechtfertigungsoperatoren angeben lässt, die einerseits konsistent mit den Forderungen (Js1)-(Js6) ist, und die andererseits sicherstellt, dass JuDAS-Revisionen, die auf einem derartigen Rechtfertigungsoperator basieren, dem Postulat *Konjunktion* genügen. Die Antwort auf *diese* Frage lautet „ja". Es lässt sich eine Eigenschaft (Js7) spezifizieren, die konsistent mit (Js1)-(Js6) ist und garantiert, dass JuDAS-Revisionen *Konjunktion* erfüllen. Genauer gesagt lässt sich sogar eine Eigenschaft (Js7) für Rechtfertigungsoperatoren finden, die äquivalent mit der Konjunktionsforderung für freie Revisionen ist in dem Sinn, dass eine JuDAS-Revision *Konjunktion* (vor dem Hintergrund der übrigen Postulate) genau dann erfüllt, wenn der Rechtfertigungsoperator *Js*, auf dem $*$ basiert, (Js7) erfüllt. Der formale Beweis dieses Resultats ist allerdings eher technischer Natur und trägt wenig zu einem besseren intuitiv-philosophischen Verständnis von Überzeugungsänderungsmechanismen bei. Deshalb sollen diese Zusammenhänge lediglich im Anhang B formal ausgeführt werden.

An dieser Stelle sei aber festgehalten, dass vor dem Hintergrund der angeführten Gegenbeispiele *Subexpansion* und *Superexpansion* als Postulate für (freie) Revisionen unhaltbar sind, und dass es insofern durchaus wünschenswert ist, dass JuDAS-Revisionen diese Zusatzpostulate der AGM-Theorie gemäß Lemma 5.9 und 5.10 *nicht* erfüllen. Sollte man es als erstrebenswert erachten, dass JuDAS-Revisionen zumindest die schwächere Forderung *Konjunktion* erfüllen, so kann man dies durch eine geeignete Zusatzannahme (Js7) für Rechtfertigungsoperatoren sicherstellen. Insgesamt stellen diese Resultate für JuDAS-Revisionen eine durchaus komfortable Antwort auf die Frage dar, ob Überzeugungsrevisionen den beiden Zusatzpostulaten der AGM-Theorie genügen sollten oder nicht.

5.7 Weshalb es keine freien Kontraktionen gibt

In Abschnitt 5.2 wurden sechs verschiedene Überzeugungsänderungstypen unterschieden: (1) freie Expansionen, (2) freie Revisionen, (3) freie Kontraktionen, (4) erzwungene Expansionen, (5) erzwungene Revisionen und (6) erzwungenen Kontraktionen. Nachdem in den Abschnitten 5.3 und 5.4 freie Expansionen und freie Revisionen untersucht wurden, scheint es nahe zu liegen, als nächstes freie Kontraktionen zu untersuchen. Ich möchte in diesem Abschnitt aber dafür argumentieren, dass es so etwas wie „freie Kontraktionen" nicht gibt. In Abschnitt 5.2 wurde das so genannte *Trägheitsprinzip* vorgestellt. Dieses Prinzip besagt, dass jemand, dessen epistemischer Zustand durch ein stabiles Akzeptanzsystem repräsentiert wird, seine epistemischen Verpflichtungen ideal erfüllt, und man einen solchen Zustand deshalb nur dann verlassen sollte, wenn man entweder durch neue Informationen oder einen Befehl dazu gezwungen wird. Angewendet auf den Fall einer Kontraktion besagt dies, dass man ein stabiles Akzeptanzsystem nur dann kontrahieren sollte, wenn man durch neue Informationen oder einen Befehl dazu gezwungen wird. Im letzteren Fall handelt es sich per definitionem nicht um eine freie, sonder um eine *erzwungene* Kontraktion. Erzwungene Überzeugungsänderungen sollen im nächsten Kapitel diskutiert werden. Im ersten Fall dagegen handelt es sich zwar um eine freie Überzeugungsänderung, nicht jedoch um eine Kontraktion. Weil es in diesem Fall neue Informationen sind, die einen veranlassen, einige der bisherigen Überzeugungen aufzugeben, liegt eine *Revision* und keine Kontraktion vor. Die einzigen genuinen Fälle von Kontraktionen sind somit erzwungene Kontraktionen. Der Begriff „freie Kontraktion" ist zwar durchaus sinnvoll, denotiert jedoch nicht.

Bedenkt man, wie viel Aufhebens in der Literatur zur Theorie der Überzeugungsänderung gerade von Kontraktionen gemacht wird, mag diese Reduzierung von genuinen Kontraktionsfällen auf den (Neben-)Fall erzwungener Überzeugungsänderungen wie ein Taschenspielertrick erscheinen. Man könnte diese Konsequenz des *Trägheitsprinzips* sogar als ein Argument gegen dieses Prinzip ansehen; getreu dem Motto: „Des einen Modus Ponens ist des anderen Modus Tollens." Um die Verhältnisse klarer zu sehen, ist es hilfreich, sich einige Beispiele von angeblichen Kontraktionen anzusehen. Auf den ersten Blick scheint es sehr einfach zu sein, Beispiele anzuführen, in denen Überzeugungen aufgegeben wurden:[89]

> BEISPIEL: Als ich gestern nach Hause kam, glaubte ich, dass mein Exemplar von Rousseaus *Gesellschaftsvertrag* auf dem Küchentisch liegt. Als ich den leeren Küchentisch gesehen habe, habe ich diese Überzeugung aufgegeben.

---

[89] Alle Beispiele und Gedanken dieses Abschnitts, soweit sie sich nicht direkt auf die Unterscheidung zwischen freien und erzwungenen Überzeugungsänderungen oder das *Trägheitsprinzip* beziehen, übernehme ich von Hansson (1999).

Obwohl in diesem Beispiel eine Überzeugung aufgegeben wird, handelt es sich nicht um eine *Kontraktion* in dem üblichen technischen Sinn dieses Ausdrucks. Als ich den Tisch gesehen habe, habe ich gemerkt, dass das Buch nicht da ist. Diese neue Überzeugung *ersetzt* die alte, gegenteilige Überzeugung. Dies ist eine Revision, keine Kontraktion. Bei einer reinen Kontraktion sollte eine Überzeugung aufgegeben werden, ohne dass eine neue Überzeugung gewonnen wird:

> BEISPIEL: Ich habe bisher angenommen, dass die Dinosaurier wegen einer plötzlichen Klimaveränderung ausgestorben sind (x). Dann hat mir ein Geologe erzählt, dass dies nur eine von vielen konkurrierenden Hypothesen sei. Ich habe deshalb meine Überzeugung x aufgegeben, ohne deshalb jedoch $\neg x$ anzunehmen.

In diesem Beispiel wird eine Überzeugung aufgegeben, ohne dass stattdessen ihre Negation akzeptiert wird. Dennoch ist auch dieses Beispiel kein Fall einer reinen Kontraktion, weil auch hier eine neue Überzeugung gewonnen wurde, nämlich die Überzeugung, dass es mehrere konkurrierende wissenschaftliche Hypothesen über das Aussterben der Dinosaurier gibt. Obwohl es schwer fällt, Beispiele von reinen Kontraktionen zu finden, werden Fälle wie das Dinosaurier-Beispiel in der Literatur oft als Kontraktionen behandelt. Dieser Punkt wird von Hansson hervorgehoben:[90]

> When we give up a belief, this is typically because we have learnt something new that forces the old belief out. In the literature on belief dynamics, examples such as the last [one] are often interpreted as referring to (pure) contraction. The new belief that gave rise to contraction is neglected, and is not included in the (idealized) new belief set. This is an imprecise but convenient convention, that makes it much easier to find examples of contraction.

Weshalb werden Überzeugungsänderungen wie die des Dinosaurier-Beispiels in der Literatur oft als Kontraktionen behandelt, obwohl es sich dabei offensichtlich eigentlich um Revisionen handelt, weil die Aufgabe bisheriger Überzeugungen durch neue Informationen veranlasst wird? Der Grund hierfür ist meines Erachtens eine Schwäche der AGM-Theorie, die dem Leser bereits wohl vertraut ist: Die neue Information, dass es mehrere konkurrierende Hypothesen über das Aussterben der Dinosaurier gibt, konfligiert mit der Überzeugung, dass eine plötzliche Klimaveränderung für das Aussterben verantwortlich ist und zwingt mich, diese Überzeugung aufzugeben. Dieser Konflikt ist aber kein *logischer* Konflikt, das heißt die neue Information ist *logisch* verträglich mit den bisherigen Annahmen. Würde man im Rahmen von AGM's Theorie das

---

90 Hansson (1999, Abschnitt 2.1).

Dinosaurier-Beispiel als eine Revision behandeln, müsste man deshalb aufgrund der in Abschnitt 2.9 diskutierten Erhaltungseigenschaft der AGM-Revision an allen bisherigen Überzeugungen festhalten, so dass es bei dieser Modellierung nicht zu einer Verwerfung der Klimaveränderungs-Hypothese käme. Dieses völlig kontraintuitive Resultat kann man dadurch verhindern, dass man Beispiele dieser Art nicht als Revisionen, sondern als Kontraktionen behandelt und dabei die neue Information, die Anlass zur Überzeugungsänderung gegeben hat, *vernachlässigt*. Obwohl dies innerhalb des Rahmens, der durch die AGM-Theorie vorgegeben ist, sicherlich die beste Verfahrensweise darstellt, ist diese Modellierung - wie Hansson zu Recht kritisiert - unpräzise und unbefriedigend. Jede adäquate Modellierung der Dynamik epistemischer Zustände sollte in der Lage sein, auch nicht-logische Konflikte zu erfassen und sollte Revisionen von der Art des Dinosaurier-Beispiels als *Revisionen* und nicht als Kontraktionen behandeln.

Solange keine geeigneteren Beispiele für tatsächliche Fälle von Kontraktionen vorgebracht werden, erachte ich es als angebracht, an dem *Trägheitsprinzip* festzuhalten und behaupte, dass die einzigen genuinen Kontraktionen erzwungene Kontraktionen (= „hypothetische Kontraktionen“ = „contractions for the sake of argument“) sind. Bei allen anderen - mir bekannten - angeblichen Fällen von Kontraktionen handelt es sich meines Erachtens um verkappte Revisionen. Die artifizielle Modellierung derartiger Revisionen als Kontraktionen ist eine Schwäche der AGM-Theorie, die aus ihrer defizitären Konzeption dessen, was ein Konflikt ist, resultiert, und kann nicht als ein Argument gegen die These angeführt werden, dass es keine freien Kontraktionen gibt. Revisionen, die im Rahmen der AGM-Theorie *behelfshalber* als Kontraktionen modelliert werden, sind deshalb noch lange keine *genuinen* Fälle von Kontraktionen und sollten von einer adäquaten Theorie folglich auch nicht als solche behandelt werden. Obwohl der Begriff einer „freien Kontraktion“ durchaus sinnvoll sein mag, denotiert er nicht. Weil es den Überzeugungsänderungstyp einer freien Kontraktion also nicht gibt, braucht und kann man für diesen keine geeignete Modellierung entwickeln.

6 Erzwungene Überzeugungsänderungen

6.1 Zwei Typen erzwungener Überzeugungsänderungen

Nun soll es darum gehen, auch *erzwungene* Überzeugungsänderungen zu modellieren. Nach dem Trägheitsprinzip sind erzwungene Überzeugungsänderungen dadurch charakterisiert, dass sie im Gegensatz zu freien Überzeugungsänderungen nicht durch den Erwerb neuer Informationen induziert werden. Zu einer erzwungenen Überzeugungsänderung kommt es vielmehr aufgrund eines Befehls, der einen auffordert, seinen epistemischen Zustand in bestimmter Weise zu verändern. Zu einer derartigen Situation kann es typischerweise im Rahmen einer Diskussion kommen, wenn man zum Beispiel seine bisherige Überzeugung x (hypothetisch) aufgibt, um mit seinem Kontrahenten dessen Behauptung $\neg x$ oder eine andere These y, die mit der eigentlich unterhaltenen Überzeugung x in Konflikt steht, sinnvoll erörtern zu können, ohne dabei bereits die Falschheit von $\neg x$ beziehungsweise y vorauszusetzen und damit die Diskussion von vornherein zu verweigern. Es sei nochmals betont, dass mit Abstand die meisten und wohl auch die wichtigsten Überzeugungsänderungen in die Kategorie der freien Überzeugungsänderungen fallen und erzwungene Überzeugungsänderungen somit als ein Nebenfall der Dynamik epistemischer Zustände angesehen werden können. Nichtsdestoweniger sollen in diesem Kapitel einige Überlegungen dazu angestellt werden, wie auch dieser Überzeugungsänderungstyp angemessen modelliert werden kann.

Mein Hauptanliegen in der gesamten bisherigen Arbeit war es aufzuzeigen, dass statische Rechtfertigungsstrukturen für die Dynamik epistemischer Zustände von erheblicher Bedeutung sind, und dass deshalb nur eine Theorie der Theorieänderung adäquat sein kann, die derartige Strukturen berücksichtigt. An dieser Stelle möchte ich den Geltungsbereich dieser These klarstellen und erzwungene Überzeugungsänderungen teilweise von der Behauptung ausnehmen, dass hierfür Rechtfertigungsstrukturen relevant sind.

Obwohl es sehr wichtig ist, freie und erzwungene Überzeugungsänderungen auseinander zuhalten, funktionieren viele erzwungene Überzeugungsänderungen genauso wie freie. Dazu seien die folgenden beiden analogen Situationen betrachtet:

BEISPIEL: Ich glaube, dass John die 100m beim morgigen Wettkampf unter 10 Sekunden laufen wird (y). Nachdem mir ein verlässlicher Freund erzählt, dass John sich eine Muskelzerrung im Bein zugezogen hat (*x*), revidiere ich meine Überzeugungen und glaube danach, dass John die 100m morgen deutlich über 10 Sekunden laufen wird.

BEISPIEL: Ich glaube, dass John die 100m beim morgigen Wettkampf unter 10 Sekunden laufen wird (*y*). Ein Freund fordert mich auf, hypothetisch anzunehmen, dass John sich eine Muskelzerrung zugezogen hat (*x*), um gemeinsam mit ihm die Frage zu erörtern, ob John unter diesen Umständen den morgigen Wettkampf gewinnen wird. Daraufhin revidiere ich hypothetisch meine Überzeugungen und glaube danach, dass John die 100m morgen deutlich über 10 Sekunden laufen wird.

Im ersten Fall führe ich eine Überzeugungsänderung durch, weil ich die neue Information *x* erhalten habe, im zweiten Beispiel führe ich eine Überzeugungsänderung durch, weil ich von meinem Freund aufgefordert werde, hypothetisch die Überzeugung *x* zu bilden. Obwohl im einen Fall also eine freie Überzeugungsänderung vorliegt, während es sich beim anderen Fall um eine erzwungene Überzeugungsänderung handelt, verändere ich in beiden Fällen meine Überzeugungen auf genau die gleiche Weise, nach genau denselben Mechanismen. Bei einer derartigen erzwungenen Überzeugungsänderung, bei der mir befohlen wird, *x* zu inkorporieren, verändere ich meinen epistemischen Zustand einfach in der Weise, dass ich *so tue als ob ich x als neue Information erhalten hätte*. Obwohl eine derartige erzwungene Überzeugungsänderung befehls- und nicht informationsinduziert ist, funktioniert sie genauso wie eine entsprechende freie Überzeugungsänderung. Viele erzwungene Überzeugungsänderungen entsprechen diesem Muster und funktionieren genauso wie entsprechende freie Überzeugungsänderungen. Derartige erzwungene Überzeugungsänderungen sollen erzwungene Überzeugungsänderungen des *ersten Typs* genannt werden. Erzwungene Überzeugungsänderungen des ersten Typs sind unproblematisch und können offensichtlich genauso modelliert werden wie freie Überzeugungsänderungen. JuDAS-Überzeugungsänderungen, die im letzten Kapitel entwickelt wurden, können auch zur Modellierung erzwungener Überzeugungsänderungen des ersten Typs verwendet werden.

Es gibt jedoch auch erzwungene Überzeugungsänderungen, die deutlich anders funktionieren als freie Überzeugungsänderungen. Auf diesen Typ erzwungener Überzeugungsänderungen ist die bisherige Theorie folglich nicht übertragbar. Derartige erzwungene Überzeugungsänderungen sollen erzwungene Überzeugungsänderungen des *zweiten Typs* genannt werden. Im Folgenden möchte ich aufzeigen, dass die bisher von mir gescholtene AGM-Theorie geeignet ist, um *diesen* zweiten Typ von erzwungenen Überzeugungsänderungen angemessen zu beschreiben. Dass es Fälle von erzwungenen Überzeugungsänderungen gibt, die sich nicht auf den Fall freier Überzeugungsänderungen zurückspielen lassen, ist offenkundig, wenn man sich folgende zwei Gesichtspunkte vor Augen hält: (1) Bei einer erzwungenen Überzeugungsänderung, bei der man aufgefordert wird, die Überzeugung x zu bilden, muss eine Inkorporation von x in jedem Fall gewährleistet sein. Freie Expansionen und Revisionen erfüllen jedoch das uneingeschränkte Erfolgspostulat nicht. (2) Bei erzwungenen Überzeugungsänderungen gibt es (genuine) Kontraktionen, das heißt es kann vorkommen, dass man aufgefordert wird, seine bisherige Überzeugung x aufzugeben, ohne dass zugleich irgendwelche neuen Überzeugungen gewonnen werden. Bei freien Überzeugungsänderungen gibt es hingegen aus den Gründen, die im letzten Abschnitt diskutiert wurden, keine Kontraktionen.

6.2 Noch einmal die Erfolgspostulate

Um den ersten der eben angeführten beiden Punkte genauer zu beleuchten, seien folgende zwei Situationen betrachtet:

> BEISPIEL: Ich bin davon überzeugt, dass die Erde eine Kugel ist. Ein Bekannter erzählt mir hingegen, dass die Erde eine Scheibe ist (x). Dies veranlasst mich jedoch nicht dazu, eine Überzeugungsänderung durchzuführen, bei der x inkorporiert werden würde.

> BEISPIEL: Ich bin davon überzeugt, dass die Erde eine Kugel ist. Ein Bekannter fordert mich auf, für einen Moment lang seine Überzeugung zu teilen, dass die Erde eine Scheibe ist (x), um gemeinsam mit ihm die Frage zu erörtern, ob man von der Erde herunterfallen würde, wenn man immer weiter nach Westen segeln würde.

Obwohl ich beim ersten Beispiel x gewiss nicht inkorporieren werde, werde ich im zweiten Fall um des Arguments willen (oder manchmal auch nur dem Diskussionspartner zuliebe) der Aufforderung meines Bekannten nachkommen und hypothetisch davon ausgehen, dass die Erde eine Scheibe sei und werde mein Überzeugungssystem entsprechend verändern.[91] Eine Inkorporation von

[91] Dass man im Fall einer freien Überzeugungsänderung eine bestimmte Information (hier: „Die Erde ist eine Scheibe.") nicht inkorporiert, heißt nicht, dass man durch freie Überzeugungsänderungen überhaupt nicht zu einem epistemischen Zustand gelangen könnte, in dem man von dem fraglichen Satz überzeugt ist. Dies kann durch eine Serie von Überzeugungsänderungen geschehen, bei der das Akzeptanzsystem stark modifiziert wird und somit die einstmals abwegige Behauptung akzeptier- und rechtfertigbar erscheint. Insofern lassen sich einige - möglicherweise sogar alle - erzwungenen Überzeugungsänderungen, die anders zu funktionieren scheinen als ihre jeweils entsprechenden freien Gegenstücke, doch auch auf

x ist dabei garantiert. Da *x* also im einen Fall zurückgewiesen und im anderen Fall inkorporiert wird, ist das Ergebnis der erzwungenen Überzeugungsänderung offenbar ein anderes als bei der entsprechenden freien Überzeugungsänderung. Folglich funktionieren beide Typen von Überzeugungsänderung hier verschieden und können nicht mit demselben Modell repräsentiert werden. Damit ist die Existenz von erzwungenen Überzeugungsänderungen des zweiten Typs offenkundig. Weil die bisher entwickelten JuDAS-Überzeugungsänderungen nicht auch auf Fälle erzwungener Überzeugungsänderungen des zweiten Typs übertragen werden können, ist hierfür eine andere Modellierung erforderlich.

Eine neue Information *x* hat es vor allem dann schwer, inkorporiert zu werden, wenn sie mit den bisherigen Überzeugungen des Subjekts inkonsistent ist beziehungsweise wenn sie mit diesen konfligiert. In diesem Fall kommt es bei einer freien Revision besonders oft zu einer Zurückweisung von *x*, während bei der entsprechenden erzwungenen Revision eine Inkorporation auch dann gewährleistet ist. Daher tritt eine Diskrepanz zwischen erzwungenen Überzeugungsänderungen und ihren freien Gegenstücken vor allem dann auf, wenn der Input *x* mit den bisherigen Überzeugungen inkonsistent ist beziehungsweise mit diesen konfligiert. Aber auch wenn man aufgefordert wird eine neue Überzeugung *x* zu bilden, die mit den bisherigen Überzeugungen verträglich ist, kann es zu einem abweichenden Verhalten bei der fraglichen erzwungenen Expansion gegenüber der entsprechenden freien Expansion kommen. Dies kann zum Beispiel an der Phantastenvariante des Marsmenschen-Beispiels eingesehen werden, das in Abschnitt 2.7 diskutiert wurde:

> BEISPIEL: Mein Bekannter Peter, der ein zwielichtiger Phantast mit einer ausgeprägten Neigung für UFO-Schwärmereien ist, erzählt mir, dass es nach neuesten Erkenntnissen, über die er sich aus einem Revolverblatt informiert hat, mit sehr großer Wahrscheinlichkeit vor einer Milliarde Jahren intelligente Lebewesen auf dem Mars gegeben habe (*x*). Sei weiter angenommen, dass diese neue Information mit meinen bisherigen Überzeugungen verträglich sei.

> BEISPIEL: Derselbe Bekannte Peter fordert mich auf, mir einmal vorzustellen, dass es mit sehr großer Wahrscheinlichkeit vor einer Milli-

---

den Fall freier Überzeugungsänderungen zurückspielen, indem man annimmt, dass der Diskussionspartner, der einen zu einer bestimmten Überzeugungsänderung veranlassen möchte, einen zu einer umfassenderen Modifikation des Akzeptanzsystems auffordert, indem er einem eine ganze „kleine Geschichte“ erzählt, welche die intendierte Überzeugungsänderung plausibler erscheinen lässt, um einem somit die spezifische Überzeugungsänderung, auf die es ihm eigentlich ankommt, gewissermaßen „schmackhaft“ zu machen.

arde Jahren intelligente Lebewesen auf dem Mars gegeben hat (x), um gemeinsam mit ihm die Chancen zu diskutieren, dass man nach so langer Zeit bei einer Marsexpedition noch Überreste dieser prähistorischen Zivilisation auffinden könnte. Auch in diesem Fall sei die fragliche Hypothese verträglich mit meinen bisherigen Überzeugungen.

Aus den Gründen, die in Abschnitt 2.7 diskutiert wurden, scheint es vernünftig zu sein, im ersten Fall die neue Information nicht zu inkorporieren, obschon sie mit meinen bisherigen Überzeugungen verträglich ist.[92] Im zweiten Fall dagegen werde ich der Aufforderung meines Bekannten nachkommen und hypothetisch davon ausgehen, dass es vermutlich vor einer Milliarde Jahren intelligente Marsbewohner gegeben hat und werde mein Überzeugungssystem entsprechend verändern. Eine Inkorporation von x ist dabei garantiert. Da x also wiederum im einen Fall zurückgewiesen und im anderen Fall inkorporiert wird, ist das Ergebnis der erzwungenen Überzeugungsänderung offenbar auch hier ein anderes als bei der entsprechenden freien Überzeugungsänderung. Folglich gibt es auch Situationen, in denen beide Typen von Überzeugungsänderung verschieden funktionieren, selbst wenn der fragliche Input mit den bisherigen Überzeugungen des Subjekts verträglich ist. Auch im Expansionsfall kann also die Modellierung der freien Überzeugungsänderungen nicht immer einfach auf den Fall einer erzwungenen Dynamik epistemischer Zustände übertragen werden.

Gemäß (Def O/G) und *Bedingter Erfolg* kommt es im Fall einer freien Expansion (Revision) genau dann zu einer Verletzung des Erfolgspostulats, wenn der bisherige epistemische Zustand A für die neue Information x geschlossen ist, das heißt, wenn $x \notin Js(A \cup \{x\})$ gilt. Zu einer Diskrepanz zwischen einer erzwungenen Expansion (Revision) und der entsprechenden freien Expansion (Revision) kommt es also folglich, wenn man aufgefordert wird, hypothetisch die Überzeugung x zu bilden und man in seinem bisherigen Überzeugungszustand nicht an x glaubt, auch keinen Grund hat, an x zu glauben, und man auch nicht in der Lage wäre, x zu rechtfertigen, selbst wenn man x zu seinen Überzeugungen hinzufügen würde. In diesem Fall wird bei einer freien Expansion (Revision) das Erfolgspostulat verletzt sein, während es bei der entsprechenden erzwungenen Expansion (Revision) auch dann erfüllt werden muss. In diesem Fall liegt also eine erzwungene Überzeugungsänderung des zweiten Typs vor. In diesem und *nur in diesem* Fall ergibt sich die Notwendigkeit einer gesonderten Modellierung des Falls einer erzwungenen Expansion (Revision). Liegt aber eine derartige Situation vor, in der ich aufgefordert werde, hypothe-

---

92 Vgl. letzte Fußnote.

tisch die Überzeugung *x* zu bilden, obwohl ich in meinem derzeitigen Überzeugungszustand nicht an *x* glaube, ich auch keinen Grund habe, an *x* zu glauben, und ich auch nicht in der Lage wäre, *x* zu rechtfertigen, selbst wenn ich *x* zu meinen Überzeugungen hinzufügen würde, so wäre es aber sicher zuviel von mir verlangt, *x* auch rechtfertigen zu können, nachdem ich hypothetisch die Überzeugung *x* gebildet habe. Ich werde meinem Diskussionspartner zwar den Gefallen tun und um des Arguments willen die Überzeugung *x* bilden, aber ich werde mein Akzeptanzsystem bei dieser hypothetischen Überzeugungsänderung nicht so radikal verändern, dass ich anschließend sogar in der Lage wäre, *x* zu rechtfertigen. Ich werde bei obigem Beispiel meinem Bekannten zwar den Gefallen tun und für einen Moment lang hypothetisch seine Überzeugung teilen, dass die Erde eine Scheibe sei, aber ich werde mein Überzeugungssystem dabei nicht so radikal verändern, dass ich anschließend in der Lage wäre, die Behauptung, dass die Erde eine Scheibe sei, sogar rechtfertigen zu können. Bei einer erzwungenen Expansion (Revision) des zweiten Typs werde ich *x* zwar in jedem Fall inkorporieren, werde aber nicht in der Lage sein, *x* zu rechtfertigen. Obwohl sich der neue Überzeugungszustand selbstverständlich auch in diesem Fall gemäß bestimmten Rationalitätskriterien aus dem alten Überzeugungszustand und dem Input ergibt, scheinen Rechtfertigungsstrukturen bei erzwungenen Überzeugungsänderungen des zweiten Typs - ganz im Gegensatz zu freien Expansionen und Revisionen - an keiner Stelle eine tragende Rolle zu spielen.

Natürlich ist es nahe liegend, zur Beschreibung des zweiten Typs erzwungener Überzeugungsänderungen auf bereits bestehende Theorien der Dynamik epistemischer Zustände zurückzugreifen und diese zur Modellierung desselben heranzuziehen, beziehungsweise diese entsprechend umzuinterpretieren. Selbstverständlich fällt dabei der Blick als erstes wieder auf die AGM-Theorie. Die Tatsache, dass dieser Ansatz das uneingeschränkte Erfolgspostulat der Expansion und der Revision erfüllt, war zwar ein entscheidender Nachteil bei der Modellierung freier Überzeugungsänderungen, ist aber - wie ersichtlich wurde - zur Beschreibung erzwungener Überzeugungsänderungen des zweiten Typs eine durchaus wünschenswerte Eigenschaft. Auch die Tatsache, dass die AGM-Theorie nicht auf Rechtfertigungsstrukturen rekurriert, ist für eine adäquate Beschreibung erzwungener Überzeugungsänderungen des zweiten Typs kein Hindernis. Der Hauptvorwurf, der meines Erachtens gegen die AGM-Theorie erhoben werden muss, ist zwar, dass sie Rechtfertigungsstrukturen unberücksichtigt lässt, dies bedeutet aber positiv gewendet auch, dass die Theorie von AGM in Kontexten, in denen Rechtfertigung keine Rolle spielt, als durchaus adäquat gelten kann. Da außerdem gezeigt wurde, dass bei erzwungenen Überzeugungsänderungen des zweiten Typs statische Rechtfertigungsstrukturen keine Rolle bei der Dynamik epistemischer Zustände spielen,[93] scheint die AGM-Theorie ein durchaus viel versprechender Kandidat zu sein, um damit erzwungene Überzeugungsänderungen des zweiten Typs zu modellieren.

Neben den uneingeschränkten Erfolgspostulaten und der Ignoranz gegenüber statischen Rechtfertigungsstrukturen wurden aber noch weitere Eigenschaften der AGM-Theorie kritisiert. Im Einzelnen waren dies das Monotoniepostulat der Expansion, die starke AGM-Erhaltungseigenschaft der Revision, das Wiederherstellungspostulat der Kontraktion und die Unfähigkeit der AGM-Theorie, iterierte Überzeugungsänderungen zu modellieren. All diese Merkmale des AGM-Ansatzes führen zu einer inadäquaten Modellierung von freien Überzeugungsänderungen (und damit auch von erzwungenen Überzeugungsänderungen des ersten Typs). Nun ist zu prüfen, ob diese Charakteristika für eine Modellierung von erzwungenen Überzeugungsänderungen des zweiten Typs akzeptabel sind oder nicht. Ich möchte die These vertreten, dass bei erzwungenen Überzeugungsänderungen des zweiten Typs neben den Erfolgspostulaten und einer Vernachlässigung von Rechtfertigungsstrukturen auch das Monotoniepostulat, die starke AGM-Erhaltungseigenschaft und das Wiederherstellungspostulat wünschenswerte Eigenschaften sind und die Unfähigkeit, iterierte Überzeugungsänderungen zu modellieren, ebenfalls keinen gravierenden Nachteil darstellt, und die AGM-Theorie somit *diesen* Spezialfall der Dynamik epistemischer Zustände durchaus adäquat zu beschreiben vermag.

6.3 Noch einmal das Monotoniepostulat

Sei also noch einmal das Monotoniepostulat der AGM-Expansion betrachtet. Dieses Postulat besagte, dass wenn in einem epistemischen Zustand B mindestens genauso viel geglaubt wird, wie in dem Zustand A, das heißt $A \subseteq B$, dann sollte $A{+}x$ keine Überzeugungen enthalten, die nicht auch in $B{+}x$ enthalten sind, das heißt $A{+}x \subseteq B{+}x$. In Abschnitt 2.8 wurde die universelle Gültigkeit dieses Postulats widerlegt und gezeigt, dass es Fälle von Expansionen gibt, in denen *Monotonie* verletzt ist. Nun soll aber gezeigt werden, dass es im speziellen Fall von erzwungenen Expansionen des zweiten Typs nicht zu derartigen Verletzungen des Monotoniepostulats kommen kann, und die Monotonieforderung somit für *diesen speziellen Fall* der Dynamik epistemischer Zustände uneingeschränkt erhoben werden kann.

---

[93] Genau genommen wurde dies bisher nur für erzwungene Expansionen und Revisionen des zweiten Typs gezeigt. Dass auch bei erzwungenen Kontraktionen ein Rekurs auf statische Rechtfertigungsstrukturen nicht erforderlich ist, wird erst in Abschnitt 6.5 gezeigt werden.

In Abschnitt 2.8 wurden vier verschiedene Fälle unterschieden, zu denen es kommen kann, wenn einem epistemischen Subjekt im Zustand A beziehungsweise B eine neue Information x angeboten wird: (i) $x \notin A+x$ und $x \notin B+x$; (ii) $x \in A+x$ und $x \in B+x$; (iii) $x \notin A+x$ und $x \in B+x$; (iv) $x \in A+x$ und $x \notin B+x$. Es wurde gezeigt, dass *Monotonie* nur im Fall (iv) verletzt ist, während in den Fällen (i), (ii) und (iii) dieses Postulat erfüllt ist. Der Fall (iv) impliziert aber wegen $x \notin B+x$ eine Verletzung des Erfolgspostulats im Fall der Expansion von B bezüglich x. Weil aber im letzten Abschnitt festgestellt wurde, dass bei erzwungenen Expansionen des zweiten Typs das Erfolgspostulat universell gilt, kann man folglich ausschließen, dass es bei diesem Typ von Überzeugungsänderungen zu Situationen des Typs (iv) kommen kann. Somit gilt *Monotonie* für erzwungene Expansionen des zweiten Typs universell. Die Tatsache, dass die AGM-Theorie das (uneingeschränkte) Monotoniepostulat erfüllt, ist also *für eine Modellierung erzwungener Überzeugungsänderungen des zweiten Typs* kein Nach-, sondern ein Vorteil.

6.4 Noch einmal die Erhaltungseigenschaft

Als nächstes soll die Frage erörtert werden, ob erzwungene Revisionen des zweiten Typs die starke AGM-Erhaltungseigenschaft erfüllen oder nicht. *Erhaltung* besagte, dass bei einer Revision alle bisherigen Überzeugungen erhalten bleiben sollten, falls die neue Information mit den bisherigen Überzeugungen logisch konsistent ist: Falls $\neg x \notin A$ und $y \in A$, dann $y \in A*x$. In Abschnitt 2.9 wurde die universelle Gültigkeit dieser Eigenschaft widerlegt und gezeigt, dass es Fälle von Revisionen gibt, in denen *Erhaltung* verletzt ist. Nun soll aber - wie schon im Fall des Monotoniepostulats - gezeigt werden, dass es im speziellen Fall von erzwungenen Überzeugungsänderungen des zweiten Typs nicht zu derartigen Verletzungen der Erhaltungseigenschaft kommen kann, und die Erhaltungseigenschaft somit für *diesen speziellen Fall* der Dynamik epistemischer Zustände uneingeschränkt gefordert werden kann. Einer adäquaten Modellierung erzwungener Überzeugungsänderungen des zweiten Typs durch die Theorie von AGM steht somit auch von dieser Seite her nichts im Wege.

Ist x logisch inkonsistent mit A, so ist *Erhaltung* trivial erfüllt, weil die Antezedensbedingung des Konditionals falsch ist. Da dieser Fall keiner weiteren Erörterung bedarf, wird im Folgenden also vorausgesetzt, dass x logisch konsistent mit den bisherigen Überzeugungen A ist. Es ergeben sich zwei Unterfälle. Im ersten Fall unterminiert x auch keine Rechtfertigungen, über die man in A verfügt, im zweiten Fall konfligiert x mit A im Sinne einer Unterminierung von Rechtfertigungen. Im ersten Fall liegt also keinerlei Konflikt zwischen x und A vor, so dass man selbstverständlich an allen bisherigen Überzeugungen festhalten sollte und *Erhaltung* somit in diesem Unterfall ebenfalls erfüllt ist. Lediglich bei dem zweiten Unterfall ist es fraglich, ob *Erhaltung* erfüllt ist oder nicht. Sei also das Augenmerk ausschließlich auf den Fall gerichtet, in dem x zwar logisch konsistent mit den bisherigen Überzeugungen A ist, aber dennoch einige Rechtfertigungen unterminiert, über die man in A verfügt.

Das Alibi-Zeugen-Beispiel, das in Abschnitt 2.9 gegen *Erhaltung* angeführt wurde, fällt genau in diesen Unterfall. Die neue Information, dass ein Zeuge aufgetaucht ist, der Person P ein Alibi verschafft (x), war zwar logisch konsistent mit allen bisherigen Überzeugungen A des Subjekts, unterminierte aber die Rechtfertigung für die Überzeugung, dass Person P das Verbrechen begangen hat (y). Dies führte trotz der logischen Verträglichkeit von x mit A zu einer Aufgabe der bisherigen Überzeugung y und damit zu einer Verletzung von *Erhaltung*. Nachdem dieses Beispiel bereits gezeigt hat, dass die Erhaltungseigenschaft nicht bei allen Revisionen erfüllt ist, stellt sich die Frage, ob es auch zu zeigen vermag, dass *Erhaltung* nicht bei allen erzwungenen Revisionen des zweiten Typs erfüllt ist. Dies ist jedoch nicht der Fall. Wenn man das Alibi-Zeugen-Beispiel nämlich nicht als eine freie, sondern als eine erzwungene Überzeugungsänderung konstruiert, so kann es dennoch analog zu der entsprechenden freien Revision modelliert werden und ist folglich eine erzwungene Revision des *ersten*, nicht des *zweiten* Typs und kann daher nicht die universelle Gültigkeit der Erhaltungseigenschaft für letztere widerlegen.

Ebenso wie das Alibi-Zeugen-Beispiel fallen meines Erachtens *alle* Beispiele von erzwungenen Revisionen, bei denen *Erhaltung* verletzt ist, in die Kategorie der erzwungenen Überzeugungsänderungen des *ersten* Typs, so dass für den zweiten Typ die Erhaltungseigenschaft universell erfüllt ist. Dies lässt sich einsehen, wenn man bedenkt, dass nach dem Vorgesagten derartige Beispiele auf denjenigen Unterfall beschränkt sind, in dem zwar keine logische Inkonsistenz, wohl aber eine Unterminierung von Rechtfertigungen vorliegt. Alle derartigen Gegeninstanzen der Erhaltungseigenschaft basieren also auf der Unterscheidung zwischen logischen Konflikten einerseits und Konflikten aufgrund der Rechtfertigungsstruktur andererseits. Genauer gesagt basieren alle derartigen Beispiele darauf, dass aufgrund der Abwesenheit eines logischen Konfliktes *Erhaltung* die Beibehaltung aller bisherigen Überzeugungen fordert, während im Widerspruch dazu eine Rücksichtnahme auf die Rechtfertigungsstrukturen die Aufgabe einiger bisheriger Überzeugungen erzwingt. Zu einer Verletzung von *Erhaltung* kommt es also nur durch eine Rücksichtnahme auf Rechtfertigungsstrukturen bei dem Revisionsverhalten des epistemischen Subjekts.[94]

[94] Es sei daran erinnert, dass gerade dieser Umstand in Abschnitt 2.9 die These gestützt hatte, dass eine adäquate Beschreibung der Dynamik epistemischer Zustände nur mit Rekurs auf Rechtfertigungsstrukturen möglich ist.

Andererseits wurde im Zusammenhang mit der Erörterung der Erfolgspostulate dargelegt, dass bei erzwungenen Überzeugungsänderungen des *zweiten Typs* eine solche Rücksichtnahme auf Rechtfertigungsstrukturen nicht geboten erscheint. Deshalb kann es bei erzwungenen Revisionen des zweiten Typs nicht zu einer Verletzung der Erhaltungseigenschaft kommen. Bei einer erzwungenen Revision des zweiten Typs wird man „genötigt", eine Überzeugung *x* zu bilden, die man als epistemisch-autonomes Subjekt aufgrund der Beschaffenheit der eigenen Rechtfertigungsstruktur eigentlich nicht inkorporieren würde. Wenn man um des Arguments willen dennoch hypothetisch die Überzeugung *x* bildet, so geschieht dies in Ignoranz gegenüber der eigenen Rechtfertigungsstruktur, so dass diese auch bei der weiteren Verarbeitung des Inputs *x*, das heißt bei der gesamten Revisionsprozedur, nicht zum Tragen kommt. Bei einer derartigen Überzeugungsänderung wird man sich deshalb maximal konservativ und „träge" verhalten und seinen epistemischen Zustand tatsächlich so minimal verändern, wie es irgend geht, ohne in logische Widersprüche zu geraten. Weil in den fraglichen Beispielen nach Voraussetzung aber kein logischer Konflikt vorliegt, wird man deshalb bei derartigen Revisionen tatsächlich an allen bisherigen Überzeugungen festhalten und seine Überzeugungen daher im Einklang mit der Erhaltungseigenschaft revidieren.[95]

Somit gilt *Erhaltung* für erzwungene Revisionen des zweiten Typs universell. Ebenso wie im Fall der Erfolgspostulate und des Monotoniepostulats ist die Tatsache, dass die AGM-Theorie die Erhaltungseigenschaft erfüllt, also *für eine Modellierung erzwungener Überzeugungsänderungen des zweiten Typs* kein Nach-, sondern ein Vorteil.

---

[95] Natürlich kann es bei einem derartigen maximal-konservativen Revisionsverhalten vorkommen, dass ein Diskussionspartner, der einen zu einer erzwungenen Revision bezüglich *x* aufgefordert hat, nicht zufrieden ist, weil er sich erhofft hat, dass man bei dieser Revision auch eine bestimmte Überzeugung *y* aufgibt, die zwar mit *x* logisch konsistent ist, mit dieser aber dennoch konfligiert. In diesem Fall wird der Diskussionspartner seinen Unmut über die mangelnde Bereitschaft seines Gegenübers kundtun, sich ernsthaft auf seine Überlegungen einzulassen und wird von diesem fordern, auch die Überzeugung *y* (und gegebenenfalls weitere Überzeugungen) aufzugeben. Dies wird einen kooperativen Diskussionspartner dann zu einer weiteren erzwungenen Überzeugungsänderung (= erzwungene Kontraktion bezüglich *y*, oder eine erzwungene Revision bezüglich $\neg y$) veranlassen, bei der dann die Überzeugung *y* tatsächlich aufgegeben wird. Bei dieser Serie von erzwungenen Überzeugungsänderungen wird dann *insgesamt* nicht an allen bisherigen Überzeugungen festgehalten, obwohl auch hier bei jeder *einzelnen* erzwungenen Revision des zweiten Typs die Überzeugungen im Einklang mit der Erhaltungseigenschaft verändert werden.

6.5 Noch einmal das Wiederherstellungspostulat

Nach den Erfolgspostulaten, dem Monotoniepostulat und der Erhaltungseigenschaft soll nun noch einmal das Wiederherstellungspostulat und damit der Fall einer erzwungenen Kontraktion des zweiten Typs erörtert werden. Weil in Abschnitt 5.7 gezeigt wurde, dass es keine freien Kontraktionen und somit auch keine erzwungenen Kontraktionen des ersten Typs gibt, stellen erzwungene Kontraktionen des zweiten Typs zugleich die einzige Sorte von Überzeugungskontraktionen dar.

Das Wiederherstellungspostulat besagte in Worten: Wenn man ein Akzeptanzsystem A zunächst bezüglich x kontrahiert und dieses anschließend wieder bezüglich x expandiert, so sollten alle ursprünglichen Überzeugungen wiederhergestellt werden: $A \subseteq (A-x)+x$. Für erzwungene Überzeugungsänderungen stellt das Akzeptanzsystem $(A-x)+x$ aber einen pathologischen Fall dar, weil es dem (seltsamen) Fall entspricht, in dem man zunächst aufgefordert wird, die Überzeugung x aufzugeben, und gleich anschließend aufgefordert wird, die Überzeugung x wieder zu bilden. Selbstverständlich wird man unabhängig von der Beschaffenheit von $A-x$ nach Erhalt der zweiten Aufforderung in jedem Fall zum ursprünglichen Akzeptanzsystem A zurückkehren:[96] $(A-x)+x = A$. Erzwungene Kontraktionen des zweiten Typs scheinen somit *Wiederherstellung* selbstverständlich zu erfüllen.

Die Gültigkeit des Wiederherstellungspostulats scheint für erzwungene Kontraktionen des zweiten Typs - und damit für *alle* Kontraktionen! - sogar so offensichtlich gegeben zu sein, dass man sich fragen muss, weshalb *Wiederherstellung* gemäß den früheren Überlegungen in Abschnitt 2.10 angeblich nicht allgemein gelten sollte. Was war dort das Problem mit *Wiederherstellung*, und weshalb sind diese Schwierigkeiten hier anscheinend nicht einschlägig? Diesen Problemkomplex hier noch einmal zu erörtern, ist interessant, weil diese Analyse zu einem genaueren Verständnis der Wiederherstellungs-Problematik führen wird.

Es ist hilfreich, sich exemplarisch noch einmal das Kleopatra-Beispiel anzusehen, das in Abschnitt 2.10 gegen *Wiederherstellung* vorgebracht wurde. Die folgenden Überlegungen lassen sich aber sinngemäß auch auf andere Gegenbeispiele übertragen.

> BEISPIEL: Ich habe in einem Buch gelesen, dass Kleopatra einen Sohn hatte. Mein Akzeptanzsystem enthielt deshalb die Überzeugung, dass

---

[96] Jedenfalls gilt dies, falls $x \in A$ ist, andernfalls werden die beiden Überzeugungsänderungen insgesamt in einer Expansion bezüglich x resultieren, so dass auch in diesem Fall *Wiederherstellung* erfüllt ist.

> Kleopatra einen Sohn hatte (y) und die Überzeugung, dass sie ein Kind hatte (x). *Dann habe ich von einem zuverlässigen Freund erfahren, dass es sich bei dem Buch um einen historischen Roman gehandelt hat.* Daraufhin habe ich meine Überzeugungsmenge bezüglich x kontrahiert und habe dabei auch y aufgegeben. Kurz danach habe ich aus einer zuverlässigen Quelle erfahren, dass Kleopatra tatsächlich ein Kind gehabt hat. Es scheint vernünftig zu sein, daraufhin x wieder zu meinen Überzeugungen zu addieren, ohne jedoch wieder von y überzeugt zu sein.

In Abschnitt 2.10 wurde gezeigt, dass die Modellierung dieses und verwandter Beispiele durch AGM-Kontraktionen, die das Wiederherstellungspostulat erfüllen, zu hochgradig kontraintuitiven Konsequenzen führte. Eine genauere Analyse dieser Schwierigkeiten hatte gezeigt, dass man nur durch eine geeignete Einbeziehung von Rechtfertigungsstrukturen zu einer adäquateren Modellierung derartiger Beispiele gelangen kann. In Abschnitt 2.10 war aber die Frage offen geblieben, *auf welche Weise* man hierbei Rechtfertigungsmechanismen ins Spiel bringen sollte. Zunächst schien es vielleicht nahe liegend, dass man zur Lösung der Schwierigkeiten eine Kontraktionsfunktion konstruieren sollte, die qua Einbeziehung von Rechtfertigungsstrukturen *Wiederherstellung* nicht erfüllt. Ein derartiges Vorgehen stünde tatsächlich im Widerspruch zu der eben gemachten Behauptung, dass *alle* Kontraktionen *Wiederherstellung* erfüllen sollten.

In Abschnitt 5.7 wurde jedoch dafür argumentiert, dass es überhaupt keine freien Kontraktionen - und damit auch keine erzwungenen Kontraktionen des ersten Typs - gibt. Alle angeblichen Fälle von genuinen freien Kontraktionen stellten sich bei genauerem Hinsehen als verkappte Revisionen heraus, die im Rahmen der AGM-Theorie lediglich behelfshalber als Kontraktionen modelliert werden müssen. Dies gilt auch für das Kleopatra-Beispiel. Auch hier handelt es sich bei der ersten beteiligten Überzeugungsänderung eigentlich gar nicht um eine Kontraktion, weil jene durch die neue Information veranlasst wird, dass es sich bei dem fraglichen Buch um einen historischen Roman handelt. Weil diese Information aber *logisch* verträglich mit meinen bisherigen Überzeugungen ist, kann dieses Beispiel im Rahmen der AGM-Theorie nicht als eine Revision modelliert werden, weil ansonsten aufgrund der AGM-Erhaltungseigenschaft alle bisherigen Überzeugungen beibehalten werden müssten und somit weder die Überzeugung, dass Kleopatra einen Sohn hatte, noch die Überzeugung, dass sie ein Kind hatte, aufgegeben werden würden. Diese vollkommen ungenügende Modellierung des Beispiels können AGM nur dadurch vermeiden, dass sie derartige Beispiele künstlich als Kontraktionen und nicht als Revisionen behandeln. Weil AGM-Kontraktionen außerdem *Wiederherstellung* erfüllen, ergeben sich dann die Schwierigkeiten, die in Abschnitt 2.10 erörtert wurden. Zu den Schwierigkeiten im Zusammenhang mit dem Wiederherstellungspostulat kommt es also durch das Zusammenspiel *zweier* Faktoren der AGM-Theorie:

(1) Bestimmte Revisionen werden artifiziell durch Kontraktionen modelliert.
(2) Kontraktionen erfüllen *Wiederherstellung*.

Folglich kann man die aufgewiesenen Schwierigkeiten entweder dadurch überwinden, dass man (1) eine realistischere Revisionsoperation entwickelt, die auf Rechtfertigungsstrukturen rekurriert und somit auch nicht-logische Konflikte zu berücksichtigen vermag, oder man kann (2) eine Kontraktionsoperation entwickeln, die qua Einbeziehung von Rechtfertigungsstrukturen *Wiederherstellung* nicht erfüllt. Obwohl es in Abschnitt 2.10 vielleicht zunächst so schien, als ob Rechtfertigungsstrukturen auf die zweite Weise ins Spiel gebracht werden sollten, stellt die erste Möglichkeit sicher den Königsweg dar. Bei der ersten Option wird verhindert, dass Revisionsprozesse, wie der des Kleopatra-Beispiels, überhaupt erst behelfshalber als Kontraktionen modelliert werden müssen. Weil hierbei das Problem also wirklich an der Wurzel angepackt wird, wurde in dieser Arbeit für den ersten Weg optiert.

Löst man aber die Schwierigkeiten im Zusammenhang mit *Wiederherstellung* auf diese erste Weise, so ist keine Notwendigkeit mehr gegeben, eine Kontraktionsoperation zu konstruieren, die *Wiederherstellung* nicht erfüllt, um damit bestimmte Revisionen artifiziell als Kontraktionsfälle behandeln zu können. Da es gemäß den Ausführungen von Abschnitt 5.7 auch keine anderen freien Kontraktionen gibt, stellen erzwungene Kontraktionen des zweiten Typs die einzigen Kontraktionen dar. Weil letztere aber ganz offensichtlich *Wiederherstellung* erfüllen, kann man durchaus sagen, dass *alle* Kontraktionen *Wiederherstellung* erfüllen, ohne dass dadurch die früheren, kritischen Überlegungen zum Wiederherstellungspostulat in Frage gestellt werden würden.

Die Feststellung, dass alle Kontraktionen *Wiederherstellung* (doch) erfüllen, sollte nicht dahingehend missverstanden werden, dass von der früheren Behauptung etwas zurückgenommen werden würde, dass die AGM-Theorie aufgrund des Wiederherstellungspostulats ihrer Kontraktion, bei Beispielen des Kleopatra-Typs hochgradig kontraintuitive Resultate liefert. Es hat sich vielmehr als zweckmäßig erwiesen, die aufgedeckten Probleme dadurch in den Griff zu bekommen, dass die problematischen Überzeugungsänderungen einem anderen *Typ* von Überzeugungsänderung zugerechnet werden. Dies bedeutet sogar eine noch radikalere Abkehr vom AGM-Ansatz als dies zunächst geboten zu sein schien. Auch die Behauptung, dass es überhaupt keine freien Kontraktionen gibt, stellt einen krassen Bruch mit dem durch AGM vorgegebenen Rahmen dar. Im Vergleich dazu stellt die Tatsache, dass der einzig verbleibende Spezialfall von erzwungenen Kontraktionen des zweiten Typs

Wiederherstellung erfüllt, eine eher sekundäre Übereinstimmung mit AGM dar. Sowohl AGM als auch der Autor können sich zwar gemeinsam zu der Formel bekennen, dass „alle" Kontraktionen *Wiederherstellung* erfüllen, aber dies darf nicht darüber hinwegtäuschen, dass diese Gemeinsamkeit rein oberflächlich ist, weil beide Male mit dieser Formel durchaus verschiedenes behauptet wird: Während der Autor mit „alle Kontraktionen" lediglich erzwungene Kontraktionen des zweiten Typs meint, möchten AGM unter dieser Formel sowohl sämtliche erzwungenen Kontraktionen, als auch alle freie Kontraktionen (nach AGM eine nicht-leere Klasse), als auch bestimmte Revisionen, die ebenfalls als Kontraktionen abgehandelt werden müssen, subsumieren.

6.6 Noch einmal iterierte Überzeugungsänderungen

Von einigen Spezialfällen abgesehen, ist die Theorie von AGM unfähig, iterierte Überzeugungsänderungen zu modellieren. Doch auch dieses Defizit spielt bei der Modellierung erzwungener Überzeugungsänderungen des zweiten Typs keine so große Rolle wie bei freien Überzeugungsänderungen. Im Fall von freien Überzeugungsänderungen ändert sich der epistemische Zustand eines Subjekt unter dem ständigen Einfluss neuer Informationen über einen langen Zeitraum hinweg und bildet so eine sehr lange Abfolge von iterierten Überzeugungsänderungen: A, A', A'', ... Im Fall von freien Überzeugungsänderungen ist es somit unerlässlich, dass eine adäquate Theorie der Dynamik epistemischer Zustände auch iterierte Überzeugungsänderungen zu modellieren vermag. Im Gegensatz dazu handelt es sich im Fall von erzwungenen Überzeugungsänderungen (des zweiten Typs) in der Regel um eine einzige Überzeugungsänderung, die hypothetisch erwogen wird, bevor das epistemische Subjekt dann zu seinem ursprünglichen Überzeugungszustand zurückkehrt: A, A', A, ... Selbst wenn es nicht bei einer einzigen erzwungenen Überzeugungsänderung bleiben sollte, kann man davon ausgehen, dass es lediglich zu einer kleinen Anzahl von Iterierungen kommt. In diesem Fall scheint die Annahme, dass die Ordnung der epistemischen Verankerung, welche der AGM-Modellierung zugrunde liegt, konstant bleibt (oder sich nur unwesentlich verändert), durchaus plausibel zu sein. Wenn man aber die Annahme macht, dass die Verankerungsrelation über eine kurze Folge von erzwungenen Überzeugungsänderungen konstant bleibt, so steht auch einer Modellierung derartiger iterierter Überzeugungsänderungen durch die AGM-Theorie nichts mehr im Weg. In jedem Fall scheint die Unfähigkeit der AGM-Theorie, iterierte Überzeugungsänderungen modellieren zu können, im Fall von erzwungenen Überzeugungsänderungen des zweiten Typs weitaus weniger gravierend zu sein als im Fall von freien Überzeugungsänderungen.

Weil also bei erzwungenen Überzeugungsänderungen des zweiten Typs neben den uneingeschränkten Erfolgspostulaten und einer Vernachlässigung von Rechtfertigungsstrukturen auch das uneingeschränkte Monotoniepostulat, die starke Erhaltungseigenschaft und ebenfalls das Wiederherstellungspostulat durchaus wünschenswerte Eigenschaften sind, sprechen diese Charakteristika nicht gegen eine adäquate Modellierung *dieses* Falls der Dynamik epistemischer Zustände durch die Theorie von AGM. Auch die Unfähigkeit der AGM-Theorie, iterierte Überzeugungsänderungen behandeln zu können, ist bei der Modellierung erzwungener Überzeugungsänderungen unerheblich. Zumindest solange keine anderen Schwächen der AGM-Theorie als die bekannten aufgezeigt werden, plädiere ich deshalb dafür, dass man diesen Ansatz zur Modellierung von erzwungenen Überzeugungsänderungen des zweiten Typs heranziehen sollte. Daraus ergibt sich auch eine partielle Rehabilitierung der AGM-Theorie gegenüber der pauschalen Ablehnung dieses Ansatzes in Kapitel 2. Die AGM-Theorie ist zwar ungeeignet, um den wichtigsten Fall der Dynamik epistemischer Zustände - nämlich den Fall freier Überzeugungsänderungen - und den Fall erzwungener Überzeugungsänderungen des ersten Typs zu beschreiben, aber sie ist durchaus adäquat zur Modellierung erzwungener Überzeugungsänderungen des zweiten Typs. Somit lässt sich die Kritik aus Kapitel 2 dahingehend reformulieren, dass der Anwendungsbereich der AGM-Theorie drastisch eingeschränkt werden muss, und man die Theorie so interpretiert, dass sie sich „eigentlich“ nicht mit der Dynamik epistemischer Zustände in der ganzen Breite dieses Phänomens beschäftigt, sondern nur mit einem Unterfall des Nebenfalls - eben mit erzwungenen Überzeugungsänderungen des zweiten Typs. Angesichts des universellen Anspruchs, den die Theorie von AGM erheben möchte, ist dies freilich immer noch ein fast ebenso vernichtendes Urteil wie eine uneingeschränkte Ablehnung dieses Ansatzes.

7 Die Wahl einer statischen Theorie

7.1 Was wurde bisher erreicht?

Die AGM-Theorie spezifiziert, wie sich aus einer Überzeugungsmenge A und einer neuen Information x ein neuer Überzeugungszustand ergibt. Dabei stützt sich die AGM-Theorie auf eine Ordnung der epistemischen Verankerung, die im Rahmen der Theorie als undefinierter Grundbegriff fungiert, der axiomatisch lediglich teilweise bestimmt wird. In diesem Sinne kann man sagen, dass AGM eine Explikation des Begriffs einer rationalen Überzeugungsänderung liefern, bei der dieser Begriff auf den Begriff einer epistemischen Verankerung (plus Logik) zurückgeführt wird. Ganz analog wurde in der vorliegenden Arbeit eine Theorie entwickelt, die angibt, wie sich aus einem stabilen Akzeptanzsystem A und einer neuen Information x ein neues stabiles Akzeptanzsystem ergibt. Dabei wurde ein Rechtfertigungsoperator herangezogen, der ebenfalls als undefinierter Grundbegriff fungiert, welcher axiomatisch nur teilweise charakterisiert wurde. In diesem Sinne kann man sagen, dass die JuDAS-Theorie eine Explikation des Begriffs einer rationalen Überzeugungsänderung liefert, bei der dieser Begriff auf den Rechtfertigungsbegriff (plus Logik) zurückgeführt wird.

Weil selbstverständlich jede Explikation bestimmte Grundbegriffe verwenden muss, die im Rahmen der Explikation nicht weiter analysiert werden, ist jede Explikation unvollständig in dem Sinn, dass man die Analyse dahingehend erweitern könnte, dass auch diese undefinierten Grundbegriffe aufgelöst und auf andere (basalere) Begriffe zurückgeführt werden. Weder die Theorie von AGM noch die JuDAS-Theorie bilden in dieser Hinsicht also eine Ausnahme. Weil der Rechtfertigungsbegriff allerdings ein überaus komplexer Begriff ist, der selbst im Fokus philosophischer Explikationsbemühungen steht, scheint hier eine weitergehende Analyse möglich und wünschenswert zu sein.

Um die bisher entwickelte Analyse von Überzeugungsänderungen also noch einen Schritt weiter zu treiben und eine Explikation zu liefern, die ohne den Rechtfertigungsbegriff auskommt, soll der bisherigen statodynamischen Überzeugungsänderungstheorie deshalb noch eine Analyse des Rechtfertigungsbegriffs zur Seite gestellt werden. Selbstverständlich können für dieses Vorhaben nur solche Explikationen des Rechtfertigungsbegriffs adäquat sein, die sich formal so rekonstruieren lassen, dass aus ihnen ein Rechtfertigungsoperator resultiert, der den Postulaten (Js1)–(Js6) genügt, die in Kapitel 4 formuliert wurden. Neben diesem formalen Kriterium muss eine Theorie der

Rechtfertigung selbstverständlich noch zahlreiche inhaltliche Bedingungen erfüllen.

In diesem Kapitel sollen einige Adäquatheitsbedingungen formuliert werden, denen eine statische Rechtfertigungstheorie genügen sollte, damit sie für eine Synthese mit einer dynamischen Theorie der Überzeugungsänderung geeignet ist. Dieser Forderungskatalog wird die Wahl einer Rechtfertigungstheorie stark eingrenzen. Im nächsten Kapitel soll dann eine Rechtfertigungstheorie vorgestellt werden, die diesen Kriterien sehr gut genügt.

7.2 Internalismus versus Externalismus

In Kapitel 4 wurde bereits ersichtlich, dass philosophische Theorien der epistemischen Rechtfertigung üblicherweise im Rahmen einer umfassenderen Theorie des Wissens entwickelt werden. Weil Wissen, dass *p*, nämlich nicht nur impliziert, dass man meint, dass *p*, und dass *p* wahr ist, sondern auch impliziert, dass die Meinung, dass *p*, gerechtfertigt ist, muss eine Theorie der epistemischen Rechtfertigung integraler Bestandteil einer jeden Wissenstheorie sein. Seit Aristoteles ist man bis in das 20. Jahrhundert hinein davon ausgegangen, dass diese drei Elemente nicht nur notwendige, sondern zusammen auch hinreichende Bedingungen für Wissen sind, und Wissen somit äquivalent ist mit einer gerechtfertigten, wahren Meinung. Doch spätestens seit dem legendären Artikel von Edmund Gettier (1963) ist es philosophisches Gemeingut, dass diese drei Bedingungen zusammen *kein hinreichendes* Kriterium für Wissen darstellen. Gettier hat einige Beispiele aufgezeigt, in denen eine Person ganz offenkundig zwar eine gerechtfertigte, wahre Meinung hat, ohne jedoch über ein entsprechendes Wissen zu verfügen. Ein derartiges Beispiel funktioniert nach folgendem sehr einfachen Schema: Angenommen eine Person *S* hat eine disjunktive Überzeugung, also eine Überzeugung der Form $p \vee q$. Außerdem verfügt *S* über gute Gründe für die Annahme, dass *p*. Damit kann *S* nicht nur die Meinung *p*, sondern auch die logisch schwächere Meinung $p \vee q$ rechtfertigen. Außerdem wird angenommen, dass *S* über keinerlei Rechtfertigung für *q* verfügt, ja möglicherweise nicht einmal über *q* nachgedacht hat. Der Zufall will es, dass *p* tatsächlich falsch, dafür aber *q* wahr ist. In diesem Fall hat *S* die gerechtfertigte, wahre Meinung, dass $p \vee q$. Andererseits ist klar, dass *S* nicht weiß, dass $p \vee q$. Die Meinung $p \vee q$ ist gewissermaßen nur zufällig wahr, obwohl *p*, auf das sich *S*'s Rechtfertigung stützt, falsch ist. Die Person *S* hat einfach nur Glück gehabt. Ebenso wie bei allen anderen Gettierbeispielen fallen hier das, was die fragliche Meinung rechtfertigt („der Rechtfertiger", hier: *p*), und das, was die Meinung wahr macht („der Wahrmacher", hier: *q*), auseinander. In einem solchen Fall würde man nicht sagen wollen, dass *S* weiß, dass $p \vee q$. Folglich ist eine gerechtfertigte, wahre Meinung keine hinreichende Bedingung für Wissen.

Seit dem Bekanntwerden derartiger Gettierbeispiele wurde eine Vielzahl von Strategien ersonnen, um dieses Problem zu lösen und einen Satz von Bedingungen zu formulieren, der eine Explikation des Wissensbegriffs im Sinne einer Äquivalenz darstellt.[97] Unter anderem wurde etwa versucht, die genannten drei Bedingungen durch eine vierte, ebenfalls notwendige Bedingung für Wissen zu ergänzen, so dass alle vier Bedingungen zusammen auch hinreichend für Wissen sind. Eine andere Strategie zur Überwindung des Gettierproblems sind so genannte *externalistische* Theorien des Wissens, wie sie in den letzten drei Jahrzehnten unter anderem von D.M. Armstrong, Alvin I. Goldman, Fred Dretske, Robert Nozick und Alvin Plantinga ausgearbeitet wurden.[98] Gemeinsames Merkmal derartiger Theorien ist die Forderung, dass für ein Wissen, dass *p*, neben dem Haben der wahren Meinung, dass *p*, das Bestehen einer gewissen (externen) Relation zwischen dem, was die Meinung *p* wahr macht, und dem Haben dieser Meinung bestehen muss. Je nach Theorie wird diese Relation verschieden spezifiziert. So wurde etwa von einigen Autoren gefordert, dass zwischen dem, was die fragliche Meinung wahr macht, und dem Haben dieser Meinung eine kausale Beziehung bestehen muss. Die Meinung, dass *p*, ist demnach nur dann ein Fall von Wissen, wenn zum einen *p* wahr ist und zum anderen die Tatsache, dass *p*, kausal dafür verantwortlich ist, dass das epistemische Subjekt die Meinung, dass *p*, gebildet hat (beziehungsweise diese weiter aufrechterhält).

Auch wenn dies nicht immer so formuliert wird, lässt sich das Bestehen der jeweiligen externen Relation als Rechtfertigung für die fragliche Meinung interpretieren, so dass sich aus jeder externalistischen Theorie des Wissens auch eine externalistsiche Rechtfertigungstheorie extrahieren lässt. Der große Vorteil externalistischer Wissensexplikationen besteht darin, dass ein Auseinanderfallen des Wahrmachers und des Rechtfertigers wie bei obigem Beispiel verhindert wird, weil ja per definitionem die Rechtfertigung einer Meinung gerade das Bestehen einer bestimmten Relation zu dem, was die Meinung wahr macht, *ist*. Problematische Gettierbeispiele können hier also nicht gebildet werden. So wurde im obigen Beispiel etwa die Meinung, dass $p \vee q$, kausal nicht durch die Tatsache, dass *q*, also dem, was die Meinung $p \vee q$ wahr macht, hervorgebracht. Somit handelt es sich gemäß dieser externalistischen Theorie wunschgemäß auch nicht um eine gerechtfertigte, wahre Meinung.

---

97 Einen umfangreichen Überblick über die Bemühungen zur Lösung des Gettierproblems während des ersten Jahrzehnts nach Bekanntwerden dieser Schwierigkeit liefert Shope (1983).

98 Vgl. als klassische Referenzen etwa Armstrong (1973), Goldman (1979, 1986), Dretske (1981), Nozick (1981) und Plantinga (1993).

Das Problematische an externalistischen Wissenstheorien ist, dass die fragliche Relation - also etwa eine kausale Beziehung zwischen dem Wahrmacher und dem Haben der Überzeugung - bestehen kann, ohne dass das epistemische Subjekt davon die leiseste Ahnung haben muss. Möglicherweise würde das Subjekt auf Nachfrage sogar explizit behaupten, dass eine derartige Relation *nicht* besteht. Obwohl diese Konsequenz durchaus kontraintuitiv erscheint, wird sie von Vertretern externalistischer Theorien ausdrücklich anerkannt. Die Forderung, dass das epistemische Subjekt kognitiven Zugriff (*cognitive grasp*) auf alle rechtfertigungsrelevanten Fakten haben muss, wird von Externalisten explizit zurückgewiesen. Daher erklärt sich auch die Bezeichnung „Externalismus": Die fragliche Relation ist extern, das heißt das epistemische Subjekt hat darauf nicht notwendigerweise kognitiven Zugriff. Wissen ist nach einer externalistischen Explikation also kein transparenter Begriff. Eine Person kann wissen, dass *p*, ohne dass sie weiß, dass sie weiß, dass *p*.

Damit kontrastieren externalistische Theorien mit traditionellen *internalistischen* Rechtfertigungstheorien, die davon ausgehen, dass das epistemische Subjekt kognitiven Zugriff auf alle rechtfertigungsrelevanten Fakten haben muss. Internalistische Theorien der Rechtfertigung und des Wissens wurden unter anderem von Chisholm, BonJour, Pollock und Foley entwickelt. Auch Lehrers Theorie wird üblicherweise hierzu gerechnet.[99]

Wenn man unter einer internalistischen Bedingung (einer Wissensanalyse) eine Bedingung versteht, auf deren Bestehen oder Nicht-Bestehen das epistemische Subjekt notwendigerweise kognitiven Zugriff hat, und unter einer externalistischen Bedingung (einer Wissensanalyse) eine Bedingung versteht, auf deren Bestehen oder Nicht-Bestehen das epistemische Subjekt nicht notwendigerweise kognitiven Zugriff hat, dann lassen sich internalistische und externalistische Theorien des Wissens wie folgt charakterisieren:[100]

---

[99] Vgl. als klassische Referenzen etwa Chisholm (1989), BonJour (1985), Pollock (1986) und Foley (1987). Die Einschätzung, dass es sich auch bei Lehrer (1990b u. a.) um eine internalistische Theorie handelt, ist durchaus problematisch. Vgl. hierzu die Bemerkung weiter unten und v. a. Abschnitt 8.2 (1).

[100] Beachtenswert ist, dass nach dieser Charakterisierung internalistische und externalistische Theorien des Wissens kein Gegensatzpaar in dem Sinn sind, dass jede Theorie, die nicht internalistisch ist, zwangsläufig externalistisch sein muss, beziehungsweise umgekehrt, dass jede Theorie, die nicht externalistisch ist, zwangsläufig internalistisch sein muss. Eine Theorie des Wissens kann weder internalistisch noch externalistisch sein. Dies ist dann der Fall, wenn sie für ein Wissen, dass *p*, neben dem Haben der wahren Meinung, dass *p*, das Bestehen sowohl internalistischer als auch externalistischer Bedingungen fordert. Diese Bestimmung des Begriffspaares internalistisch/externalistisch unterscheidet sich somit von Charakterisierungen, nach denen internalistische Wissenstheorien solche sind, die für Wissen das Bestehen bestimmter internalistischer Bedingungen als *notwendig* erachten, und nach denen entsprechend externalistische Wissenstheorien solche sind, die für Wissen das Bestehen bestimmter externalistischer Bedingungen als *notwendig* erachten. Eine derartige Auffassung des Begriffspaares in-

Internalistische Wissenstheorien: Um eine wahre Meinung in einen Fall von Wissen zu konvertieren, ist das Bestehen bestimmter internalistischer Bedingungen hinreichend.

Externalistische Wissenstheorien: Um eine wahre Meinung in einen Fall von Wissen zu konvertieren, ist das Bestehen bestimmter externalistischer Bedingungen hinreichend.

Beide Typen von Theorien haben für eine Wissensanalyse ihre Probleme. Internalistische Theorien sehen sich wegen der Möglichkeit, dass Wahrmacher und Rechtfertiger auseinander fallen können, mit der Gettierproblematik konfrontiert. Externalistische Theorien haben dagegen mit dem Problem zu kämpfen, dass nach ihnen Wissen und epistemische Rationalität auseinander fallen können, weil es möglich ist, dass die fragliche externalistische Relation besteht und somit folglich - gemäß dem formulierten Rechtfertigungsstandard - ein Fall von Wissen vorliegt, obwohl das Subjekt selbst keine Ahnung vom Bestehen dieser rechtfertigungsverleihenden Relation haben muss oder sogar Gründe für das Nicht-Bestehen dieser Relation haben kann, und sich somit aus der eigenen Perspektive betrachtet völlig irrational verhält.

Doch hier geht es nicht um eine Explikation des Wissensbegriffs. Deshalb soll auch keine Stellung zu der Frage bezogen werden, ob internalistischen oder externalistischen Ansätzen für eine Theorie des Wissens der Vorzug gegeben werden sollte. Hier geht es vielmehr darum, eine Rechtfertigungstheorie *losgelöst von einer Wissensanalyse* (die den üblichen Rahmen bildet, in dem sol-

---

ternalistisch/externalistisch wird zwar selten explizit zum Ausdruck gebracht, muss aber unterschwellig wohl doch einigen Ausführungen zu Grunde liegen. Anders ist es jedenfalls kaum erklärbar, dass etwa die Theorie des Wissens von Lehrer (1990b u. a.) - die im nächsten Kapitel eingehend behandelt werden soll - üblicherweise als internalistische Theorie klassifiziert wird, obwohl nach ihr für ein Wissen, dass *p*, unter anderem sowohl die internalistische Forderung erhoben wird, dass das Subjekt meint, dass die Meinung *p* zuverlässig erzeugt wurde, als auch die externalistische Forderung, dass die Meinung *p* tatsächlich zuverlässig erzeugt wurde. Vgl. hierzu auch Abschnitt 8.2 (1). Der hier gegebenen Charakterisierung des Begriffspaares internalistisch/externalistisch ist jedoch der Vorzug gegenüber der angeführten alternativen Begriffsbestimmung zu geben, weil dadurch wichtige Eigenschaften erhalten bleiben, die mit den Positionen des (epistemischen) Internalismus und Externalismus in Verbindung gebracht werden. Die Gettierbeispiele etwa funktionieren nur dann als Einwand gegen den Internalismus (was der gängigen Lesart entspricht), wenn man unter internalistischen Theorien nur solche versteht, die gemäß der hier gegebenen Definition von Internalismus frei von externalistischen Elementen sind. Ähnlich ist ein Auseinanderfallen von Wissen und der Kenntnis dieser Tatsache durch das Subjekt selbst, wie es üblicherweise als charakteristisches Merkmal des Externalismus angesehen wird, nur bei solchen Theorien möglich, die gemäß der hier gegebenen Definition des Externalismus frei von internalistischen Elementen sind.

che Theorien entwickelt wurden) innerhalb einer Theorie der Dynamik epistemischer Zustände zu implementieren. Für *dieses* Vorhaben kommen externalistische Rechtfertigungstheorien klarerweise nicht in Betracht. Einer Theorie der Dynamik epistemischer Zustände geht es darum zu klären, welche Meinungen ein epistemisches Subjekt *rationalerweise* haben sollte und wie es seine Meinungen unter dem Einfluss neuer Informationen *rationalerweise* ändern sollte. Dafür ist entscheidend, wie sich die Dinge „von innen" aus der Sicht des epistemischen Subjekts darstellen, und nicht, wie sie sich „von außen" aus der Sicht eines allwissenden Subjekts darstellen. Es geht also um rationale Meinungen, nicht um wahre Meinungen oder Wissen, es geht um rationale Meinungsänderung, nicht um eine Meinungsänderung in Richtung Wahrheit. Auch wenn das Interesse an einer Theorie des rationalen Meinens und der rationalen Meinungsänderung natürlich darin begründet liegt, dass man hofft, dass die Befolgung von Rationalitätsvorgaben einen letztlich hin zur Wahrheit führt, geht es bei der Formulierung einer derartigen Theorie ausschließlich um subjektive Konzeptionen der genannten Art, nicht um ihre objektiven Gegenstücke.

Da externalistische Rechtfertigungstheorien aber gerade von der „inneren" Perspektive des epistemischen Subjekts absehen und sich ausschließlich mit der objektiven Frage beschäftigen, ob die fragliche externalistische Relation tatsächlich besteht oder nicht, sind sie für das vorliegende Vorhaben wertlos. Eine – im Sinne dieser Untersuchung – adäquate statische Rechtfertigungstheorie muss also nicht-externalistisch sein. Das heißt sie muss entweder internalistisch sein, oder sie muss internalistische mit externalistischen Elementen kombinieren. Wobei in letzterem Fall für das vorliegende Vorhaben lediglich die internalistischen Aspekte einer solchen Theorie von Interesse sind, weshalb es in einem solchen Fall gilt, den „internalistischen Kern" aus der Gesamttheorie herauszuschälen. Sei also Folgendes festgehalten:

Eine adäquate Rechtfertigungstheorie muss nicht-externalistisch sein.

Durch dieses Kriterium scheiden unter anderem die Rechtfertigungstheorien von D.M. Armstrong, Alvin I. Goldman, Fred Dretske, Robert Nozick und Alvin Plantinga aus.

7.3 Infallibilismus versus Fallibilismus

Wie eingangs bereits in Abschnitt 1.3 hervorgehoben wurde, ergibt sich ein Interesse an einer Theorie der Überzeugungsänderung vor allem aus der fallibilistischen Grundüberzeugung, die sich im 20. Jahrhundert in der Erkenntnistheorie durchgesetzt hat. Im Gegensatz zum Infallibilismus, der für Jahrhunderte als Leitbild der Erkenntnistheorie fungiert hat, geht man heute von der (weitgehend) universellen Fehlbarkeit aller Überzeugungen aus und vertritt die These:[101]

(F) Es gibt keine unfehlbaren Überzeugungen.

Wenn alle Überzeugungen fallibel sind, wenn man sich trotz aller Sorgfalt also stets irren kann, wird es im Laufe des Strebens nach Erkenntnis von Zeit zu Zeit erforderlich sein, dass man Meinungen, von denen man einmal überzeugt war, aufgibt oder durch andere Meinungen ersetzt. Da die Regeln, nach denen derartige Überzeugungsänderungen vonstatten gehen, beziehungsweise gehen sollten, keineswegs trivial sind, muss eine der wichtigsten Aufgaben für den Fallibilisten darin bestehen, die Mechanismen der Dynamik epistemischer Zustände aufzuklären. Dieses Vorhaben, eine Theorie der Überzeugungsänderung zu entwerfen, wurde daher auch als das *dynamische Projekt des Fallibilismus* bezeichnet. Natürlich stellt sich die Frage, wie man seine Überzeugungen ändert, nicht erst seit man eine fallibilistische Grundüberzeugung eingenommen hat; seit diesem Paradigmenwechsel stellt sich diese Frage aber besonders eindringlich. Dass aktuale epistemische Subjekte unzulänglich sind und sich irren können und folglich ihre Meinungen gelegentlich revidieren müssen, wird auch der Infallibilist einräumen, aber er kann sich damit trösten, dass dies lediglich faktische und nicht notwendige Mängel sind. Der Infallibilist kann einem etwas naiven Bild des Lernens nachhängen: Zunächst sollte man sein Meinungssystem säubern und nur noch an denjenigen Meinungen festhalten, die unfehlbar sind, danach sollte man sein Wissen stets nur um ebenfalls absolut gewisse Überzeugungen erweitern, so dass es fortan nicht mehr erforderlich sein wird, frühere Meinungen aufzugeben oder zu revidieren.[102] Dass man von einem solchen idyllischen Erkenntnisprozess weit entfernt ist, wird auch der Infallibilist zugestehen, aber für ihn stellt dieses Bild kein utopisches Ideal dar, so dass er sich damit abfinden kann, dass lästige Revisionen und Kontraktionen von Meinungen nicht ein notwendiger Bestandteil des menschlichen Er-

---

[101] Wem die These (F) zu stark ist, der sei auf eine Abschwächung derselben verwiesen, wie sie in Abschnitt 1.3 umrissen wurde. Eine derartige Abschwächung reicht als Ausgangsbasis für alle Überlegungen der vorliegenden Arbeit ebenfalls aus.

[102] Wie in Abschnitt 1.3 bemerkt, wird ein derartiges Verständnis des Lernprozesses von Infallibilisten selten explizit zum Ausdruck gebracht, aber das ausgeprägte Desinteresse, elaboriertere Modelle der Dynamik epistemischer Zustände auszuarbeiten, muss wohl als Indiz dafür gewertet werden, dass man in diesem Bereich keine erheblichen Schwierigkeiten erblickt hat und relativ naive Vorstellungen von den fraglichen Vorgängen hatte. Das hier skizzierte Bild entspricht in etwa der Vorgehensweise von Descartes in seinen *Meditationen*.

kenntnisprozesses sind; einfache, unproblematische Expansionen, die zu einem monotonen Wissenszuwachs führen, sind alles, was *wesentlich* erforderlich ist.

Erst wenn man also die Irrtumsmöglichkeit als unvermeidlichen Bestandteil des Strebens nach Wissen akzeptiert hat, kommt man nicht mehr umhin, sich auch ernsthaft Gedanken darüber zu machen, wie kompliziertere Formen der Meinungsänderung funktionieren. Weil also ein Interesse an einer Theorie der Überzeugungsänderung sich vor allem aus dem Fallibilismus heraus ergibt, kommen für eine Synthese mit einer solchen Theorie selbstverständlich nur Rechtfertigungstheorien in Betracht, die ebenfalls fallibilistisch sind. Eine Heranziehung einer infallibilistischen Rechtfertigungstheorie zur Implementierung innerhalb einer Theorie der Dynamik epistemischer Zustände würde die Annahme des Fallibilismus konterkarieren, die überhaupt erst die Voraussetzung für ein Interesse an einer Theorie der Überzeugungsänderung darstellt. Etwas salopp könnte man also sagen, dass infallibilistische Rechtfertigungstheorien, wie sie von der philosophischen Tradition entworfen wurden, sich nicht mit dem weiteren „ideologischen" Kontext vertragen, in dem eine (moderne) Theorie der Dynamik epistemischer Zustände angesiedelt ist. Sei also festgehalten:

Eine adäquate Rechtfertigungstheorie muss fallibilistisch sein.

Durch dieses Kriterium scheiden vor allem traditionelle Rechtfertigungstheorien, wie sie etwa vom Rationalismus entworfen wurden, aus.

7.4 Fundamentalismus versus Kohärentismus

Neben den beiden Dichotomien *Internalismus / Externalismus* und *Infallibilismus / Fallibilismus* führt eine weitere prominente Unterscheidung, die zur Klassifikation von Rechtfertigungstheorien dient, zu einer Begrenzung der Wahlmöglichkeiten einer statischen Theorie. Es handelt sich hierbei um die Unterscheidung zwischen *fundamentalistischen* und *kohärentistischen* Rechtfertigungstheorien.

Die zentrale These fundamentalistischer Rechtfertigungstheorien besteht darin, dass es gewisse basale Meinungen gibt, die gerechtfertigt sind, ohne dass ihre Rechtfertigung von anderen Meinungen abhängt, und dass sich alle anderen Meinungen durch diese basalen Meinungen rechtfertigen lassen. Die Geschichte der Erkenntnistheorie ist von einer Hegemonie fundamentalistischer Theorien des Wissens geprägt. Bis hin zu Chisholm erschienen derartige Theorien der einzig akzeptable nicht-skeptische Ausweg aus dem epistemischen Regress-Problem zu sein, das darin besteht, dass man bei der Begründung von Meinungen durch andere Meinungen, die ihrerseits begründungsbedürftig sind, in einen infiniten Begründungs-Prozess zu geraten droht, ohne je seine Meinungen rechtfertigen zu können.[103] Die Vormachtstellung fundamentalistischer Erkenntnistheorien spiegelt sich nicht zuletzt in einem diesbezüglichen Konsens so weitgehend disparater philosophischer Grundpositionen wie dem Empirismus und dem Rationalismus wider, die beide fundamentalistische Theorien des Wissens vertreten haben, obzwar sie völlig uneins darüber waren, welche Meinungen als basal zu erachten seien.

Kohärentistischen Positionen kam dabei lediglich die Rolle eines dialektischen Buhmanns zu. Seit Sellars (1963) das Wort vom „Mythos des Gegebenen" geprägt hat, hat sich die Kritik am epistemologischen Fundamentalismus allerdings gemehrt und dürfte wohl einen wenigstens relativen Höhepunkt in BonJours (1985) umfassendem anti-fundamentalistischen Argument gefunden haben.

Aus dem Bedürfnis der Vermeidung des Skeptizismus heraus ist die Destruktion des Fundamentalismus klarerweise damit einhergegangen, sich nach epistemologischen Alternativen umzusehen, so dass man begonnen hat, kohärentistische Theorien ernsthaft in Erwägung zu ziehen und ihre Tragfähigkeit zu untersuchen. Beginnend mit den Positivisten Hempel und Neurath sowie einigen britischen Idealisten wie Blanshard haben zahlreiche Philosophen im 20. Jahrhundert Kohärenztheorien ausgearbeitet, beziehungsweise kohärentistische Positionen vertreten. Zu nennen sind hier Rescher, Sellars, Harman, BonJour, Lehrer sowie mit Einschränkungen Quine. Charakteristisches Merkmal von Kohärenztheorien ist es, dass behauptet wird, die Rechtfertigung einer Meinung bestehe darin, dass sie sich kohärent in ein System von Meinungen einfügt. Was man sich unter diesem „Kohärieren" vorzustellen hat, muss freilich von jeder konkreten Theorie genauer expliziert werden.

Zwischen der Unterscheidung Infallibilismus/Fallibilismus einerseits und der Unterscheidung Fundamentalismus/Kohärentismus andererseits besteht ein Zusammenhang. Eine fallibilistische Grundüberzeugung verträgt sich eher schlecht mit einer fundamentalistischen Erkenntnistheorie. Wenn es keine unfehlbaren Meinungen gibt, so kann es auch kein unerschütterliches Fundament von basalen Meinungen geben, welches das ganze Gebäude von gerechtfertigten Meinungen tragen könnte.[104] Ein Fallibilismus scheint also - wenigstens tendenziell - eine kohärentistische Rechtfertigungstheorie nahe zu legen. Damit ist im letzten Abschnitt mit dem klaren Votum für eine fallibilistische Theorie auch bereits eine gewisse Vorentscheidung zugunsten einer kohärentistischen Rechtfertigungstheorie getroffen worden:

---

103 Vgl. z. B. Chisholm (1989).

104 Dass zwischen einem Fallibilismus und einer fundamentalistischen Erkenntnistheorie zwar eine deutliche Spannung besteht, diese jedoch nicht völlig unvereinbar sein müssen, zeigt Chisholms (1989) fallibilistischer Fundamentalismus.

Eine adäquate Rechtfertigungstheorie sollte eher kohärentistisch sein.

Aufgrund dieses Kriteriums erscheinen zahlreiche traditionelle Rechtfertigungstheorien, wie sie etwa vom Rationalismus und Empirismus entworfen wurden, aber auch modernere fundamentalistische Ansätze, wie etwa Chisholms Theorie, wenig attraktiv.

7.5 Präzisionsniveau

Die formal ausgearbeiteten Theorien von AGM und des Bayesianismus, die in Kapitel 2 und 3 vorgestellt wurden, belegen exemplarisch für alle Theorien aus dem Bereich der Überzeugungsänderungsmodellierung, dass diese Diskussion auf einem sehr hohen Präzisionsniveau geführt wird, wie es für philosophische Untersuchungen durchaus nicht selbstverständlich ist.

Das Präzisionsniveau im Bereich der Rechtfertigungs- und Wissensdebatte reicht selbst in seinen vorbildlicheren Beispielen an diesen Standard klarerweise nicht heran. Ideen, die intuitiv zum Teil durchaus ansprechend sind, verbleiben hier allzu oft vage oder werden sogar nur in Form von Metaphern vorgebracht. Teilweise handelt es sich sogar lediglich um Skizzen von Theorien, statt um tatsächliche Theorien. Formal-logische Ausarbeitungen sucht man vergeblich. Ja schlimmer noch, in einigen Fällen dürfte jedem kritischen Geist sogar klar sein, dass die vorgestellten Ideen wohl immer vage verbleiben und sich - ungeachtet ihres intuitiven Appeals - hartnäckig jeder formalen Ausarbeitung entziehen dürften. Auch wenn diese pessimistische Beurteilung hier nicht anhand von Beispielen belegt werden soll, dürfte aber vermutlich wohl jeder, der sowohl die Überzeugungsänderungsdebatte als auch die Rechtfertigungsdebatte kennt, die Einschätzung teilen, dass zwischen diesen beiden Bereichen ein eklatantes Präzisionsgefälle besteht.

Weil es selbstverständlich erstrebenswert ist, auch bei einer Theorie der Dynamik epistemischer Zustände, die auch auf Rechtfertigungsstrukturen rekurriert, das hohe Präzisionsniveau beizubehalten, das im Bereich der Überzeugungsänderungstheorien durch bereits bestehende Ansätze vorgegeben ist, empfiehlt es sich, für eine Synthese von statischer und dynamischer Erkenntnistheorie nach solchen Rechtfertigungstheorien Ausschau zu halten, die von ihren Autoren ebenfalls möglichst präzise formuliert wurden. Diese selbstverständlich erscheinende Forderung schränkt die Wahl einer angemessenen Rechtfertigungskonzeption durchaus beträchtlich ein. Allerdings darf man bestenfalls erwarten, semi-formal ausgearbeitete Theorien heranziehen zu können. Daher wird es unvermeidlich sein, selbst bei den günstigsten Beispielen sich eigenhändig um eine weitere Präzisierung der in Frage kommenden Ansätze zu bemühen. Sei also Folgendes festgehalten:

Eine adäquate Rechtfertigungstheorie sollte möglichst präzise sein.

Aufgrund dieses Kriteriums erscheinen zahlreiche Rechtfertigungstheorien (und mehr noch bloße Ideen für solche) wenig attraktiv. Stellvertretend sei auf praktisch alle historischen Rechtfertigungstheorien, auf Neurath und Quine verwiesen sowie last but not least auf die Theorie von BonJour, die ansonsten aufgrund der bisherigen Kriterien ein durchaus interessanter Kandidat gewesen wäre.

7.6 Strukturelle Eignung

Es ist eine ebenso banale wie grundlegende Feststellung, dass es mehrere korrekte Explikationen ein und desselben Explikandums geben kann. Deshalb ist auch so mancher erbitterte philosophische Streit zwischen Vertretern verschiedener Explikata für dasselbe Explikandum letztlich nicht mehr als ein Sturm im Wasserglas, weil er von der impliziten Annahme ausgeht, dass es stets nur *eine* „wahre" Explikation geben könne. Solange verschiedene Explikata aber miteinander kompatibel sind, können sie durchaus nebeneinander bestehen und tragen sogar gemeinsam zu einem umfassenderen Verständnis des Explikandums bei, als dies der Blick aus der Perspektive eines einzelnen Explikatums ermöglichen würde.

Bei jeder Explikation werden gewisse Begriffe, Relationen oder allgemein gewisse Strukturelemente als undefinierte Grundbausteine herangezogen, die im Rahmen der Explikation nicht weiter aufgelöst werden. Verschiedene Explikata desselben Explikandums können auf verschiedenen derartigen Strukturelementen aufgebaut sein. Aus diesem Grund können verschiedene Explikationen, die alle korrekt sind, durchaus verschieden *nützlich* sein. Welches Explikatum fruchtbar ist und welches nicht, hängt dabei von den jeweils verfolgten Interessen ab.

Das Interesse, das im Rahmen dieser Untersuchung an einer Theorie der epistemischen Rechtfertigung besteht, liegt darin begründet, diese im Rahmen einer Theorie der Überzeugungsänderung zu implementieren. Ohne andere Ansätze damit abwerten zu wollen, sind für das vorliegende Vorhaben deshalb nur solche Rechtfertigungstheorien nützlich, die auf Strukturelementen aufgebaut sind, die sich zwanglos mit einer Theorie der Überzeugungsänderung verbinden lassen. Weil AGM ihre Beschreibung der Dynamik epistemischer Zustände auf einer Ordnung epistemischer Verankerung (beziehungsweise auf anderen gleichwertigen Präferenzordnungen) aufbauen, bedeutet dies konkret, dass solchen Rechtfertigungstheorien der Vorzug zu geben ist, die ihre Explikation des Rechtfertigungsbegriffs auf ähnlichen Präferenzstrukturen aufbauen. Diese strukturelle Eignung bildet also ein weiteres Kriterium für die Wahl einer statischen Theorie:

> Eine adäquate Rechtfertigungstheorie sollte strukturell geeignet sein.

7.7 Ein informationstheoretischer Aspekt

Ein informationstheoretischer Gesichtspunkt bei einer Analyse eines Analysandums A durch ein Analysans B, bei der A auf eine Struktur S reduziert wird, verdient Beachtung. Es handelt sich dabei um einen Aspekt, wie er sich zum Beispiel bei der Analyse des Begriffs einer rationalen Überzeugungsänderung durch die Theorie von AGM ergibt, bei der der Begriff einer rationalen Überzeugungsänderung auf die Struktur einer epistemischen Verankerung reduziert wird. Ein Grund, weshalb das Analysans B unter Umständen das Analysandum A unzureichend, inadäquat oder gar falsch wiedergibt, kann darin bestehen, dass die herangezogene Struktur S zu arm ist, um die Komplexität von A angemessen erfassen zu können. Mit anderen Worten: Der Informationsgehalt, der in der Struktur S codiert ist, könnte zu gering sein. In einem solchen Fall muss Abhilfe geschaffen werden, indem man sich um eine andere Analyse von A bemüht, bei der das Analysans B' eine Reduktion auf eine Struktur S' vornimmt, die einen größeren Informationsgehalt aufweist als S und somit mehr Strukturressourcen zur Verfügung stellt, die zu einer realistischeren Modellierung der tatsächlichen Verhältnisse von dem Analysans B' herangezogen werden können.

Zu Beginn des Kapitels 3 wurde über qualitative Modellierungen epistemischer Zustände, zu denen unter anderem die AGM-Theorie gehört, Folgendes festgestellt:

(AT1) Für eine adäquate Modellierung der Dynamik epistemischer Zustände benötigt man mehr Feinstruktur als von einfachen qualitativen Modellen erfasst wird.

Dies legt nahe, dass man sich bei dem Versuch, zu einer realistischeren Modellierung der Dynamik epistemischer Zustände durch Einbeziehung von Rechtfertigungsstrukturen zu gelangen, an solche Rechtfertigungstheorien halten sollte, deren Grundstrukturen einen hohen Informationsgehalt codieren. Einschränkend muss hinzugefügt werden, dass diese Forderung nur dann als Kriterium für die Wahl einer statischen Theorie herangezogen werden kann, wenn sich die informativen Gehalte der betrachteten Rechtfertigungstheorien tatsächlich direkt mit dem Informationsgehalt, der in der AGM-Theorie codiert wird - also mit dem Informationsgehalt von Ordnungen epistemischer Verankerung -, in Beziehung setzen lassen. Dies wird sicher nicht immer möglich sein, aber im nächsten Kapitel wird ersichtlich werden, dass in einigen Fällen ein solcher Vergleich durchführbar ist und deshalb für derartige Kandidaten als Auswahlkriterium für die Wahl einer statischen Theorie herangezogen werden kann. Diese recht abstrakte, informationstheoretische Forderung dürfte im nächsten Kapitel vermutlich wesentlich klarer werden, wenn sie anhand eines einfachen Beispiels demonstriert werden wird. Sei an dieser Stelle aber schon jetzt festgehalten:

> Eine adäquate Rechtfertigungstheorie sollte einen möglichst hohen informativen Gehalt aufweisen.

7.8 Synchronizität versus Diachronizität

Es wurde gezeigt, dass das statische und das dynamische Projekt des Fallibilismus nicht unabhängig voneinander sind. In Kapitel 2 und 3 wurde dafür argumentiert, dass zumindest das dynamische Projekt auf das statische Projekt angewiesen ist, und so folgende Abhängigkeitsthese etabliert:

(Abhängigkeitsthese) Eine adäquate Modellierung der Dynamik epistemischer Zustände ist nur mit Rekurs auf statische Rechtfertigungsstrukturen möglich.

Möglicherweise ließen sich umgekehrt aber auch (fruchtbare und richtige) Explikationen des Rechtfertigungsbegriffs geben, die ihrerseits Bezug auf dynamische Verhaltensweisen epistemischer Zustände nehmen. In diesem Fall bestünde der Zusammenhang zwischen dem statischen und dem dynamischen Projekt des Fallibilismus nicht nur in einem einseitigen Abhängigkeitsverhältnis, sondern in einer echten Interdependenz. Auch wenn die Stichhaltigkeit der Behauptung, dass es diachronische Explikationen des Rechtfertigungsbegriffs der genannten Art geben kann, hier nicht diskutiert werden soll, möchte ich diese Möglichkeit nicht ausschließen. Ungeachtet dessen kommen für *das vorliegende* Vorhaben ausschließlich solche Rechtfertigungstheorien in Betracht, die nicht in dem genannten Sinn diachronisch sind. Würde man nämlich versuchen, eine Rechtfertigungstheorie im Rahmen einer Theorie der Überzeugungsänderung zu implementieren, die ihrerseits wieder Bezug auf eben solche

Veränderungsprozesse nimmt, würde sich ein offensichtlicher Zirkel ergeben. Ein solcher Zirkel wäre auch zu eng, als dass man aus ihm nennenswerte philosophische Einsichten gewinnen könnte. Aus diesem Grund allein - und nicht weil die Möglichkeit einer wechselseitigen Abhängigkeit von vornherein als absurd ausgeschlossen werden soll - ist es erforderlich, sich bei der Wahl einer statischen Theorie auf synchronische Ansätze zu beschränken. Synchronische Rechtfertigungstheorien könnte man in Anlehnung an einen von Alvin Goldman geprägten Begriff auch als *Current Time-Slice Theorien* bezeichnen, weil nach ihnen die Rechtfertigung einer Überzeugung lediglich eine Funktion derjenigen Überzeugungen ist, die das epistemische Subjekt zum gegenwärtigen Zeitpunkt unterhält, ohne dass die Beziehung zu Überzeugungszuständen anderer Zeitpunkte von Bedeutung wäre.[105]

Die „Beschränkung" auf synchronische Theorien fällt allerdings auch nicht schwer, da dem Verfasser keine Explikation des Rechtfertigungsbegriffs bekannt ist, die auf die Dynamik epistemischer Zustände rekurrieren würde. Bei dieser Forderung handelt es sich also lediglich um ein theoretisch zur Verfügung stehendes Auswahlkriterium, das aber angesichts der tatsächlich vorgefundenen Theorienlandschaft nicht zum Einsatz kommt. Es handelt sich dabei also gewissermaßen um ein „Reserve-Auswahlkriterium". Sei also Folgendes festgehalten:

Eine adäquate Rechtfertigungstheorie muss synchronisch sein.

7.9 Korrektheit

Last but not least muss eine geeignete Rechtfertigungstheorie selbstverständlich korrekt sein. Eine Theorie mag internalistisch, fallibilistisch, kohärentistisch, bewundernswert präzise, strukturell geeignet, reich an informativem Gehalt und synchronisch sein, eine Theorie mag noch so schön sein, wenn sie falsch ist, ist sie selbstverständlich vollkommen wertlos. Da die Zahl der Rechtfertigungs- und Wissenstheorien, die auf dem epistemologischen Markt angeboten werden, beträchtlich ist, wird die Ausarbeitung epistemischer Rechtfertigungsstandards seit Jahrzehnten von einer umfangreichen Debatte flankiert, die versucht zu klären, welche Theorie beziehungsweise welche Theorien für sich

[105] Vgl. Goldman (1979), der diesen Begriff wiederum in Anlehnung an Robert Nozick verwendet. Goldman versteht unter *Current Time-Slice Theorien* solche, bei denen die Rechtfertigung lediglich eine Funktion des gegenwärtigen Überzeugungszustandes ist. Hier wird der Begriff dagegen etwas liberaler verwendet und umfasst alle Theorien, die es zumindest vermeiden, auf *Überzeugungszustände* nicht-gegenwärtiger Zeitpunkte Bezug zu nehmen.

beanspruchen können, eine korrekte Analyse des Rechtfertigungsbegriffs zu liefern. Zum einen wegen des überaus großen Umfangs dieser Diskussion, zum anderen, weil diese Bemühungen bisher zu keinem eindeutigen - das heißt konsensfähigen - Resultat geführt haben, kann und soll hier nicht der Versuch unternommen werden, diese Debatte auch nur summarisch wiederzugeben. Was die Forderung nach Korrektheit anbelangt, die wohl die selbstverständlichste aller Forderungen darstellt, muss es daher in das Ermessen des Lesers, der sich selbst einen Einblick in die philosophische Rechtfertigungsdebatte verschafft hat, gestellt werden, ob er die Einschätzung des Verfassers teilt, die im nächsten Kapitel durch die Wahl einer statischen Theorie zum Ausdruck gebracht werden wird. In jedem Fall gilt es aber festzuhalten:

> Eine adäquate Rechtfertigungstheorie muss (selbstverständlich) korrekt sein.

7.10 Harte und weiche Adäquatheitsbedingungen

Einige der erhobenen Forderungen müssen von einer adäquaten Rechtfertigungstheorie in jedem Fall erfüllt werden, bei anderen Forderungen sind hingegen Kompromisse möglich. Eine adäquate Rechtfertigungstheorie darf auf keinen Fall externalistisch sein, weil sie andernfalls aus den genannten Gründen für das vorliegende Vorhaben schlichtweg irrelevant ist. Ebenso ist es unbedingt erforderlich, dass eine geeignete Rechtfertigungstheorie fallibilistisch ist, da sie andernfalls eine der wesentlichsten Voraussetzungen einer Theorie der Überzeugungsänderung konterkariert. Wegen des ansonsten sich ergebenden Zirkels ist es in gleicher Weise unabdingbar, dass man sich bei der Wahl einer statischen Theorie auf synchronische Ansätze beschränkt. Selbstredend können auch hinsichtlich der Korrektheit der in Frage kommenden Theorien keine Zugeständnisse gemacht werden.

Auf der anderen Seite müssen fundamentalistische Rechtfertigungstheorien nicht gänzlich ausgeschlossen werden, weil trotz der deutlichen Spannungen, die zwischen derartigen Ansätzen und der Forderung nach Fallibilität bestehen, diese nicht völlig unvereinbar miteinander sind. Auch bei der Forderung nach Präzision sind Kompromisse möglich, weil dies zum einen eine graduelle Frage ist, und weil es grundsätzlich möglich erscheint, durch eigenes Zutun das Präzisionsniveau einer bestehenden Theorie zu verbessern. In ähnlicher Weise lässt sich durch eigene Umformulierungen auch die Struktur einer Theorie verändern, so dass ihre diesbezügliche Eignung sich unter Umständen positiv beeinflussen lässt. Daher ist auch die erhobene Forderung nach einer strukturellen Eignung nicht als absolut zu verstehen. Ebenso muss die Forderung, dass eine adäquate Rechtfertigungstheorie einen möglichst hohen informativen Gehalt haben sollte, nicht in jedem Fall erfüllt sein, weil nach den bisherigen Überlegungen nicht völlig ausgeschlossen werden kann, dass bestehende Theorien den in ihnen strukturell codierten Informationsgehalt lediglich schlecht oder falsch genutzt haben. Somit kann auch nicht vollkommen ausgeschlossen werden, dass andere Theorien bei gleichem informativen Gehalt durch eine bessere Ausnutzung desselben zu einer realistischeren Modellierung der Dynamik epistemischer Zustände gelangen können.

Diese Überlegungen führen zu einer Einteilung der formulierten Adäquatheitsforderungen in harte Bedingungen, die unbedingt erfüllt werden müssen, einerseits und weiche Bedingungen, bei denen Kompromisse möglich sind, andererseits. Zunächst grenzen die harten Adäquatheitsbedingungen ex negativo den Bereich geeigneter Rechtfertigungstheorien in einem absoluten Sinn ein. Die weichen Adäquatheitsbedingungen können dann herangezogen werden, um innerhalb dieses Bereichs eine begründete Wahl treffen zu können, indem sie einen in die Lage versetzen, einige Rechtfertigungstheorien gegenüber anderen zu präferieren:

ADÄQUATHEITSBEDINGUNGEN ZUR WAHL EINER STATISCHEN THEORIE:

Harte Bedingungen:
(1) nicht-externalistisch
(2) fallibilistisch
(3) synchronisch
(4) korrekt

Weiche Bedingungen:
(5) kohärentistisch
(6) präzise
(7) strukturell geeignet
(8) hoher informativer Gehalt

8 Die statische Theorie von Lehrer

Nachdem durch die Adäquatheitsbedingungen zur Wahl einer statischen Rechtfertigungstheorie zahlreiche Ansätze als ungeeignet ausgeschlossen wurden, und die Wahl somit ex negativo stark eingegrenzt wurde, stellt sich nun umgekehrt die positive Frage, welche Theorie(n) diesen Kriterienkatalog zu erfüllen vermag. Meines Erachtens ist die Theorie von Keith Lehrer ein besonders interessanter Kandidat. Deshalb soll diese profunde Explikation des Rechtfertigungsbegriffs in diesem Kapitel erörtert werden. Dadurch sollen allerdings andere Rechtfertigungstheorien, die den formulierten Adäquatheitsbedingungen unter Umständen ebenfalls - zumindest weitgehend - genügen mögen und somit auch für eine Implementierung innerhalb einer Theorie der Überzeugungsänderungen in Betracht kommen, nicht diskriminiert werden. Der Autor erachtet es im Gegenteil als durchaus lohnende Fragestellung für zukünftige Forschungen, Theorien der Überzeugungsänderung auch mit anderen Rechtfertigungstheorien zu kombinieren.

Im ersten Abschnitt dieses Kapitels soll Lehrers Theorie zunächst vorgestellt werden, bevor im zweiten Abschnitt eine Beurteilung ihrer Eignung für eine Implementierung innerhalb einer dynamischen Theorie der Überzeugungsänderung hinsichtlich der formulierten Adäquatheitsbedingungen möglich ist. Im dritten und vierten Abschnitt soll Lehrers Theorie dann formal rekonstruiert und präzisiert werden.

8.1 Semi-formale Darstellung von Lehrers Theorie

Da in diesem Abschnitt die Theorie des Wissens von Keith Lehrer lediglich rekapituliert werden soll, wird diese Darstellung für den Leser, der mit diesem Ansatz bereits vertraut ist, nichts Neues bringen. Alle anderen Leser seien für eine ausführliche Darstellung und Motivierung von Lehrers Konzeption des Wissens- und Rechtfertigungsbegriffs auf die sehr klaren Originalveröffentlichungen verwiesen.[106]

---

[106] Umfassend präsentiert Lehrer seine Theorie erstmals in Lehrer (1974a), eine modifizierte Version davon liefert Lehrer (1990b), eine sehr kurze und prägnante Darstellung seiner Gedanken gibt Lehrer (1986, 1989). Weitere Modifikationen seines Ansatzes führt Lehrer (1997, 2000) ein. Zahlreiche Artikel, die Lehrers Theorie einer kritischen Analyse unterziehen, sowie Erwiderungen von Lehrer finden sich in den drei Sammelbänden Bender (1989), Brandl/Gombocz/Piller (1991) und Olsson (2003). Der folgenden Rekapitulation von Lehrers Theo-

Lehrer bettet seine Theorie des Wissens in die klassische Analyse von Wissen als gerechtfertigter, wahrer Meinung ein. Diese Bedingungen erachtet er aufgrund der einschlägigen Gettierbeispiele allerdings nur als *notwendige* Bedingungen für Wissen. Um zu einer Menge von zusammen *hinreichenden* Bedingungen für Wissen zu gelangen, fordert Lehrer als vierte Bedingung noch, dass die fragliche Meinung auf eine Weise gerechtfertigt ist, die unwiderlegt (*undefeated*) ist. Nach Lehrer weiß ein epistemisches Subjekt *S*, dass *p*, genau dann, wenn *S* die unwiderlegt gerechtfertigte Akzeptanz hat, dass *p*. Dabei ist zu beachten, dass Lehrer dem Terminus „Akzeptanz" den Vorzug gegenüber dem gebräuchlicheren Ausdruck „Meinung" gibt, weil dadurch besser zum Ausdruck gebracht werden kann, dass für Wissen Akzeptanzen *mit dem Ziel der Wahrheitsfindung und Vermeidung von Fehlern* relevant sind und nicht lediglich Meinungen, die in der Regel nicht zielgerichtet sind. In erster Näherung spielen Akzeptanzen bei Lehrer aber dieselbe Rolle wie üblicherweise Meinungen. Darüber hinaus ist zu beachten, dass die Wahrheitsbedingung in Lehrers Analyse des Wissensbegriffs weggelassen werden kann, weil diese (gemäß Lehrers Explikation) von der Unwiderlegtheitsforderung impliziert wird. Somit ist die Explikation dessen, was eine (unwiderlegte) Rechtfertigung sein soll, schnell als die zentrale Aufgabe von Lehrers Theorie erkannt.

Bevor Lehrers Explikation des Rechtfertigungsbegriffs durch eine Folge von semi-formalen Definitionen wiedergegeben werden soll, ist es zum besseren Verständnis hilfreich, kurz die zugrunde liegende Idee zu skizzieren. Auch wenn ein Fallibilist nicht die Auffassung teilt, dass eine Meinung erst dann gerechtfertigt ist, wenn sie absolut gewiss ist, hat man dennoch die klare Intuition, dass nicht jede Meinung gleich verlässlich ist, und dass diejenigen Meinungen gerechtfertigt sind, die einen besonders hohen Grad an Verlässlichkeit genießen und deshalb aus der Perspektive des epistemischen Subjekts besonders vernünftig erscheinen. Um die relative Vernünftigkeit einer Meinung *p* beurteilen zu können, muss man sie hinsichtlich ihrer Vernünftigkeit mit anderen Meinungen vergleichen. Doch mit welchen anderen Meinungen sollte man eine Meinung vergleichen? Denkbar wäre etwa, dass man eine Meinung mit ihrer Negation vergleicht und für eine gerechtfertigte Meinung verlangt, dass sie vernünftiger als ihre Negation sein muss. Diese Forderung ist aber offenkundig viel zu schwach. Bei einer fairen Lotterie mit 100 Losen, bei der genau 51 Lose gewinnen, ist die Hypothese, dass das Los Nummer *n* gewinnt,

---

rie liegen vor allem Lehrer (1986, 1989, 1990b) zugrunde. Die Modifikationen von Lehrer (1997, 2000), zu denen unter anderem die Ersetzung seines bisherigen Akzeptanzsystems durch ein so genanntes Evaluationssystem (*evaluation system*) gehört, welches gegenüber dem alten Akzeptanzsystem noch um einige Strukturen angereichert wurde, sind für das weitere unerheblich, so dass auf ihre Berücksichtigung zugunsten der einfacheren und damit klareren älteren Version von Lehrers Theorie verzichtet wurde.

vernünftiger als die Negation dieser Hypothese. Da diese Hypothese aber nur minimal vernünftiger ist als ihre Negation, würde man nicht behaupten wollen, dass in diesem Fall die Hypothese bereits *gerechtfertigt* ist. Da die Forderung, eine Meinung hinsichtlich ihrer Vernünftigkeit lediglich mit ihrer Negation vergleichen zu müssen, zu schwach ist, könnte man versuchen, die sehr starke Forderung zu erheben, dass eine Meinung mit *allen* anderen Meinungen verglichen werden muss und könnte verlangen, dass eine gerechtfertigte Meinung vernünftiger sein muss als alle anderen Meinungen (beziehungsweise: mindestens genauso vernünftig wie diese). Wie man sich jedoch leicht klar machen kann, ist diese Forderung aber umgekehrt viel zu hoch. Meine Meinung etwa, dass es neun Planeten gibt, ist gerechtfertigt, obwohl es andere Meinungen gibt, die noch verlässlicher und damit vernünftiger sind, wie etwa meine Meinung, dass direkt vor mir auf dem Tisch ein rotes Buch liegt.

Da die Forderung, dass eine gerechtfertigte Meinung lediglich vernünftiger als ihre Negation sein muss, zu schwach, und die Forderung, dass eine gerechtfertigte Meinung vernünftiger als alle anderen Meinungen sein muss, umgekehrt zu stark ist, muss offenkundig ein Mittelweg zwischen diesen beiden Extremen gefunden werden. Einen besonders großen intuitiven Appeal hat folgender Vorschlag: Eine Meinung *p* ist genau dann gerechtfertigt, wenn sie vernünftiger ist als alle Meinungen *c*, die mit *p* konfligieren beziehungsweise konkurrieren. Doch welche Meinungen konkurrieren miteinander? Sinnvoll scheint es zu behaupten, dass eine Meinung *c* mit einer Meinung *p* genau dann konkurriert, wenn *c* für *p* negativ relevant ist. Genauer heißt dies: *c* konkurriert mit *p* genau dann, wenn *p* unter der Voraussetzung $\neg c$ vernünftiger ist, als unter der Voraussetzung *c*. Dies ist die Grundidee, die Lehrers Analyse von „*S* weiß zum Zeitpunkt *t*, dass *p*" zugrunde liegt.

L1. *S* ist auf der Grundlage des Systems *X* (von *S*) zu *t* gerechtfertigt, *p* zu akzeptieren, genau dann, wenn alle Konkurrenten von *p* für *S* bezüglich *X* zu *t* geschlagen oder neutralisiert werden.

L2. *c* konkurriert mit *p* für *S* bezüglich *X* zu *t* genau dann, wenn es für *S* bezüglich *X* zu *t* vernünftiger ist, *p* unter der Voraussetzung zu akzeptieren, dass *c* falsch ist, als unter der Voraussetzung, dass *c* wahr ist.

L3. *p* schlägt *c* für *S* bezüglich *X* zu *t* genau dann, wenn *c* für *S* bezüglich *X* zu *t* mit *p* konkurriert, und es für *S* bezüglich *X* zu *t* vernünftiger ist, *p* zu akzeptieren als *c*.

L4. *n* neutralisiert *c* als Konkurrenten von *p* für *S* bezüglich *X* zu *t* genau dann, wenn *c* für *S* bezüglich *X* zu *t* mit *p* konkurriert, die Konjunktion von *c* und *n* für *S* bezüglich *X* zu *t* nicht mit *p* konkurriert, und es für *S* bezüglich *X* zu *t* genauso vernünftig ist, die Konjunktion von *c* und *n* zu akzeptieren, wie *c* alleine.

L5. Ein System *X* ist ein Akzeptanzsystem von *S* genau dann, wenn *X* nur Aussagen der Form „*S* akzeptiert, dass *p*" enthält, die *S* nur die Dinge zuschreiben, die *S* mit dem Ziel akzeptiert, *p* genau dann zu akzeptieren, wenn *p* wahr ist.

L6. *S* ist zu *t* persönlich gerechtfertigt, *p* zu akzeptieren, genau dann, wenn *S* bezüglich seines Akzeptanzsystems zu *t* gerechtfertigt ist, *p* zu akzeptieren.

L7. *S* ist zu *t* gerechtfertigt, *p* zu akzeptieren, auf eine Weise, die unwiderlegt ist, genau dann, wenn *S* zu *t* bezüglich jedes Systems, das ein Element des Ultrasystems von *S* zu *t* ist, gerechtfertigt ist, *p* zu akzeptieren.

L8. Ein System *M* ist ein Element des Ultrasystems von *S* zu *t* genau dann, wenn *M* entweder das Akzeptanzsystem von *S* zu *t* ist, oder wenn es aus dem Akzeptanzsystem von *S* zu *t* gebildet werden kann durch: Eliminierung einer oder mehrerer Aussagen der Form „*S* akzeptiert, dass *q*" wenn *q* falsch ist, oder durch Ersetzung einer oder mehrerer Aussagen der Form „*S* akzeptiert, dass *q*" durch eine Aussage der Form „*S* akzeptiert, dass nicht-*q*" wenn *q* falsch ist, oder durch eine beliebige Kombination derartiger Eliminierungen und Ersetzungen.

L9. *S* weiß zu *t*, dass *p*, genau dann, wenn *S* zu *t* gerechtfertigt ist, *p* zu akzeptieren auf eine Weise, die unwiderlegt ist.

Diese Wiedergabe von Lehrers Analyse des Wissensbegriffs durch eine Reihe semi-formaler Definitionen entspricht im Wesentlichen seiner eigenen Zusammenfassung in Lehrer (1989), wobei allerdings einige redundante Definitionen ausgelassen wurden.[107] Lediglich die hier gegebene Definition des Ultrasystems gemäß (L8) weicht nennenswert von Lehrers eigener Präsentation ab.[108]

---

[107] Die Nummerierung der Definitionen wurde dabei der leicht geänderten Fassung angepasst.

[108] Im Unterschied zu (L8) lautet die Definition des Ultrasystems im Original: „A system *M* is a member of the ultrasystem of *S* at *t* if and only if either *M* is the acceptance system of *S* at *t* or results from eliminating one or more statements of the form, „*S* accepts that *q*", when *q* is false, replacing one or more statements of the form, „*S* accepts that *q*", with a statement of the form, „*S* accepts that not *q*" when *q* is false, or any combination of such eliminations and replacements in the acceptance system of *S* at *t* ***with the constraint that if q logically entails r which is false and also accepted, then „S accepts that r" must also be eliminated or replaced just as „S ac-***

Da diese Definitionsfolge auf den ersten Blick etwas verwirrend wirkt, sei noch einmal die sehr einfache Grundkonzeption betont: Eine Meinung *p* ist genau dann (persönlich) gerechtfertigt, wenn *p* (auf der Grundlage des Akzeptanzsystems) alle Konkurrenten schlagen oder neutralisieren kann. Dabei sind die Konkurrenten von *p* diejenigen Aussagen, die für *p* negativ relevant sind. Das Schlagen eines Konkurrenten *c* besteht einfach darin, dass *p* vernünftiger ist als *c*. Die Möglichkeit, Konkurrenten auch neutralisieren zu können, hat dabei die Aufgabe, Aussagen, die (indirekte/entfernte) Konkurrenten der zu rechtfertigenden Meinung *p* sind und sehr vernünftig sind, als irrelevante Konkurrenten ausschließen zu können, um diese nicht mehr schlagen zu müssen. Ein Beispiel mag dies verdeutlichen: Ich glaube, dass vor mir ein Computer steht (*p*). Die Aussage, dass Personen manchmal nur träumen, dass vor ihnen ein Computer steht, obwohl tatsächlich kein Computer vor ihnen steht (*c*), ist negativ relevant für *p*. Somit ist *c* ein Konkurrent für *p*. Da *c* andererseits auch sehr vernünftig ist, kann es möglich sein, dass *c* von *p* nicht geschlagen wird. Um *p* dennoch rechtfertigen zu können, kann man *c* aber als Konkurrenten von *p* durch die Meinung neutralisieren, dass *ich* im Moment *nicht* träume (*n*).

8.2 Die Eignung von Lehrers Theorie

8.2.1 Lehrer und die harten Adäquatheitsbedingungen für Rechtfertigungstheorien

(1) *Eine adäquate Rechtfertigungstheorie muss nicht-externalistisch sein:*
Lehrers Theorie ist nicht-externalistisch, weil sie internalistische Elemente enthält. So muss ein epistemisches Subjekt etwa zur Rechtfertigung einer beliebi-

---

cepts that q" was." (Lehrer 1990b, 149 u. 194 (n. 11); Hervorhebung GH. Vgl. auch Lehrer 1988, 1997). Meines Erachtens kann die hier formulierte zusätzliche Bedingung aber ohne Schaden weggelassen werden, und das Ultrasystem gemäß dem einfacheren (L8) definiert werden. Weil im Folgenden lediglich von Lehrers Analyse einer (persönlichen) Rechtfertigung Gebrauch gemacht werden wird, sind für das Weitere ausschließlich die Definitionen (L1)–(L6) einschlägig. Deshalb soll im Rahmen dieser Arbeit auf eine Begründung für meine Modifikation (= Vereinfachung) der Definition (L8) des Ultrasystems verzichtet werden. Vgl. hierzu Haas (2003). Ich hatte die Gelegenheit, mit Keith Lehrer zahlreiche Fragen zu seiner Theorie persönlich zu erörtern. Seine Erläuterungen und Kommentare haben mir zu einem vertieften Verständnis seiner Wissenskonzeption verholfen. Für dieses freundliche Entgegenkommen, von dem auch diese Arbeit nachhaltig profitiert hat, danke ich Keith Lehrer sehr. Es sei darauf hingewiesen, dass die hier vorgeschlagene Modifikation (= Vereinfachung) der Definition des Ultrasystems sowie deren ausführliche Begründung die Zustimmung Lehrers gefunden haben.

gen Überzeugung *p*, unter anderem akzeptieren, dass es ein zuverlässiges epistemisches Subjekt ist und dass *p* durch einen zuverlässigen Meinungsbildungsprozess erzeugt wurde, weil die jeweils gegenteiligen Behauptungen ansonsten Konkurrenten von *p* wären, die sich weder neutralisieren noch schlagen ließen.[109] Die Forderung, dass das Subjekt solche und ähnliche Überzeugungen für die Rechtfertigung von *p* unterhalten muss, ist klarerweise eine internalistische Bedingung. Diese Forderung stellt auch sicher, dass das Subjekt (auf Nachfrage) *selbst* eine Rechtfertigung für *p angeben* kann und eine solche nicht nur „von außen" (vom Erkenntnistheoretiker) gegeben werden kann.

Zu beachten ist allerdings, dass Lehrers *Wissens*theorie auch externalistische Elemente enthält. Damit die Überzeugung, dass *p*, nämlich auch ein Fall von Wissen ist, ist es gemäß (L7)-(L9) auch erforderlich, dass die Rechtfertigung für *p* in allen Elementen des Ultrasystems erhalten bleibt. Das heißt die Annahmen, dass das Subjekt und der Meinungsbildungsprozess zuverlässig sind und ähnliche Überzeugungen müssen auch *wahr* sein. Das Subjekt und der Meinungsbildungsprozess müssen also tatsächlich zuverlässig sein. Dies ist klarerweise eine externalistische Forderung. Zwischen dem Haben einer Überzeugung und dem, was die Überzeugung wahr macht, muss also eine Relation bestehen, wie sie von einschlägigen externalistischen Theorien formuliert wird.

Deshalb handelt es sich bei Lehrers Theorie um einen Fall, wie er in Abschnitt 7.2 bereits vorweggenommen wurde: Lehrers Theorie verbindet internalistische mit externalistischen Elementen, so dass es für das vorliegende Vorhaben erforderlich ist, den „internalistischen Kern" aus seiner Theorie herauszuschälen. Dies gelingt durch eine Beschränkung auf das, was Lehrer selbst eine *persönliche Rechtfertigung* nennt. Daher sind für das folgende auch lediglich die Definitionen (L1)-(L6) einschlägig.

(2) *Eine adäquate Rechtfertigungstheorie muss fallibilistisch sein:*

Lehrers Theorie ist fallibilistisch. Es ist möglich, dass man persönlich gerechtfertigt ist, *p* zu akzeptieren, und *p* dennoch falsch ist. Somit garantiert eine Rechtfertigung gemäß Lehrers Rechtfertigungsstandards keine Wahrheit. Selbst wenn man über eine persönliche Rechtfertigung verfügt, kann man sich irren.[110]

---

[109] Vgl. hierzu Lehrers Diskussion seines so genannten *Principle of Trustworthiness*; z. B. Lehrer (1990b, 121 f.).

[110] Für eine unwiderlegte Rechtfertigung gilt dies nicht. Im Gegensatz zu einer bloß persönlichen Rechtfertigung impliziert eine unwiderlegte Rechtfertigung sehr wohl die Wahrheit der fraglichen Überzeugung. Dies ist also ein weiterer Grund, weshalb für die hier verfolgten Zwecke als Rechtfertigungstheorie Lehrers Explikation einer persönlichen Rechtfertigung einschlägig ist und nicht seine Explikation einer unwiderlegten Rechtfertigung und auch nicht sein Konstrukt, das er früher unter der Bezeichnung „vollständige Rechtfertigung" (*complete justification*) entwickelt hat; vgl. hierzu z. B. Lehrer (1986).

(3) *Eine adäquate Rechtfertigungstheorie muss synchronisch sein:*
Lehrers Theorie ist synchronisch. An keiner Stelle der Definition einer persönlichen Rechtfertigung wird auf andere Überzeugungssysteme als das gegenwärtige Bezug genommen.[111]

(4) *Eine adäquate Rechtfertigungstheorie muss korrekt sein:*
Wie in Abschnitt 7.9 bereits betont wurde, ist die philosophische Debatte zur Rechtfertigungsproblematik überaus umfangreich und hat bislang zu keinem eindeutigen - das heißt konsensfähigen - Resultat geführt. Daher kann und soll hier nicht der Versuch unternommen werden, diese Debatte auch nur im Hinblick auf Lehrers Theorie wiederzugeben. Es muss daher in das Ermessen des Lesers, der sich selbst einen Einblick in diese Problematik verschafft hat, gestellt werden, ob er die Einschätzung des Verfassers teilt, dass Lehrers Rechtfertigungstheorie der Wahrheit zumindest mit am nächsten kommt.[112]

8.2.2 Lehrer und die weichen Adäquatheitsbedingungen für Rechtfertigungstheorien

(5) *Eine adäquate Rechtfertigungstheorie sollte eher kohärentistisch sein:*
Lehrers Theorie ist kohärentistisch. Lehrer selbst erachtet die Definitionen (L1)-(L4) sogar ganz direkt als eine Explikation des Kohärenzbegriffs.[113] Insbesondere ist in Abgrenzung zum Fundamentalismus festzustellen, dass keine Auszeichnung basaler Meinungen vorgenommen und eine Hierarchie zwischen basalen und nicht-basalen Meinungen samt entsprechender Rechtfertigungsbeziehungen zwischen diesen etabliert wird.[114]

(6) *Eine adäquate Rechtfertigungstheorie sollte möglichst präzise sein:*
Lehrers Theorie liegt in einer semi-formal ausgearbeiteten Form vor. Damit unterscheidet sie sich positiv von den oft sehr vagen Rechtfertigungskonzepti-

---

[111] Die strittige Frage, ob die Bezugnahme auf andere Überzeugungszustände bei der Definition des Ultrasystems gemäß (L8) problematisch ist oder nicht, muss hier nicht weiter interessieren, weil mit der Entscheidung für Lehrers Analyse einer persönlichen Rechtfertigung eine Beschränkung auf die Definitionen (L1)-(L6) erfolgt.

[112] Um sich selbst ein Urteil über Lehrers Theorie bilden zu können, sei nochmals verwiesen auf Lehrer (1974a, 1986, 1989, *1990b*, 1997, 2000), Bender (1989), Brandl/Gombocz/Piller (1991) und Olsson (2003).

[113] Vgl. z.B. Lehrer (1990b, 148).

[114] Gelegentlich wurde der „Vorwurf" vorgebracht, dass Lehrers Theorie fundamentalistische Elemente enthalten würde. Derartige Behauptungen haben sich stets auf sein so genanntes *Principle of Trustworthiness* konzentriert. Vgl. hierzu etwa Davis/Bender (1989) sowie Lehrers überzeugende Erwiderung in Lehrer (1989).

onen anderer Autoren. Andererseits sind Lehrers Ausführungen aber nicht so explizit und formal, wie dies für eine Implementierung seines Ansatzes im Bereich einer formalen Theorie der Dynamik epistemischer Zustände wünschenswert wäre. Daher ist es unvermeidlich, in den nächsten beiden Abschnitten eine Präzisierung von Lehrers Rechtfertigungstheorie vorzunehmen.

(7) *Eine adäquate Rechtfertigungstheorie sollte strukturell geeignet sein:*
Die Definitionen (L1)-(L6) zeigen, dass Lehrers Analyse des Rechtfertigungsbegriffs auf einer Relation „x_1 ist unter der Voraussetzung x_2 höchstens so vernünftig wie x_3 unter der Voraussetzung x_4" basiert. Eine formale Rekonstruktion von Lehrers Rechtfertigungstheorie wird im nächsten Abschnitt diesen Punkt noch deutlicher zum Ausdruck bringen und auch zeigen, dass diese Vernünftigkeitsrelation der einzige undefinierte Grundbegriff ist, der verwendet wird. Weil AGM's Überzeugungsänderungstheorie und Lehrers Rechtfertigungstheorie also beide auf Präferenzstrukturen basieren, lassen sich diese zwangloser miteinander kombinieren, als dies bei anderen Explikationen des Rechtfertigungsbegriffs der Fall ist. Dies gilt im Besonderen auch, weil die Konnotationen, die mit den beiden Begriffen „vernünftiger als" und „epistemisch verankerter" verbunden sind, durchaus Ähnlichkeiten aufweisen, und sich somit auch ähnliche formale Eigenschaften von den beiden Präferenzstrukturen postulieren lassen. Die strukturelle Parallele geht also über eine rein formale Ähnlichkeit hinaus und erstreckt sich auch auf Eigenschaften der beiden Präferenzstrukturen und verweist somit auf einen grundsätzlicheren Zusammenhang zwischen dem statischen und dem dynamischen Projekt des Fallibilismus. Lehrers Theorie erfüllt also durchaus die Forderung nach einer strukturellen Eignung.

(8) *Eine adäquate Rechtfertigungstheorie sollte einen möglichst hohen informativen Gehalt aufweisen:*
Es ist ein Leichtes, aus Lehrers 4-stelliger Vernünftigkeitsordnung durch „Leerlaufenlassen" zweier Stellen (indem man x_2 und x_4 durch Tautologien besetzt) eine 2-stellige Relation zu gewinnen, die einer AGM'schen Ordnung der epistemischen Verankerung sehr nahe kommt. Umgekehrt scheint es wenig aussichtsreich zu sein, aus AGM's 2-stelliger Präferenzstruktur eine 4-stellige Vernünftigkeitsordnung im Lehrerschen Sinn zu generieren. Dies nährt die Hoffnung, dass bei einer Konstruktion einer dynamischen Theorie, die qua Einbeziehung von Rechtfertigungsstrukturen auf einer 4-stelligen Präferenzordnung aufgebaut wird, tatsächlich mehr „Feinstruktur" zur Verfügung steht, um Prozesse der Überzeugungsänderung realistischer modellieren zu können. Lehrers Theorie erfüllt also auch die Forderung nach einem hohen informativen Gehalt.

Lehrers Rechtfertigungstheorie erfüllt also alle harten Adäquatheitsbedingungen, sie ist außerdem kohärentistisch, strukturell durchaus geeignet und weist einen hohen informativen Gehalt auf. Da sie zudem noch präziser ist als die meisten konkurrierenden Theorien, erfüllt sie die Adäquatheitsbedingungen sehr gut und ist somit ohne Zweifel ein äußerst viel versprechender Kandidat für eine Synthese mit einer Theorie der Dynamik epistemischer Zustände. Zumindest dem Verfasser ist keine geeignetere Analyse des Rechtfertigungsbegriffs bekannt.

8.3 Formale Rekonstruktion von Lehrers Theorie

Wie bereits im letzten Abschnitt erwähnt, zeigt (L2), dass Lehrers Analyse des Rechtfertigungsbegriffs nicht, wie bei einigen anderen Autoren, auf einer Relation „x_1 ist höchstens so vernünftig wie x_2“, sondern auf einer komplexeren Relation „x_1 ist unter der Voraussetzung x_2 höchstens so vernünftig wie x_3 unter der Voraussetzung x_4“ basiert. Berücksichtigt man noch, dass diese Relation auch von dem Akzeptanzsystem A abhängt, in dem sich das epistemische Subjekt befindet, so kann man sagen, dass Lehrer seine Analyse aufbaut auf der 5-stelligen Vernünftigkeitsrelation „bezüglich A ist x_1 unter der Voraussetzung x_2 höchstens so vernünftig wie x_3 unter der Voraussetzung x_4“. Diese Relation soll wie folgt notiert werden:[115]

$x_1|x_2 \leq_A x_3|x_4$: „bezüglich A ist x_1 unter der Voraussetzung x_2 höchstens so vernünftig wie x_3 unter der Voraussetzung x_4“

Über die Relation $\leq_A$ lassen sich dann auch die Relationen $<_A$ und $=_A$ in der üblichen Weise definieren:

$x_1|x_2 <_A x_3|x_4$ gdw $x_1|x_2 \leq_A x_3|x_4$ und nicht $x_3|x_4 \leq_A x_1|x_2$: „bezüglich A ist x_1 unter der Voraussetzung x_2 weniger vernünftig als x_3 unter der Voraussetzung x_4“

$x_1|x_2 =_A x_3|x_4$ gdw $x_1|x_2 \leq_A x_3|x_4$ und $x_3|x_4 \leq_A x_1|x_2$: „bezüglich A ist x_1 unter der Voraussetzung x_2 genauso vernünftig wie x_3 unter der Voraussetzung x_4“

Über diese 5-stellige Vernünftigkeitsrelation lässt sich dann auch die 3-stellige Vernünftigkeitsrelation definieren, wie sie etwa für (L3) benötigt wird und wie

---

[115] Indizes zur Kennzeichnung einer Abhängigkeit vom epistemischen Subjekt S und vom Zeitpunkt t sollen hier und im Folgenden unterdrückt werden.

sie als Grundbestandteil anderer Theorien bekannt ist. Hierzu lässt man einfach die Stellen von x_2 und x_4 „leerlaufen", indem man sie mit logisch gültigen Sätzen besetzt:

$x_1 \leq_A x_2$ gdw $x_1|\top \leq_A x_2|\top$: „bezüglich A ist x_1 höchstens so vernünftig wie x_2"
$x_1 <_A x_2$ gdw $x_1|\top <_A x_2|\top$: „bezüglich A ist x_1 weniger vernünftig als x_2"
$x_1 =_A x_2$ gdw $x_1|\top =_A x_2|\top$: „bezüglich A ist x_1 genauso vernünftig wie x_2"

Eine technische Eigenheit von Lehrers Theorie bedarf an dieser Stelle der Beachtung. Gemäß (L5) von Lehrers Analyse wird das rechtfertigungsverleihende Akzeptanzsystem aus Sätzen der Form „S akzeptiert, dass p_1", „S akzeptiert, dass p_2", etc. gebildet, die S genau diejenigen Sätze zuschreiben, die S (mit dem Ziel der Wahrheitsfindung und Vermeidung von Fehlern) akzeptiert. Akzeptanzsysteme in Lehrers Sinn seien der Deutlichkeit halber mit einem Index „L" versehen: A_L. Ein derartiges Akzeptanzsystem unterscheidet sich von Überzeugungsmengen, wie sie von AGM zur Modellierung epistemischer Zustände verwendet werden und auch in Kapitel 4 zur Konstruktion eines Rechtfertigungsoperators benutzt wurden, dadurch, dass das Akzeptanzsystem *nicht* aus der Menge der akzeptierten Sätze besteht, sondern aus diesen Sätzen jeweils versehen mit dem Präfix „S akzeptiert, dass".[116] Die zum Akzeptanzsystem A_L zugehörige Menge von akzeptierten Sätzen kann man das Objekt-Akzeptanzsystem nennen, dieses soll mit A bezeichnet werden. A und A_L lassen sich offensichtlich wechselseitig wie folgt aus einander gewinnen:

(Def A/A$_L$) $A := \{x \in \mathbf{L} \mid$ „S akzeptiert, dass x" $\in A_L\}$.
$A_L := \{x \in \mathbf{L}^+ \mid$ Es gibt ein $y \in A$ mit $x =$ „S akzeptiert, dass y" $\}$.

Dabei ist $\mathbf{L}$ die Sprache, in der die Sätze formuliert sind, die das epistemische Subjekt S akzeptiert. $\mathbf{L}^+$ ist $\mathbf{L}$ erweitert um die Individuen- und Prädikatkonstanten „S" und „akzeptiert, dass", so dass darin Sätze wie „S akzeptiert, dass x" ausdrückbar sind. Da das Akzeptanzsystem A_L und das Objekt-Akzeptanzsystem A gleichwertig sind, in dem Sinn, dass sich beide wechselseitig übereinander definieren lassen, soll im Folgenden zwischen beiden nicht differenziert werden. Diese formale „Schlamperei" vermeidet viele technische Details und

---

116 Weshalb Lehrer es vorzieht, mit derartigen Akzeptanzsystemen zu arbeiten, begründet er in Lehrer (1989).

hilft somit, die intuitiven Ideen klarer zum Ausdruck zu bringen. Um eine zwanglose Kompatibilität mit der AGM-Theorie zu gewährleisten, soll - wie bereits in Kapitel 4 - im Folgenden stets mit dem Objekt-Akzeptanzsystem A statt mit dem System A_L gearbeitet werden. Darüber hinaus soll im Folgenden dieses System der Einfachheit halber wieder einfach als „Akzeptanzsystem" und nicht als „Objekt-Akzeptanzsystem" bezeichnet werden. Es sollte jedoch klar sein, dass an den erforderlichen Stellen stets zum zugehörigen Akzeptanzsystem A_L übergegangen werden kann, ohne dass dies einen Einfluss auf die folgenden Resultate hätte.

Lehrers Analyse gibt an, wann ein Satz x relativ zu einem Akzeptanzsystem A gerechtfertigt ist. Die Menge aller Sätze, die relativ zu A gerechtfertigt sind, soll mit $Js_L(A)$ bezeichnet werden. Js_L ist also ein Operator, der eine Satzmenge A abbildet auf die Satzmenge $Js_L(A)$, die aus genau denjenigen Sätzen besteht, die gemäß Lehrers Theorie relativ zu A gerechtfertigt sind. Gemäß (L1) gilt für $Js_L(A)$:

$Js_L(A) := \{ x \in \mathbf{L} \mid S$ ist bezüglich A gerechtfertigt, x zu akzeptieren $\}$
$= \{ x \in \mathbf{L} \mid$ bezüglich A können alle Konkurrenten von x geschlagen oder neutralisiert werden $\}$
$= \{ x \in \mathbf{L} \mid$ Für alle $c \in \mathbf{L}$ gilt: Wenn bezüglich A c mit x konfligiert, dann wird bezüglich A c geschlagen oder neutralisiert $\}$.

Führt man außerdem noch „$\forall$", „$\exists$", „$\rightarrow$", „$\vee$" und „$\wedge$" als metasprachliche Kurzschreibweisen für „für alle", „es gibt ein" etc. ein, so kann $Js_L(A)$ gemäß Lehrers Analyse unter Zuhilfenahme der oben eingeführten Schreibweise für die 5- und die 3-stellige Vernünftigkeitsrelation wie folgt definiert werden:[117]

(Def Js_L) $$Js_L(A) := \{ x \in \mathbf{L} \mid (\forall c)[\, x|\neg c >_A x|c \rightarrow [x >_A c \vee (\exists n)(\, x|\neg(c \wedge n) \leq_A x|c \wedge n \wedge c \wedge n \geq_A c\,)]] \}.$$

Diese Definition zeigt, dass $Js_L(A)$ ausschließlich von A und von der (5-stelligen) Vernünftigkeitsrelation abhängt. Die Eigenschaften des Rechtferti-

[117] Hierbei wird das „genauso vernünftig" in Lehrers Definition zum Neutralisieren von Konkurrenten als „mindestens genauso vernünftig" verstanden. Vgl. hierzu (L4): „*n* neutralisiert *c* als Konkurrenten von *p* für *S* bezüglich *X* zu *t* genau dann, wenn *c* für *S* bezüglich *X* zu *t* mit *p* konkurriert, die Konjunktion von *c* und *n* für *S* bezüglich *X* zu *t* nicht mit *p* konkurriert, und es für *S* bezüglich *X* zu *t genauso vernünftig* ist, die Konjunktion von *c* und *n* zu akzeptieren, wie *c* alleine." [Hervorhebung GH] Ich gehe davon aus, dass dies eine unstrittige Berichtigung des Wortlauts von Lehrers Theorie ist, die sich im Einklang mit seinen Absichten befindet.

gungsoperators Js_L sind also vollständig durch die Vernünftigkeitsrelation determiniert. Selbstverständlich stellt der Operator Js_L in einem nicht-technischen Sinn einen Rechtfertigungsoperator dar, weil er ein beliebiges Akzeptanzsystem A auf die Menge derjenigen Sätze abbildet, die gemäß Lehrers Rechtfertigungstheorie relativ zu A gerechtfertigt sind. Um zu zeigen, dass Js_L auch in dem *technischen* Sinn von (Def Js) ein Rechtfertigungsoperator ist, muss gezeigt werden, dass Js_L den Postulaten (Js1)-(Js6) genügt. Meines Erachtens stehen alle sechs Postulate in gutem Einklang mit Lehrers Theorie. Da der Js_L-Operator lediglich von der Vernünftigkeitsrelation abhängt, ist klar, dass diese Postulate letztlich (komplexe) Anforderungen an die (5-stellige) Vernünftigkeitsrelation darstellen, auf der Lehrers Analyse basiert. Deshalb soll im nächsten Abschnitt versucht werden, die Eigenschaften (Js1)-(Js6) aus einer Reihe von elementareren Eigenschaften der 5-stelligen Vernünftigkeitsrelation herzuleiten, um somit die Einschätzung zu belegen, dass der Js_L-Operator die Eigenschaften (Js1)-(Js6) erfüllt und somit auch in dem technischen Sinn von (Def Js) ein Rechtfertigungsoperator ist.

8.4 Einige Eigenschaften der Vernünftigkeitsrelation

Um mit der Vernünftigkeitsrelation $\leq$ in einem formalen Rahmen arbeiten zu können, ist es erforderlich, diese durch eine Reihe von Eigenschaftspostulaten präziser zu fassen, als dies durch die normalsprachliche Charakterisierung als „bezüglich A ist x_1 unter der Voraussetzung x_2 höchstens so vernünftig wie x_3 unter der Voraussetzung x_4" und den damit verbundenen Intuitionen der Fall ist. Lehrer selbst hat zu einer solchen Präzisierung der Vernünftigkeitsrelation, auf der immerhin seine gesamte Theorie basiert, wenig beigetragen und argumentiert stattdessen in aller Regel mit unseren Intuitionen bezüglich dieser Relation, ohne diese formal präzise zu formulieren. Am ehesten hat er sich mit dieser Problematik in sehr frühen Veröffentlichungen beschäftigt, wie etwa in Lehrer (1971a, 1974b).[118] Diese Versuche einer näheren Bestimmung der Vernünftigkeitsrelation sind allerdings für das Ziel einer Ableitung der Eigenschaften (Js1)-(Js6) des Operators Js_L wenig hilfreich. Daher ist es unumgänglich, diese Lücke kreativ zu schließen und Lehrers eigene Bemühungen durch den

[118] Lehrer (1974b) versucht noch eine probabilistische Reduktion der Vernünftigkeitsrelation nur mit Rekurs auf Wahrscheinlichkeitstheorie und Logik, von der er später abgekommen ist. Zu beachten ist, dass eine (rein) probabilistische Deutung der Vernünftigkeitsrelation für Lehrers Theorie in ihrer heutigen Form sich ohnehin verbietet, weil andernfalls bei der Neutralisierungsbedingung (L4) die Forderung $c \wedge n \geq_A c$ für alle interessanten Sätze n nach den Gesetzen der Wahrscheinlichkeitstheorie sich nicht erfüllen ließe und somit die Möglichkeit, Konkurrenten auch neutralisieren zu können, unterminiert werden würde.

Versuch zu ergänzen, hier eine derartige formale Präzisierung einiger Aspekte der Vernünftigkeitsrelation $\leq$ zu liefern.

Formal gesehen ist die 5-stellige Vernünftigkeitsrelation eine Teilmenge von $\mathbf{L} \times \mathbf{L} \times \mathbf{L} \times \mathbf{L} \times \mathrm{Pot}(\mathbf{L})$:

($\leq$1) Es gilt: $\leq \subseteq \mathbf{L} \times \mathbf{L} \times \mathbf{L} \times \mathbf{L} \times \mathrm{Pot}(\mathbf{L})$.

Damit die Vernünftigkeitsrelation $\leq$ als formales Gegenstück zu einer informellen höchstens-so-vernünftig-wie Relation auch nur unseren aller grundlegendsten Intuitionen bezüglich einer derartigen Relation gerecht werden kann, sollte die 5-stellige (und damit auch die 3-stellige) Vernünftigkeitsrelation $\leq$ (bei festgehaltenem Akzeptanzsystem A) mit Ausnahme von *Identitivität* selbstverständlich alle Axiome einer vollständigen Ordnungsrelation erfüllen:[119]

(8.1) $x_1|x_2 \leq_A x_1|x_2$. (Reflexivität)
(8.2) Falls $x_1|x_2 \leq_A y_1|y_2$ und $y_1|y_2 \leq_A z_1|z_2$, dann $x_1|x_2 \leq_A z_1|z_2$. (Transitivität)
(8.3) $x_1|x_2 \leq_A y_1|y_2$ oder $y_1|y_2 \leq_A x_1|x_2$. (Konnexität)

Da im Folgenden allerdings von keiner dieser drei Eigenschaften Gebrauch gemacht werden wird, sollen diese aus Gründen der Sparsamkeit der gemachten Voraussetzung nicht ausdrücklich gefordert werden, obwohl sie selbstverständlich gelten sollten.

Die Negation eines Satzes ist ohne jeden Zweifel stets negativ relevant für diesen und ist somit ein Konkurrent. Darüber hinaus scheint es unstrittig zu sein, dass die Negation eines Satzes sich als Konkurrent unter keinen Umständen neutralisieren lässt:

($\leq$2) $x|x >_A x|\neg x$.
($\leq$3) Es gibt kein $n \in \mathbf{L}$ mit: $x|\neg(\neg x \wedge n) \leq_A x|\neg x \wedge n$ und $\neg x \wedge n \geq_A \neg x$.

Eine absolute Mindestvoraussetzung dafür, dass eine Meinung gerechtfertigt ist, sollte selbstverständlich sein, dass sie gegenüber ihrer Negation präferiert wird:

(8.4) Falls $x \in Js_{\mathrm{L}}(A)$, dann $x >_A \neg x$.

---

[119] *Identitivität* (also die Eigenschaft: Falls $x_1|x_2 \leq_A y_1|y_2$ und $y_1|y_2 \leq_A x_1|x_2$, dann $\langle x_1, x_2 \rangle = \langle y_1, y_2 \rangle$.) gilt deshalb nicht, weil es durchaus zwei verschiedene Satztupel $\langle x_1, x_2 \rangle$ und $\langle y_1, y_2 \rangle$ geben kann, die gleich vernünftig sind, so dass in diesem Fall im Widerspruch zu *Identitivität* gelten würde: $x_1|x_2 \leq_A y_1|y_2$ und $y_1|y_2 \leq_A x_1|x_2$. Daher kann von der Vernünftigkeitsrelation $\leq$ nicht angenommen werden, dass sie eine Ordnungsrelation darstellt.

Diese Bedingung ist erfüllt, falls die Vernünftigkeitsrelation (≤1)-(≤3) erfüllt:

> HILFSSATZ 8.1: Falls die Relation ≤ (≤1)-(≤3) erfüllt, so gilt für den Operator Js_L: Falls $x \in Js_L(A)$, dann $x >_A \neg x$.

BEWEIS: Falls $x \in Js_L(A)$ ist, so muss gemäß (Def Js_L) x alle Konkurrenten schlagen oder neutralisieren. Nach (≤2) ist $\neg x$ ein Konkurrent von x, der nach (≤3) nicht neutralisiert werden kann. Also muss x den Konkurrenten $\neg x$ schlagen, das heißt, es muss gelten $x >_A \neg x$.

q. e. d.

Analog zu der Minimalitätseigenschaft der Gärdenfors'schen Relation der epistemischen Verankerung aus Abschnitt 2.6 scheint es nahe liegend zu fordern, dass alle Sätze außerhalb des Akzeptanzsystems A minimal vernünftig sind:

(8.5) Falls $x \notin A$, dann $x \leq_A y$ für alle $y \in \mathbf{L}$.

Im Gegensatz zur AGM-Theorie ist es zweckmäßig, auch Akzeptanzsysteme zuzulassen, die nicht deduktiv geschlossen sind. Deshalb kann der Fall auftreten, dass von zwei logisch äquivalenten Sätzen genau einer in A enthalten ist. Weil Sätze, die dieselbe Proposition ausdrücken, gleich behandelt werden sollen, würde (8.5) implizieren, dass in einem solchen Fall beide Sätze minimal vernünftig sind. Um diese unerwünschte Konsequenz zu verhindern, muss (8.5) dahingehend eingeschränkt werden, dass nur solche Sätze minimal sein müssen, die eine Proposition ausdrücken, die *in keiner sprachlichen Formulierung* in A akzeptiert wird:[120]

(≤4) Falls $x \notin Pr(A)$, dann $x \leq_A y$ für alle $y \in \mathbf{L}$.

Die Eigenschaften (≤1)-(≤4) der Vernünftigkeitsrelation genügen, um die Eigenschaft (Js2) des Js_L-Operators abzuleiten:

> LEMMA 8.2: Falls die Relation ≤ (≤1)-(≤4) erfüllt, so genügt der Operator Js_L der Bedingung (Js2).

---

[120] Auch die Minimalitätsforderung (≤4) zeigt, dass die Vernünftigkeitsrelation ≤ nicht identitiv sein kann, weil es in der Regel zwischen diesen beiden Forderungen zum Konflikt kommen würde. Gibt es nämlich zwei verschiedene Sätze x und y, die beide nicht in $Pr(A)$ enthalten sind, so folgt aus (≤4) sowohl $x \leq_A y$ als auch $y \leq_A x$. Aus *Identitivität* würde daraus dann die Identität von x und y im Widerspruch zu der vorausgesetzten Verschiedenheit folgen. Vgl. hierzu auch obige Fußnote.

BEWEIS: Sei zum Widerspruch angenommen, dass die Relation $\leq$ ($\leq$1)-($\leq$4) erfüllt, und dass es ein $x \in Js_L(A)$ gibt mit $x \notin Pr(A)$. Wegen ($\leq$4) folgt dann $x \leq_A y$ für alle y. Für $y = \neg x$ ergibt sich speziell $x \leq_A \neg x$. Andererseits gilt nach dem Hilfssatz 8.1: $x >_A \neg x$. Aus diesem Widerspruch kann man schließen, dass der Js_L-Operator (Js2) genügt.

q. e. d.

Angenommen ein Satz x folgt logisch aus einer Reihe von Prämissen $p_1, ..., p_n$. Dann scheint es plausibel zu sein, dass jeder Satz c, der für x negativ relevant ist, auch für die Menge von Prämissen $p_1, ..., p_n$ negativ relevant ist, in dem Sinn, dass c für mindestens ein p_i negativ relevant ist. Das heißt, wenn es unter der Voraussetzung c weniger vernünftig ist, die Konklusion x zu akzeptieren als unter der Voraussetzung $\neg c$, dann muss dies auch für mindestens eine der Prämissen gelten. Würde c unter diesen Voraussetzungen nämlich mit keinem der p_i konkurrieren, so wäre nicht klar, weshalb c (für ein ideal rationales Subjekt) für x negativ relevant sein sollte:[121]

(8.6) Falls $x \in Cn(p_1, ..., p_n)$ und $x|\neg c >_A x|c$, dann gibt es ein $i \in \{1, ..., n\}$ mit $p_i|\neg c >_A p_i|c$.

Entsprechend sollte jeder Konkurrent von x, der sich nicht neutralisieren lässt, auch ein Konkurrent für mindestens eine der Prämissen p_i sein, der sich als solcher nicht neutralisieren lässt:

($\leq$5) Falls $x \in Cn(p_1, ..., p_n)$ und
(i) $x|\neg c >_A x|c$,
(ii) Es gibt kein $n \in \mathbf{L}$ mit: $x|\neg(c \wedge n) \leq_A x|c \wedge n$ und $c \wedge n \geq_A c$,
dann gibt es ein $i \in \{1, ..., n\}$ mit:
(i) $p_i|\neg c >_A p_i|c$,
(ii) Es *gibt* kein $n \in \mathbf{L}$ mit: $p_i|\neg(c \wedge n) \leq_A p_i|c \wedge n$ und $c \wedge n \geq_A c$.

Falls x logisch aus den Prämissen $p_1, ..., p_n$ folgt und akzeptiert wird, scheint es ferner plausibel zu sein, dass jeder Konkurrent von x, der nicht neutralisiert oder geschlagen werden kann, auch ein Konkurrent für eines der p_i ist, der nicht geschlagen oder neutralisiert werden kann. Das heißt, wenn sich alle Prämissen $p_1, ..., p_n$ rechtfertigen lassen, dann sollte sich auch die Konklusion x rechtfertigen lassen (falls diese akzeptiert wird):

[121] Dabei wird „$Cn(p_1, ..., p_n)$“ als übliche Kurzschreibweise für „$Cn(\{p_1, ..., p_n\})$“ verwendet.

(≤6) Falls $x \in Cn(p_1, ..., p_n)$ und $x \in A$ und
(i) $x|\neg c >_A x|c$,
(ii) Es gibt kein $n \in \mathbf{L}$ mit: $x|\neg(c \wedge n) \leq_A x|c \wedge n$ und $c \wedge n \geq_A c$,
(iii) $x \leq_A c$,
dann gibt es ein $i \in \{1, ..., n\}$ mit:
(i) $p_i|\neg c >_A p_i|c$,
(ii) Es gibt kein $n \in \mathbf{L}$ mit: $p_i|\neg(c \wedge n) \leq_A p_i|c \wedge n$ und $c \wedge n \geq_A c$,
(iii) $p_i \leq_A c$.

Das probabilistische Analogon zu der Bedingung (8.6) gilt übrigens nicht. Dies ergibt sich aus einigen Beispielen so genannter *Anomalien der Bestätigung*, die von Carnap (1950) und Salmon (1975) diskutiert wurden. Obwohl bereits deutlich gemacht wurde, dass eine probabilistische Deutung von Lehrers Vernünftigkeitsrelation ohnehin nicht in Betracht kommt, könnte man auf der Grundlage derartiger Bestätigungsanomalien eventuell auch die Bedingung (8.6) und damit unter Umständen auch die Forderungen (≤5) und (≤6) in Frage stellen. Daher sollen im Anhang C Beispiele derartiger Anomalien dargestellt, die Überzeugungskraft einer darauf basierenden Kritik an den Bedingungen (≤5) und (≤6) erörtert und gezeigt werden, wie man durch eine sehr einfache Abschwächung von (≤5) und (≤6) in jedem Fall einer derartigen Kritik entgehen kann, ohne dass damit für die folgenden Ausführungen etwas Wesentliches verloren gehen würde.[122] Mit Hilfe von (≤6) lässt sich die Eigenschaft (Js4) für den Js_L-Operator ableiten:

LEMMA 8.3: Falls die Relation ≤ (≤1) und (≤6) erfüllt, so genügt der Operator Js_L der Bedingung (Js4).

BEWEIS: Angenommen die Relation ≤ erfüllt (≤1) und (≤6) und es gilt: $x \in A$ und $x \notin Js_L(A)$. Es muss gezeigt werden, dass dann $x \notin Cn[Js_L(A)]$ gilt. Sei zum Widerspruch angenommen, dass $x \in Cn[Js_L(A)]$ gilt. Wegen der Kompaktheit des *Cn*-Operators gibt es dann $p_1, ..., p_n \in Js_L(A)$ mit $x \in Cn(p_1, ..., p_n)$. Wegen $x \notin Js_L(A)$ gibt es nach (Def Js_L) ein c mit:
(i) $x|\neg c >_A x|c$,
(ii) Es gibt kein $n \in \mathbf{L}$ mit: $x|\neg(c \wedge n) \leq_A x|c \wedge n$ und $c \wedge n \geq_A c$,
(iii) $x \leq_A c$.
Wegen (≤6) gibt es dann ein $i \in \{1, ..., n\}$ mit:
(i) $p_i|\neg c >_A p_i|c$,
(ii) Es gibt kein $n \in \mathbf{L}$ mit: $p_i|\neg(c \wedge n) \leq_A p_i|c \wedge n$ und $c \wedge n \geq_A c$,
(iii) $p_i \leq_A c$.

---

122 Auf diese Problematik hat dankenswerterweise Wolfgang Spohn mein Augenmerk gelenkt.

Für ein $i \in \{1, ..., n\}$ muss also gemäß (Def Js_L) $p_i \notin Js_L(A)$ gelten. Aus diesem Widerspruch kann man folgern, dass $x \notin Cn[Js_L(A)]$ gelten muss, und (Js4) somit erfüllt ist.

q. e. d.

Ebenso wie bei Gärdenfors' Relation der epistemischen Verankerung sollten logisch gültige Sätze maximal bezüglich der 3-stelligen Präferenzstruktur sein, das heißt ein ideal rationales Subjekt sollte logisch gültige Sätze stets als maximal vernünftig erachten:

(≤7) Falls $x \in Cn(\varnothing)$, dann $x \geq_A y$ für alle $y \in \mathbf{L}$.

Mit Hilfe der bisherigen Eigenschaften der Vernünftigkeitsrelation lässt sich nun auch die Eigenschaft (Js3) für den Js_L-Operator ableiten:

> LEMMA 8.4: Falls die Relation ≤ (≤1), (≤2), (≤3), (≤5) und (≤7) erfüllt, so genügt der Operator Js_L der Bedingung (Js3).

BEWEIS: Angenommen die Relation ≤ erfüllt (≤1), (≤2), (≤3), (≤5) und (≤7). Es muss gezeigt werden, dass dann $\bot \notin Cn[Js_L(A)]$ gilt. Sei zum Widerspruch angenommen, dass $\bot \in Cn[Js_L(A)]$ ist. Wegen der Kompaktheit des Cn-Operators gibt es dann $p_1, ..., p_n \in Js_L(A)$ mit $\bot \in Cn(p_1, ..., p_n)$. Wegen (≤2) gilt: (i) $\bot|\bot >_A \bot|\top$. Wegen (≤3) gilt: (ii) Es gibt kein $n \in \mathbf{L}$ mit: $\bot|\neg(\top\wedge n) \leq_A \bot|\top\wedge n$ und $\top\wedge n \geq_A \top$. Wegen (≤5) muss es folglich ein $i \in \{1, ..., n\}$ geben mit:

(i) $p_i|\bot >_A p_i|\top$,

(ii) Es gibt kein $n \in \mathbf{L}$ mit: $p_i|\neg(\top\wedge n) \leq_A p_i|\top\wedge n$ und $\top\wedge n \geq_A \top$.

Da angenommen wurde, dass $p_i \in Js_L(A)$ ist, muss gemäß (Def Js_L) p_i den Konkurrenten $\top$ schlagen, das heißt $p_i >_A \top$. Dies steht aber im Widerspruch zu (≤7). Aus diesem Widerspruch kann man folgern, dass $\bot \notin Cn[Js_L(A)]$ ist, und (Js3) somit erfüllt ist.

q. e. d.

Außerdem werden von der Vernünftigkeitsrelation angemessene Extensionalitätseigenschaften benötigt. Einerseits sollten logisch äquivalente Sätze von der Präferenzstruktur „gleich behandelt" werden:

(8.7) Falls $Cn(x_1) = Cn(y_1), ..., Cn(x_4) = Cn(y_4)$, dann:
$x_1|x_2 \leq_A x_3|x_4$ gdw $y_1|y_2 \leq_A y_3|y_4$.

Andererseits sollten zwei Akzeptanzsysteme A und B, die dieselben Propositionen ausdrücken, mit gleichen Präferenzstrukturen verknüpft sein:

(8.8) Falls $Pr(A) = Pr(B)$, dann: $x_1|x_2 \leq_A x_3|x_4$ gdw $x_1|x_2 \leq_B x_3|x_4$.

(8.7) und (8.8) sind zusammen offensichtlich äquivalent zu:

(≤8) Falls $Cn(x_1) = Cn(y_1), \ldots, Cn(x_4) = Cn(y_4)$ und $Pr(A) = Pr(B)$, dann: $x_1|x_2 \leq_A x_3|x_4$ gdw $y_1|y_2 \leq_B y_3|y_4$.

Mit Hilfe dieser Extensionalitätseigenschaft der Vernünftigkeitsrelation kann man nun auch die Extensionalitätseigenschaft (Js5) für den Js_L-Operator ableiten:

LEMMA 8.5: Falls die Relation ≤ (≤1) und (≤8) erfüllt, so genügt der Operator Js_L der Bedingung (Js5).

BEWEIS: Angenommen die Relation ≤ erfüllt (≤1) und (≤8) und es gilt: $Cn(x) = Cn(y)$ und $Pr(A) = Pr(B)$. Es muss gezeigt werden, dass dann gilt: $x \in Js_L(A)$ gdw $y \in Js_L(B)$. Sei zum Widerspruch angenommen, dass diese Äquivalenz nicht gilt. O.B.d.A. kann man annehmen, dass gilt: $x \in Js_L(A)$ und $y \notin Js_L(B)$. Wegen $y \notin Js_L(B)$ gibt es gemäß (Def Js_L) also ein c mit:

(i) $y|\neg c >_B y|c$,
(ii) Es gibt kein $n \in \mathbf{L}$ mit: $y|\neg(c \wedge n) \leq_B y|c \wedge n$ und $c \wedge n \geq_B c$,
(iii) $y \leq_B c$.

Wegen (≤8) folgt:

(i) $x|\neg c >_A x|c$,
(ii) Es gibt kein $n \in \mathbf{L}$ mit: $x|\neg(c \wedge n) \leq_A x|c \wedge n$ und $c \wedge n \geq_A c$,
(iii) $x \leq_A c$.

Somit ist c (relativ zu A) auch ein Konkurrent von x, der weder geschlagen noch neutralisiert werden kann. Gemäß (Def Js_L) gilt also $x \notin Js_L(A)$ im Widerspruch zur Voraussetzung. Daraus kann man schließen, dass gelten muss: $x \in Js_L(A)$ gdw $y \in Js_L(B)$. Somit ist (Js5) erfüllt.

q. e. d.

Es fällt schwer, in ähnlicher Weise wie für (Js2)-(Js5) eine Reduktion für (Js6) auf elementarere Eigenschaften der Vernünftigkeitsrelation anzugeben, die nicht trivial ist. Deshalb plädiere ich dafür, (Js6) direkt als eine komplexe Bedingung an die 5-stellige Vernünftigkeitsrelation zu interpretieren:

(≤9) Die Relation ≤ soll derart sein, dass Js_L die Bedingung (Js6) erfüllt.

Obwohl die Plausibilität dieser Forderung ob ihrer Komplexität weniger offen zu Tage liegt als im Fall der Bedingungen (≤1)-(≤8), ist diese meines Erachtens aber nichtsdestoweniger ebenfalls gegeben. Wenn man von gerechtfertigten

Prämissen *Js*(*A*) ausgeht und daraus deduktive Schlussfolgerungen zieht, dann sollten relativ zu dem neuen Akzeptanzsystem *Cn*[*Js*(*A*)] nicht nur die Prämissen, sondern auch die gezogenen Schlüsse gerechtfertigt sein. Intuitiv sollte diese Bedingung sowieso gewährleistet sein, und ich sehe keinen Grund, weshalb innerhalb von Lehrers Theorie diese Forderung sich nicht auch formal wiedergeben lassen sollte.[123]

Bedenkt man noch, dass die Eigenschaft (Js1) für den Operator Js_L aus (Def Js_L) folgt, ohne dass man irgendwelche Annahmen über die Vernünftigkeitsrelation ≤ macht, so folgt aus den Lemmata 8.2, 8.3, 8.4 und 8.5 unmittelbar:

> LEMMA 8.6: Falls die Relation ≤ (≤1)-(≤9) erfüllt, so ist der Operator Js_L ein Rechtfertigungsoperator.

Weil die Eigenschaften (≤1)-(≤9) der Vernünftigkeitsrelation ≤ für sich ein hohes Maß an Plausibilität beanspruchen können, ist nach Lemma 8.6 somit auch die Annahme, dass der Operator Js_L die Postulate (Js1)-(Js6) erfüllt und im Sinn von (Def Js) ein Rechtfertigungsoperator ist, gut begründet.

---

[123] Es sei angemerkt, dass der Verfasser die Möglichkeit hatte, Keith Lehrer selbst die Eigenschaften (≤2)-(≤9) als mögliche formale Präzisierungen einiger Intuitionen bezüglich der Vernünftigkeitsrelation, auf der seine Theorie basiert, vorzustellen. Die Eigenschaften (≤2), (≤3), (≤5)-(≤8) und auch die komplexe Eigenschaft (≤9) haben (unter den gemachten Voraussetzungen) Lehrers Zustimmung gefunden. Die Eigenschaft (≤4) wird von ihm zumindest als eine zulässige Stipulation angesehen.

9 Diskussion

9.1 Verbesserungen gegenüber der Theorie von AGM

Obwohl die Theorie von AGM ohne jede Frage einen Meilenstein in der Entwicklung der Theorie der Überzeugungsdynamik darstellt, ohne den es dieses Forschungsgebiet in seiner heutigen Form überhaupt nicht geben würde, hat eine kritische Untersuchung dieses Ansatzes in Kapitel 2 gezeigt, dass dieser Ansatz noch zahlreiche Defizite aufweist, die sich alle auf den Umstand zurückführen ließen, dass in der AGM-Theorie statische Rechtfertigungsstrukturen unberücksichtigt bleiben. Im Einzelnen wurde gezeigt, dass die Erfolgspostulate und das Monotoniepostulat in ihrer uneingeschränkten Form ebenso unhaltbar sind, wie die starke Erhaltungseigenschaft der AGM-Theorie und das Wiederherstellungspostulat. Des Weiteren lässt die AGM-Theorie zu wünschen übrig, weil sie keine iterierten Überzeugungsänderungen modellieren kann.

In Abschnitt 5.5 wurde gezeigt, dass JuDAS-Überzeugungsänderungen weder die uneingeschränkten Erfolgspostulate, noch das Monotoniepostulat erfüllen, noch die starke Erhaltungseigenschaft besitzen. Stattdessen erfüllen JuDAS-Überzeugungsänderungen die wesentlich plausibleren Postulate *Bedingter Erfolg*, *Bedingte Monotonie* und *Schwache Erhaltung*.

Die Schwierigkeiten, die sich für die AGM-Theorie im Zusammenhang mit dem Wiederherstellungspostulat ergaben, konnten im Rahmen von JuDAS-Überzeugungsänderungen dadurch gelöst werden, dass JuDAS-Revisionen durch die Berücksichtigung von statischen Rechtfertigungsstrukturen auch nicht-logische Konflikte angemessen behandeln können. Die problematischen Beispiele von Überzeugungsrevisionen, die den Anlass für diese Schwierigkeiten bildeten, müssen daher nicht wie bei AGM artifiziell als Kontraktionen modelliert werden. Wie in Abschnitt 6.5 ausgeführt wurde, können auf diesem Weg alle Schwierigkeiten im Zusammenhang mit *Wiederherstellung* für freie und erzwungene Überzeugungsänderungen des ersten Typs sehr elegant vermieden werden, während die Gültigkeit von *Wiederherstellung* für erzwungene Überzeugungsänderungen des zweiten Typs unstrittig zu sein scheint. Die hier vorgeschlagene JuDAS-Theorie der Überzeugungsänderung liefert also im Hinblick auf die Wiederherstellungsproblematik ebenfalls die richtigen Resultate.

Je nachdem welche Explikation des Rechtfertigungsbegriffs man JuDAS-Revisionen zugrunde legt, können diese auch zur Modellierung von iterierten Revisionen verwendet werden. Dazu muss die Rechtfertigungstheorie, die man der Theorie der Überzeugungsänderung zur Seite stellt, lediglich einige moderate Voraussetzungen erfüllen.[124] Lehrers Rechtfertigungstheorie - beziehungsweise die hier vorgenommene Rekonstruktion derselben - erfüllt diese Voraussetzungen. Somit kann die hier vorgeschlagene Theorie der Überzeugungsänderung auch zur Modellierung von iterierten Revisionen verwendet werden.

JuDAS-Überzeugungsänderungen vermögen also durch eine geeignete Einbeziehung von statischen Rechtfertigungsstrukturen sämtliche Defizite zu vermeiden, die in Kapitel 2 von der AGM-Theorie nachgewiesen wurden. Darüber hinaus bewahren JuDAS-Überzeugungsänderungen alle wünschenswerten Eigenschaften der AGM-Theorie und weisen zudem noch einige zusätzliche, intuitiv sehr plausible Eigenschaften auf. Die Unterschiede und Gemeinsamkeiten von AGM- und JuDAS-Überzeugungsänderungen sind in der Tabelle 9.1 noch einmal zusammengefasst.

Für den Fall, dass der Leser nicht die optimistische Einschätzung teilt, dass die hier vorgeschlagene Theorie der Überzeugungsänderung die Dynamik epistemischer Zustände völlig befriedigend zu modellieren vermag, sei auf die modulare Gesamtstruktur der vorliegenden Arbeit hingewiesen. Es war die Absicht des Verfassers, folgende drei Thesen argumentativ zu belegen:

(THESE 1) Eine adäquate Modellierung der Dynamik epistemischer Zustände ist nur mit Rekurs auf statische Rechtfertigungsstrukturen möglich. (Abhängigkeitsthese; Kap. 2 und 3)

(THESE 2) Rechtfertigungsstrukturen sollten in der Weise in eine Theorie der Dynamik epistemischer Zustände eingebracht werden, wie dies in Kap. 4, 5 und (6) geschehen ist.

(THESE 3) Damit der Rechtfertigungsbegriff innerhalb einer Theorie der Überzeugungsänderung implementiert werden kann, sollte er in der Weise expliziert werden, wie dies in Kap. 7 und 8 geschehen ist.

Jede dieser Thesen ist unabhängig von den darunter stehenden Thesen. Selbstverständlich ist es die Hoffnung des Verfassers, den Leser von der Richtigkeit aller drei Thesen überzeugt zu haben. Sollte dies jedoch nicht der Fall sein, so mag mancher Leser unter Umständen aber trotzdem von These 1 und 2 überzeugt worden sein, obwohl er These 3 nicht akzeptiert; oder er mag zumindest die erste These teilen, ohne die beiden anderen akzeptabel zu finden. Selbst für den Fall, dass das Maximalziel nicht erreicht werden konnte, ist die vorliegende Untersuchung also nicht unbedingt völlig nutzlos.

---

[124] Vgl. hierzu Abschnitt 5.4, in dem die fraglichen Voraussetzungen formuliert wurden.

	AGM	JuDAS	intuitiv
Expansion			
Abschluss	+	+	+
Erfolg	+	–	–
Inklusion	+	+	+
Redundanz	+	+	+
Monotonie	+	–	–
Minimalität[1]	+	+	+
Stabilität	o	+	+
Bedingter Erfolg	o	+	+
Bedingte Monotonie	o/+[2]	+	+
Extensionalität	+	+	+
Idempotenz	+	+	+
Revision			
Abschluss	+	+	+
Erfolg	+	–	–
Inklusion	+	–	–
Leere (AGM)	+	+	+
Konsistenz	+	–	–
Extensionalität	+	+	+
Superexpansion	+	–	–
Subexpansion	+	–	–
Stabilität	o/–[2]	+	+
Bedingter Erfolg	o	+	+
Kern	o	+	+
Redundanz	+	+	+
Disjunktheit	o	+	+
Zurückweisung	o/+[2]	+	+
Leere (JuDAS)	+	+	+
Idempotenz	+	+	+
Minimalität	o	+	+
Konjunktion	o/+[2]	+/–[3]	+/–[4]
Kontraktion			
Abschluss	+	Es gibt keine Modellierung für Kontraktionen.	Es sind keine intuitiven Beispiele für genuine freie Kontraktionen bekannt.
Inklusion	+		
Leere	+		
Erfolg	+		
Wiederherstellung	+		
Extensionalität	+		
Konjunktive Überlappung	+		
Konjunktive Inklusion	+		
Iterierte Überzeugungsänd.	–	+[3]	+

Tab. 9.1.: Gegenüberstellung AGM/JuDAS. +: ist erfüllt; –: ist nicht erfüllt; o: lässt sich für AGM nicht formulieren, weil in der AGM-Theorie kein Rechtfertigungsbegriff vorkommt. 1) AGM und JuDAS arbeiten mit zwei verschiedenen Minimalitätsforderungen, die sinngemäß aber dasselbe besagen. 2) Streng genommen lässt sich dieses Postulat zwar für die AGM-Theorie nicht formulieren, weil sie keinen Rechtfertigungsbegriff enthält, aber dieses Postulat wird von der AGM-Theorie bei jeder möglichen Interpretation des Rechtfertigungsoperators *Js* erfüllt beziehungsweise nicht erfüllt. 3) Ist abhängig von der zugrunde gelegten Rechtfertigungstheorie. 4) Wurde nicht abschließend geklärt.

Selbst wenn der Leser nicht von der dritten These überzeugt werden konnte, zumindest aber die ersten beiden Thesen bereit ist zu kaufen, so wurde damit schon sehr viel erreicht. Führt man den Rechtfertigungsbegriff nämlich schematisch mit Hilfe eines Rechtfertigungsoperators so in eine Theorie der Überzeugungsänderung ein, wie dies in Kapitel 4, 5 und (6) geschehen ist, lassen sich mit dessen Hilfe freie Überzeugungsänderungen - und damit auch erzwungene Überzeugungsänderungen des ersten Typs - in besonders einfacher Weise konstruieren. Da aufgrund des Revisionspostulats *Leere* der Expansionsfall im Revisionsfall enthalten ist, und es den Fall einer freien Kontraktion nicht gibt, benötigt man für freie Überzeugungsänderungen lediglich eine geeignete Revisionsfunktion, um alle auftretenden Fälle freier Überzeugungsänderungen modellieren zu können. Eine solche Revisionsfunktion konnte gemäß (Def $*$) aber mit Hilfe eines Rechtfertigungsoperators sehr einfach konstruiert werden. Diese formale Einfachheit führt nicht nur zu einer sehr eleganten Analyse der Dynamik epistemischer Zustände durch JuDAS-Revisionen, sondern verweist auch auf einen sehr engen Zusammenhang zwischen der Frage nach epistemischer Rechtfertigung einerseits und der Frage nach rationaler Überzeugungsänderung andererseits. Falls zumindest die ersten beiden der obigen drei Thesen korrekt sind, so wäre es das Verdienst dieser Untersuchung, diesen Zusammenhang, der seinen formal-präzisen Niederschlag eben gerade in der Definition (Def $*$) findet, im Detail aufgedeckt zu haben. Dies würde für sich genommen schon für beide philosophischen Fragestellungen einen großen Gewinn bedeuten.

Falls der Leser lediglich von der ersten These überzeugt werden konnte, so wurde zumindest gezeigt, dass die bestehenden Theorien der Überzeugungsänderung ungenügend sind, weil sie keine Rechtfertigungsstrukturen berücksichtigen. Insofern wurde zumindest deutlich, dass in dieser Hinsicht Handlungsbedarf besteht. In diesem Fall sollte diese Untersuchung zum Anlass genommen werden, eine Theorie der Dynamik epistemischer Zustände zu entwickeln, die Rechtfertigungsstrukturen berücksichtigt und der hier vorgeschlagenen Konstruktion überlegen ist.

Die Thesen (1)-(3) sind also unabhängig von den jeweils darunter stehenden Thesen. Zumindest auf den ersten Blick hat es jedoch den Anschein, als ob die Thesen (2) und (3) die Richtigkeit von These (1) voraussetzen und somit keine Unabhängigkeit der Thesen von den jeweils darüber stehenden Thesen besteht. Ob dem tatsächlich so ist, soll im nächsten Abschnitt erörtert werden.

9.2 Ein pragmatistischer Einwand und Spohns Rangfunktionen

Pragmatisten sind vermutlich geneigt, einen grundsätzlichen Einwand gegen den Gedankengang zu erheben, der hier entwickelt wurde. Anhänger des Peirce'schen Belief-Doubt-Modells bekennen sich zwar dazu, dass jede *Veränderung* des gegenwärtigen epistemischen Zustands eines guten Grundes und damit einer Rechtfertigung bedarf, vertreten aber die Auffassung, dass sich die Frage nach der Rechtfertigung mit Blick auf die vollen Überzeugungen (*full beliefs*) eines epistemischen Subjekts zu einem *gegebenen* Zeitpunkt überhaupt nicht stellt („where it doesn't itch, don't scratch"). Diesen Punkt hat nicht zuletzt Levi (1994) in die Diskussion über die Dynamik epistemischer Zustände eingebracht. Erachtet man in dieser Weise jegliche Form einer statischen Rechtfertigung der eigenen Überzeugungen zu einem gegebenen Zeitpunkt als obsolet, so wird selbstverständlich auch die These, dass derartige statische Rechtfertigungsstrukturen für die Dynamik epistemischer Zustände relevant sind, gegenstandslos. Der Pragmatist, der diese Auffassung vertritt, lehnt also von den drei Thesen, die im letzten Abschnitt aufgelistet wurden, bereits die erste Behauptung - die Abhängigkeitsthese - ab und zieht somit das gesamte Vorhaben der vorliegenden Arbeit schon vom Ansatz her in Zweifel.

Es ist nicht ganz klar, was der Pragmatist genau bezweifelt. Lehnt der Pragmatist ab, dass ein rationales epistemisches Subjekt in der Lage sein *muss*, seine Überzeugungen (sich selbst und anderen gegenüber) rechtfertigen zu können, oder lehnt er die Auffassung ab, dass es epistemischen Subjekten (oftmals) *möglich* ist, ihre Überzeugungen (sich selbst und anderen gegenüber) zu rechtfertigen? Falls er lediglich die Auffassung ablehnt, dass es zu den Verpflichtungen eines rationalen Subjekts gehört, seine Überzeugungen rechtfertigen zu können, aber zugesteht, dass es (oftmals) möglich ist, seine Überzeugungen zu rechtfertigen, so gibt er zu, dass es so etwas wie „Rechtfertigung" gibt. Dann ist es aber prinzipiell auch möglich, dass derartige Rechtfertigungsstrukturen für die Dynamik epistemischer Zustände relevant sind. Nach dieser nahe liegenden Interpretation des Pragmatisten, besteht also überhaupt kein Widerspruch zwischen dem hier entwickelten Ansatz und einer pragmatistischen Erkenntnistheorie.

Interpretiert man den Pragmatisten hingegen radikaler so, dass er es sogar ablehnt, dass es so etwas wie „Rechtfertigung" überhaupt gibt, so kann der pragmatistische Einwand auf mindestens zwei Weisen beantwortet werden. Die erste, harsche Erwiderung besteht in dem Hinweis, dass die meisten Menschen die starke Intuition haben, dass es sehr wohl möglich ist, seine Überzeugungen (sich selbst und anderen gegenüber) zu rechtfertigen. Der Pragmatist verstößt also gegen grundlegende Intuitionen, welche die meisten „gewöhnlichen" Menschen ebenso wie die meisten Philosophen zu teilen scheinen. Das mag zwar kein zwingendes Argument gegen den Pragmatisten sein, reicht aber aus, um die Beweislast umzukehren und dem Pragmatisten die Verpflichtung aufzuerlegen, schlüssig nachzuweisen, weshalb eine philosophische Theorie derart grundlegenden Intuitionen widersprechen sollte.

Die zweite Erwiderung ist konzilianter. Die pragmatistische Auffassung und die hier vertretene Position sind sich ähnlicher als es auf den ersten Blick den Anschein hat. Bei genauerem Hinsehen erweisen sich beide als durchaus kompatibel miteinander. In jedem Fall überwiegen die Gemeinsamkeiten beider Standpunkte. Beide Positionen gehen davon aus, dass bei der Dynamik epistemischer Zustände ein zusätzlicher Aspekt eine Rolle spielt, der von anderen Theorien der Überzeugungsänderung nicht erfasst wird. Beide Positionen sind sich ferner darin einig, dass dieses zusätzliche strukturelle Element eine Form der Rechtfertigung ist. Beide Positionen gehen davon aus, dass die Veränderung des gegenwärtigen epistemischen Zustands einer Rechtfertigung bedarf. Um diese Form der Rechtfertigung von der statischen Rechtfertigung der Überzeugungen zu einem gegebenen Zeitpunkt zu unterscheiden, könnte man sie als *dynamische Rechtfertigung* bezeichnen.

In der vorliegenden Arbeit wurde darüber hinaus davon ausgegangen, dass (i) es auch eine Form der statischen Rechtfertigung der eigenen Überzeugungen gibt; dass (ii) zwischen statischer und dynamischer Rechtfertigung ein enger Zusammenhang besteht; dass (iii) dieser Zusammenhang derart ist, dass es möglich ist, die dynamische Rechtfertigung auf die statische Rechtfertigung zu reduzieren; und dass es deshalb (iv) möglich ist, basierend auf einer Theorie der statischen Rechtfertigung sehr einfach eine adäquate Überzeugungsänderungstheorie aufzubauen, die auch dem Aspekt der dynamischen Rechtfertigung Rechnung trägt.

Ein Anhänger des Peirce'schen Belief-Doubt-Modells wird die Behauptungen (i)–(iii) zurückweisen, aber muss er auch die Behauptung (iv) ablehnen? Der Pragmatist muss dies nicht unbedingt tun. Auch der Pragmatist kann es als eine Möglichkeit erachten, dass einige Philosophen, geleitet von dem „Irrglauben", dass es so etwas wie statische Rechtfertigung gibt, bei dem Versuch selbige zu explizieren, eigentlich etwas anderes geleistet haben; nämlich statt einer Analyse der statischen Rechtfertigung eine Analyse der dynamischen Rechtfertigung zu liefern. Etwas scherzhaft ließe sich bemerken: Kolumbus wollte nach Indien segeln und hat stattdessen Amerika entdeckt. Der Pragmatist mag zwar der Ansicht sein, dass es Indien nicht gibt, aber er kann nichtsdestotrotz die Entdeckung Amerikas begrüßen. Auch wenn diese Möglichkeit auf den ersten Blick abwegig erscheinen mag, so ist sie angesichts des engen Zusammenhangs zwischen statischer und dynamischer Rechtfertigung – von dem die Behauptung (ii) ausgeht – durchaus nicht unvorstellbar. In einem solchen Fall könnte die Einbeziehung derartiger Rechtfertigungstheorien durchaus auch aus Sicht des Pragmatisten zu einer adäquaten Modellierung der Dynamik epistemischer Zustände führen. Deshalb muss der Pragmatist nicht unbedingt auch die Behauptung (iv) ablehnen. Obwohl es dem Pragmatisten bizarr erscheinen mag, in dieser Richtung nach einer Lösung des Problems zu suchen, vermag ihn unter Umständen das Resultat zu überzeugen. Für die Frage, ob die Theorie der Überzeugungsänderung, die in dieser Arbeit entwickelt wurde, richtig ist oder nicht, ist in jedem Fall allein das Resultat und nicht der Weg dort hin maßgeblich. Der Pragmatist mag unter Umständen die Einschätzung teilen, dass JuDAS-Überzeugungsänderungen die Dynamik epistemischer Zustände gut zu modellieren vermögen, auch wenn ihm die Genese dieser Theorie chaotisch erscheinen mag.

Obwohl bei der vorliegenden Untersuchung die Richtigkeit aller vier Behauptungen (i)-(iv) angenommen wurde, ist so besehen also letztlich nur die Richtigkeit von Behauptung (iv) wirklich wesentlich. Damit ist auch die Richtigkeit der Thesen (2) und (3), die im letzten Abschnitt aufgelistet wurden, streng genommen unabhängig von These (1). Weil außerdem auch die Thesen (2) und (3) voneinander unabhängig sind, besteht zwischen den drei Thesen aufgrund der Beobachtungen des letzten Abschnitts sogar eine vollständige Unabhängigkeit. Demjenigen Leser, der nicht von der Richtigkeit aller drei Thesen (1), (2) und (3) überzeugt werden konnte, ist es also freigestellt, eine beliebige Teilmenge davon zu akzeptieren.

Der Pragmatistische Einwand wirft auch die grundsätzliche Frage nach dem Verhältnis einer Theorie der (statischen) Rechtfertigung und einer Theorie der Überzeugungsänderung auf. Selbst wenn man die hier vertretene Ansicht teilt, dass zwischen beiden ein enger Zusammenhang besteht, ist damit noch nicht die Frage beantwortet, welche der beiden Theorien in Relation zu der anderen primär ist. Während in der vorliegenden Arbeit der Versuch unternommen wurde, basierend auf einer statischen Theorie der Rechtfertigung eine dynamische Theorie der Überzeugungsänderung aufzubauen, wurde in Abschnitt 7.8 bereits darauf hingewiesen, dass es unter Umständen auch möglich ist, umgekehrt Fragen der epistemischen Rechtfertigung mit Rekurs auf Überzeugungsänderungstheorien zu beantworten.

Spohns (1987, 1999) Theorie der so genannten *Rangfunktionen* kann als eine solche Herangehensweise betrachtet werden. Ähnlich wie bei der Theorie des Bayesianismus, die in Kapitel 3 vorgestellt wurde, repräsentiert Spohn einen epistemischen Zustand durch eine Rangfunktion κ, die jeder Proposition x (= Menge möglicher Welten) eine natürliche Zahl $\kappa(x)$ als ihren Rang zuweist.[125] Dabei müssen einige Randbedingungen erfüllt sein, zu denen unter anderem die Forderung gehört, dass für jede Proposition x und ihr Komple-

[125] Die hier gegebene Skizze der Rangfunktionen-Theorie lehnt sich an die vereinfachte Darstellung in Spohn (1999) an. In früheren Veröffentlichungen wurden Rangfunktionen von Spohn auch als *ordinale Konditionalfunktionen* bezeichnet.

ment $-x$ gilt: $\kappa(x) = 0$ oder $\kappa(-x) = 0$ (oder beides). Intuitiv stellt ein solcher Rang ein *Im*plausibilitätsmaß dar. Je unplausibler eine Proposition erscheint, desto höher ist ihr Rang. Dies erlaubt es auch, von verschiedenen Überzeugungsgraden einer Proposition zu sprechen. Man sagt, dass eine Proposition x relativ zu einer Rangfunktion κ akzeptiert wird, genau dann, wenn ihr Komplement für implausibel gehalten wird: $\kappa(-x) > 0$. Die Menge aller Propositionen, auf die dies zutrifft, entspricht den Überzeugungsmengen, die von AGM zur Modellierung epistemischer Zustände verwendet werden.

Gemäß Spohns Ansatz besteht ein Input, der zu einer Überzeugungsänderung führt, nicht bloß aus einer Proposition x, sondern aus einer Proposition x zusammen mit einer natürlichen Zahl n, welche angibt, mit welchem Grad man nach der Überzeugungsänderung von x überzeugt sein soll. Spohn gibt eine explizite Konstruktion an, wie sich die neue Rangfunktion $\kappa_{x,n}$ aus x, n und der alten Funktion κ ermitteln lässt. Diese Dynamik auf der Ebene der Rangfunktionen induziert dann auch eine Dynamik auf der Ebene der Menge der akzeptierten Propositionen. AGM-Expansionen, -Revisionen und -Kontraktionen lassen sich als Spezialfälle dieser Dynamik ableiten und genügen genau den von AGM geforderten Postulaten.[126] Darüber hinaus können mit Rangfunktionen aber auch iterierte Überzeugungsänderungen modelliert werden und Überzeugungsänderungen, bei denen sich lediglich der Stärkegrad ändert, mit dem man eine bestimmte Proposition glaubt. Die Theorie der Rangfunktionen stellt somit eine interessante Verallgemeinerung der AGM-Theorie dar.

Für die hier aufgeworfene Frage ist jedoch noch eine andere Besonderheit von Spohns Theorie bemerkenswert. Rangfunktionen erlauben es auch, eine Begründungsstruktur abzuleiten, die angibt, wann eine Proposition x einen (epistemischen) Grund für eine andere Proposition y darstellt. Dazu wird zunächst aus einer Rangfunktion κ der bedingte Rang von y gegeben x definiert: $\kappa(y \mid x) := \kappa(x \cap y) - \kappa(x)$. Man sagt, dass x ein Grund für y ist genau dann, wenn x für y positiv relevant ist. Letzteres ist genau dann der Fall, wenn x den Rang von y verringert oder x den Rang von $-y$ erhöht: $\kappa(y \mid x) < \kappa(y \mid -x)$ oder $\kappa(-y \mid x) > \kappa(-y \mid -x)$.

Aus der dynamischen Theorie der Rangfunktionen lassen sich also auch statische Begründungsstrukturen ableiten. Obwohl dies gewissermaßen konträr ist zu dem Vorgehen, das in der vorliegenden Arbeit verfolgt wurde, schließen sich beide Herangehensweisen jedoch nicht aus. Es könnte sich schließlich zeigen, dass der Zusammenhang, der zwischen einer Theorie der Rechtfertigung und einer Theorie der Überzeugungsänderung besteht, derart eng ist, dass beide Theorien gleichwertig sind in dem Sinn, dass jede der beiden Theo-

---

[126] Vgl. hierzu u. a. Spohn (1999) und Gärdenfors (1988, 72 ff.).

rien aus der jeweils anderen abgeleitet werden kann. In jedem Fall lässt sich auf der Grundlage des gegenwärtigen Diskussionsstandes in beiden erkenntnistheoretischen Teilbereichen nicht entscheiden, ob einer der beiden Theorietypen - und wenn ja welcher - relativ zu dem anderen als primär anzusehen ist. Insofern stellen beide Herangehensweisen - mögen sie noch so konträr sein - sicherlich interessante Ansätze dar, die gewissermaßen von zwei unterschiedlichen Enden her versuchen, dasselbe Ziel zu erreichen; nämlich die Etablierung eines formalen Zugriffs auf erkenntnistheoretische Fragestellungen, der sowohl statische als auch dynamische Aspekte befriedigend zu beschreiben vermag.

9.3 Doyles RMS-Computerprogramm

Überzeugungsänderungstheorien sind heutzutage für verschiedene Forschungsbereiche von Bedeutung. Daher wurden derartige Theorien nicht nur von Philosophen und Logikern, sondern auch von verschiedenen Kognitionswissenschaftlern entwickelt. Ein derartiges Beispiel aus dem Bereich der künstlichen Intelligenz ist besonders interessant, weil dabei - ebenso wie in der vorliegenden Arbeit - der Versuch unternommen wird, bei der Modellierung von Überzeugungsänderungen auch Rechtfertigungsstrukturen zu berücksichtigen. Es handelt sich hierbei um die so genannten *Reason Maintenance Systeme* von Jon Doyle (kurz: RMS).[127]

RMS ist ein Computerprogramm zur Modellierung von Überzeugungsänderungen, das mit zweierlei Arten von Objekten arbeitet: *Knoten* (*nodes*) und *Rechtfertigungen* (*reasons*). Die Menge aller möglichen Knoten wird mit $\mathbf{N}$ bezeichnet, die Menge aller möglichen Rechtfertigungen wird mit $\mathbf{R}$ bezeichnet. RMS verwendet Knoten, um Überzeugungen zu repräsentieren, während Rechtfertigungen dazu benutzt werden, um bestimmte Inferenzregeln zu repräsentieren. Ein epistemischer Zustand wird von RMS durch eine Menge $N \subseteq \mathbf{N}$ von Knoten und eine Menge $R \subseteq \mathbf{R}$ von Rechtfertigungen modelliert. Jeder Knoten $n \in N$ heißt *in*, jeder Knoten $n' \in \mathbf{N} \setminus N$ wird *aus* (*out*) genannt. Diese beiden Zustände entsprechen den epistemischen Einstellungen, die entsprechende Proposition zu akzeptieren beziehungsweise nicht zu akzeptieren. Eine Rechtfertigung $r \in R$ ist ein Tripel (I, O, c), mit $I, O \subseteq \mathbf{N}$ und $c \in \mathbf{N}$. Die Komponenten I, O und c werden als *Inliste*, als *Ausliste* und als *Konsequent* be-

[127] Doyle hat sein Computerprogramm über viele Jahre verändert und weiterentwickelt. Die verschiedenen Versionen hat er in zahlreichen Veröffentlichungen dokumentiert. Umfassend präsentiert er seinen Ansatz erstmals in Doyle (1979). Eine jüngere Darstellung, in der Doyle seine Theorie auch direkt mit philosophischen Überzeugungsänderungstheorien in Beziehung setzt, ist Doyle (1992). Vgl. aber auch Doyle (1983, 1991). Früher hat Doyle sein Programm - etwas irreführend - als *Truth Maintenance System* (kurz: TMS) bezeichnet.

zeichnet. Eine Rechtfertigung $r = (I, O, c)$ ist eine *gültige* Rechtfertigung für einen Knoten n genau dann, wenn $n = c$ ist und alle Knoten der Inliste *in* sind und alle Knoten der Ausliste *aus* sind.[128] Die Funktionsweise derartiger RMS-Rechtfertigungen kann am besten durch ein Beispiel illustriert werden (s. Tab. 9.2).[129]

Knoten		Rechtfertigung		Status
		Inliste	Ausliste	
(n1)	Oscar ist nicht schuldig wegen Verleumdung.	(n2)	(n3)	(in)
(n2)	Im Zweifelsfall soll für den Angeklagten entschieden werden.	–	–	in
(n3)	Oscar hat die Königin eine Hure genannt.	(n4), (n5)	–	aus
(n4)	Es kann angenommen werden, dass der Zeugenbericht korrekt ist.	–	–	in
(n5)	Der Zeuge gibt an, dass er gehört hat, wie Oscar die Königin eine Hure genannt hat.	–	–	aus

Tab. 9.2: RMS-Rechtfertigungen nach Doyle

Bei diesem Beispiel ist der Knoten (n1) gerechtfertigt, weil (n2) *in* ist und (n3) *aus* ist. (n3) ist *aus*, weil (n4) und (n5) nicht beide *in* sind. Falls (n5) seinen Status ändert zu *in*, wird (n3) *in* werden, und somit wird (n1) nicht mehr gerechtfertigt sein.

Ein Knoten $n \in \mathbf{N}$ ist relativ zu einem epistemischen Zustand (N, R) gerechtfertigt genau dann, wenn es mindestens eine gültige Rechtfertigung $r \in R$ für n gibt (es kann mehrere geben). Die Menge aller Knoten $n \in \mathbf{N}$, die relativ zu einem epistemischen Zustand (N, R) gerechtfertigt sind, soll mit $Js_R(N)$ bezeichnet werden. Ähnlich wie in Kapitel 4 wird dadurch ein Rechtfertigungsoperator Js definiert.[130] Obwohl zwischen der Menge der Überzeugungen

[128] Neben diesen so genannten *Unterstützungslisten-Rechtfertigungen* (*support-list reasons*) arbeitet RMS noch mit einem zweiten Typ von Rechtfertigungen (so genannten *conditional-proof reasons*). Doyles (1992) eigener Darstellung folgend wird hier zur Vereinfachung dieser zweite Typ von Rechtfertigungen vernachlässigt, ohne dass dadurch etwas Wesentliches verloren gehen würde.

[129] Dieses Beispiel übernehme ich von Gärdenfors (1988, 34).

[130] Zu beachten ist, dass hier der Begriff „Rechtfertigungsoperator" nicht im technischen Sinn von (Def Js) verwendet wird. Der Index „R" soll kenntlich machen, dass die Menge der gerechtfertigten Aussagen bei Doyles RMS nicht nur von der Menge der Überzeugungen N,

N und der Menge der gerechtfertigten Aussagen $Js_R(N)$ selbstverständlich ein Zusammenhang besteht, ist dieser wesentlich „lockerer", als dies in Kapitel 4 und 5 von den dortigen Rechtfertigungsoperatoren vorausgesetzt wurde. Dies macht folgendes Lemma deutlich:

LEMMA 9.4: Seien $N, J \subseteq \mathbf{N}$ beliebig. Dann gibt es ein $R \subseteq \mathbf{R}$ mit $J = Js_R(N)$.

BEWEIS: Sei $R := \{(I, O, c) \mid I = O = \varnothing \text{ und } c \in J\}$.[131] Für die so definierte Menge $R \subseteq \mathbf{R}$ gilt offensichtlich: $J = Js_R(N)$.

q. e. d.

Zu einer gegebenen Menge N von Überzeugungen kann also durch geeignete Wahl einer Menge von Rechtfertigungen R eine beliebige Menge von Aussagen J gerechtfertigt werden. Dabei unterliegt die Wahl der Menge J keinerlei Einschränkungen! *Sämtliche* Rationalitätsforderungen, die in Kapitel 4 in Form der Postulate (Js2)-(Js6) an einen Rechtfertigungsoperator gestellt wurden, werden also von Doyles RMS *nicht* erfüllt. Doyles Theorie liegt also ein sehr schwaches Rechtfertigungskonzept zugrunde.

Andere gravierende Unterschiede von RMS zu Überzeugungsänderungstheorien, wie sie innerhalb der Philosophie entwickelt wurden, springen ebenfalls ins Auge. Gärdenfors (1988) kritisiert an Doyles Ansatz zu Recht, dass RMS die Knoten semantisch in keiner Weise interpretiert. Die Sätze, die in dem obigen Beispiel zu den Namen der Knoten hinzugefügt wurden, werden von dem System selbst nicht interpretiert. Damit geht aber bei der RMS-Modellierung von Überzeugungen die Logik der Aussagen verloren.[132] Andererseits bilden gerade logische Zusammenhänge zwischen Überzeugungen bei

---

sondern auch von der Menge der Rechtfertigungen abhängt. Im Unterschied dazu wurde bei den Rechtfertigungsoperatoren in Kapitel 4 und 5 nur eine Abhängigkeit der Menge der gerechtfertigten Aussagen von dem Akzeptanzsystem in der Notation kenntlich gemacht. Es wurde allerdings keineswegs ausgeschlossen, dass die Menge der gerechtfertigten Aussagen durchaus auch von anderen Faktoren als dem Akzeptanzsystem abhängen kann. So hing der Rechtfertigungsoperator Js_L in Kapitel 8 zum Beispiel nicht nur von dem Akzeptanzsystem, sondern auch von Lehrers 5-stelliger Vernünftigkeitsordnung ab. Hierin besteht also kein grundsätzlicher Unterschied zwischen Doyles RMS und der Theorie, die in der vorliegenden Arbeit entwickelt wurde.

131 Doyle lässt die Möglichkeit von Rechtfertigungen, bei denen sowohl die Inliste als auch die Ausliste leer sind, ausdrücklich zu: „The SL-Justification form can represent several types of deductions. With *empty inlist and empty outlist*, we say the justification forms a premise *justification*. A premise *justification* is always valid [...]" (Doyle 1979, 240; Hervorhebung GH).

132 Vgl. Gärdenfors (1988, 34).

philosophischen Theorien der Überzeugungsänderungen eine der wichtigsten Strukturen, welche die Dynamik epistemischer Zustände bestimmen.

Daraus ergibt sich unmittelbar auch ein weiterer markanter Unterschied zwischen Doyles RMS und philosophischen Überzeugungsänderungstheorien. Während letztere von einem rationalen Überzeugungszustand fordern, dass dieser konsistent sein muss,[133] und dass diese Konsistenz bei der Dynamik epistemischer Zustände stets bewahrt werden soll, spielen derartige Randbedingungen bei Doyles Theorie ausdrücklich keine Rolle:[134]

> Consistency does not matter to RMS in adding or deleting reasons; instead, the basic operations of RMS only maintain coherence of reasons and nodes. (Many discussions of reason maintenance misrepresent the truth by claiming that RMS maintains consistency of beliefs [...])

Nach diesen statischen Eigenheiten von RMS sollen nun noch einige dynamische Besonderheiten von Doyles Computerprogramm angesprochen werden. Zu einer dynamischen Veränderung des epistemischen Zustands kommt es bei RMS im Unterschied zu philosophischen Überzeugungsänderungstheorien nicht aufgrund der Hinzugewinnung oder Aufgabe einer *Überzeugung* (das heißt dem Ein- oder Ausschalten eines Knotens), sondern aufgrund eines Hinzufügens oder Wegnehmens einer *Rechtfertigung*. Weil bereits die statischen Eigenschaften von Doyles Theorie sich deutlich von denen philosophischer Theorien der Überzeugungsänderung im Allgemeinen und der hier entwickelten Konzeption im Besonderen unterscheiden, überrascht es kaum, dass sich diese Diskrepanz auch auf die dynamischen Eigenschaften fortsetzt. Da es den Rahmen dieses Abschnitts sprengen würde, auf alle derartigen Verschiedenheiten einzugehen, sei hier exemplarisch nur auf zwei Punkte aufmerksam gemacht. Doyle selbst sieht eine direkte Entsprechung zwischen den Überzeugungsänderungsfunktionen einer Expansion und einer Kontraktion einerseits und bestimmten Operationen seines RMS-Programms andererseits:[135]

> The belief revision operations of expansion and contraction correspond to the operations of adding or deleting reasons. Expansion corresponds to add-

---

[133] Vgl. stellvertretend für viele philosophische Theorien der Überzeugungsänderung zum Beispiel (Def ÜM) aus Kap. 2 und (Def SA) aus Kap. 5.

[134] Doyle (1992, 36). Beachtenswert ist, dass Doyle an (rationale) Überzeugungszustände zwar weder eine Konsistenzforderung stellt, noch verlangt, dass diese deduktiv geschlossen sein müssen, wohl aber eine Forderung erhebt, die analog zu der Forderung $A = Js(A)$ ist, die in Kap. 5 für stabile Akzeptanzsysteme formuliert wurde. Überzeugungszustände, die diesem Kriterium genügen, nennt Doyle *legal states*. Vgl. hierzu Doyle (1992, 35).

[135] Doyle (1992, 36). Der Überzeugungsänderungstyp einer Revision entspricht nach Doyles Einschätzung einer recht komplizierten RMS-Operation, die er *dependency-directed backtracking* nennt. Hier scheint die behauptete Parallele zwischen RMS und Überzeugungsänderungsfunktionen, wie sie innerhalb der Philosophie diskutiert werden, allerdings noch weniger gegeben zu sein als im Fall von Expansionen und Kontraktionen.

> ing a reason of the form ({}, {}, α), which makes α a premise or basic belief. Contraction corresponds to removing all reasons for a node.

Aber diese RMS-Operationen funktionieren deutlich anders als die Expansions- und Kontraktionsfunktionen, die innerhalb der philosophischen Debatte erörtert werden. Die Entsprechungen sind keineswegs so eng, wie Doyle annimmt. Ein wichtiges Merkmal von Expansionen besteht darin, dass man keine der bisherigen Überzeugungen aufgeben muss. Weil es gerade diese Eigenschaft ist, die Expansionen von Revisionen unterscheidet, kann sie sogar als charakteristisches Merkmal von Expansionen angesehen werden. Sowohl bei der AGM-Theorie als auch bei der Theorie, die in dieser Arbeit entwickelt wurde, fand diese Forderung bei der axiomatischen Charakterisierung von Expansionen deshalb formal ihren Niederschlag in dem Postulat *Inklusion*. Die von Doyle angeführte RMS-Operation besitzt diese Eigenschaft aber keineswegs. Dies wird deutlich, wenn man einen epistemischen Zustand (N, R) betrachtet mit $(\{...\}, \{\alpha\}, \beta) \in R$ und $\beta \in N$. Falls die Überzeugung β nur durch diese eine Rechtfertigung gestützt wird, gibt das System β nach der fraglichen Operation auf.

Entfernt man alle Rechtfertigungen für einen Knoten α, so ändert sich dessen Status möglicherweise von *in* zu *aus*. Falls für den epistemischen Zustand (N, R) gilt: $\beta \notin N$ und $(\{...\}, \{\alpha\}, \beta) \in R$, so kann dies dazu führen, dass das System die Überzeugung β neu hinzugewinnt. Dies würde aber im Widerspruch zu dem Kontraktionspostulat *Inklusion* stehen, das ebenfalls als charakteristisches Merkmal von Kontraktionen angesehen werden muss, welches Kontraktionen nicht zuletzt von Revisionen unterscheidet.[136] Somit besteht auch die von Doyle angenommene Parallele zwischen Kontraktionen und der von ihm angeführten RMS-Operation nicht - oder zumindest nicht in dem Umfang, wie dies von ihm behauptet wird.

Trotz vieler interessanter Gemeinsamkeiten von Doyles Computersystem mit der philosophischen Überzeugungsänderungsdebatte und einem ähnlichen Ansatz, wie er in dieser Arbeit vorgeschlagen wurde, überwiegen also dennoch die Verschiedenheiten beider Gebiete. Insofern alle angeführten Punkte, in denen Doyles RMS von philosophischen Theorien der Überzeugungsänderung abweicht, von der philosophischen Debatte argumentativ wohlbegründet wurden, kann man den Nachweis dieser Verschiedenheiten als ein umfassendes Argument *gegen* die Theorie von Doyle lesen. Eine ganze Batterie weiterer Argumente gegen Doyles Theorie aus Sicht der philosophischen Überzeugungsänderungsdebatte bietet Gärdenfors (1990) auf.

Es stellt sich die Frage, ob man Doyles System dahingehend modifizieren könnte, dass es besser mit philosophischen Theorien der Überzeugungsände-

---

[136] Vgl. hierzu auch die Diskussion in Abschnitt 5.7.

rung kompatibel ist. Zum Teil ist dies gewiss möglich. So hat Doyle selbst beispielsweise darauf aufmerksam gemacht, dass die logischen Verknüpfungen zwischen den Knoten, die in RMS verloren gegangen waren, als spezielle Formen von RMS-Rechtfertigungen wieder eingeführt werden können. In ähnlicher Weise könnte man RMS dann um eine Konsistenzforderung ergänzen. Möglicherweise kann auch sichergestellt werden, dass das Resultat einer RMS-Überzeugungsänderung stets ein epistemischer Zustand (N', R') ist, bei dem N' eine Menge von Knoten bildet, die relativ zu R' konsistent ist. Weniger optimistisch muss man aber wohl die Möglichkeit einschätzen, Doyles Theorie so verändern zu können, dass RMS-Überzeugungsänderungen anderen zentralen Forderungen philosophischer Theorien der Überzeugungsänderung genügen (wie beispielsweise den Inklusionspostulaten der Expansion und der Kontraktion). Noch weniger aussichtsreich erscheint es, dass Doyles Rechtfertigungskonzept durch geeignete Modifikationen und Ergänzungen die Postulate (Js2)–(Js6) erfüllen könnte.

Auch wenn es vielleicht nicht grundsätzlich unmöglich ist, Doyles Theorie derart zu verändern, wären die erforderlichen Modifikationen in jedem Falle so beträchtlich, dass das Resultat einer derartigen Veränderung kaum noch als eine überarbeitete Fassung von Doyles Theorie angesehen werden könnte; sondern eine gänzlich andere Theorie darstellen würde. Damit liegt auch die Vermutung nahe, dass jede Plausibilität, die eine derartige Überarbeitung von RMS eventuell besitzen mag, nicht von Doyles Konzeption herrührt, wie sie heute vorliegt, sondern ausschließlich durch die fraglichen Veränderungen erzeugt werden würde.

Für Doyle gibt es jedoch gute Gründe, Veränderungen der genannten Art an seiner Theorie überhaupt nicht anzustreben. Doyle hat mit RMS – im Gegensatz zu philosophischen Theorien der Dynamik epistemischer Zustände – den Versuch unternommen, ein Überzeugungsänderungssystem zu entwickeln, das sich tatsächlich auf einem Computer implementieren lässt. Deshalb ist die Frage nach der (effizienten) Berechenbarkeit der beteiligten Operationen für Doyles Anliegen von entscheidender Bedeutung. Die „Berechenbarkeitskosten", die mit einer Konsistenzforderung einhergehen würden, wären aber inakzeptabel hoch. Auch die Möglichkeit, logische Strukturen zwischen den Knoten „über die Hintertür" als spezielle RMS-Rechtfertigungen wieder einzuführen, wäre in diesem Kontext wenig attraktiv, weil Doyle es dann zulassen müsste, dass ein Knoten n unter Umständen unendlich viele Rechtfertigungen r_1, r_2, r_3, ... haben kann, was die Berechenbarkeit grundsätzlich in Frage stellen würde.

Diese Beobachtung sollte allerdings zum Anlass genommen werden, die Unterschiede zwischen RMS und philosophischen Theorien der Überzeugungsänderung neu zu bewerten und zu einer faireren Einschätzung von Doyles Ansatz zu gelangen. Philosophen und Forscher aus dem Bereich der künstlichen Intelligenz verfolgen mit ihren Theorien zur Dynamik epistemischer Zustände jeweils durchaus verschiedene Ziele. Während es Philosophen um eine normative Vorgabe geht, wie ein ideal rationales, epistemisches Subjekt seine Überzeugungen verändern sollte, geht es KI-Forschern darum, ein System der Überzeugungsänderung zu entwickeln, das auf einem (realen) Rechner implementiert werden kann. Aus dieser verschiedenen Zielsetzung ergeben sich offenkundig auch sehr verschiedene Anforderungen, denen eine adäquate Theorie *in dem jeweiligen Bereich* genügen muss. Die Frage nach der effizienten Berechenbarkeit der involvierten Operationen ist hierfür nur ein markantes Beispiel. Insofern die jeweilige Zielsetzung verschieden ist, kann es kaum verwundern, dass aus beiden Bereichen Theorien hervorgegangen sind, die miteinander inkompatibel sind, obwohl sie *in ihrem Bereich* jeweils durchaus geeignet sein mögen. Philosophische Überzeugungsänderungstheorien und entsprechende Theorien aus dem Bereich der künstlichen Intelligenz sind also (zu einem gewissen Grad) inkommensurabel. Beide Ansätze stehen also nicht unbedingt in Konkurrenz miteinander, sondern stellen vielmehr zwei verschiedene Perspektiven dar, die beide durchaus wertvoll sind und insgesamt zu einem umfassenderen Verständnis von Überzeugungsänderungen beitragen können.

Anhang

Anhang A: Beweise für einige Lemmata aus Kapitel 5

Um Lemma 5.2 beweisen zu können, muss man zunächst einen neuen Rechtfertigungsoperator definieren. Sei z ein beliebiger „empirischer" Satz, das heißt ein Satz, für den gilt: $\bot \notin Cn(z)$ und $z \notin Cn(\varnothing)$. Dann wird ein Rechtfertigungsoperator Js_z wie folgt definiert:

(Def Js_z)
$$Js_z(A) := \begin{cases} Cn(z), & \text{falls } Pr(A) = Cn(z); \quad \text{(i)} \\ Cn(\neg z), & \text{falls } Cn(\neg z) \subseteq Pr(A); \quad \text{(ii)} \\ Pr(\neg z) \cup Cn(\varnothing), & \text{falls } Pr(A) = Cn(z) \cup Pr(\neg z); \quad \text{(iii)} \\ Pr(A) \cap Cn(\varnothing), & \text{sonst.} \quad \text{(iv)} \end{cases}$$

Der Leser kann mit leichter Mühe nachprüfen, dass für eine beliebige Satzmenge A genau eine der Bedingungen von (Def Js_z) erfüllt ist und der Operator Js_z somit wohldefiniert ist. Dass es sich bei Js_z tatsächlich um einen Rechtfertigungsoperator im Sinne von (Def Js) handelt, zeigt das nächste Lemma:

> LEMMA A.1: Sei z ein beliebiger Satz, für den gilt: $\bot \notin Cn(z)$ und $z \notin Cn(\varnothing)$. Dann ist der Operator Js_z ein Rechtfertigungsoperator.

BEWEIS: (Js1), (Js2) und (Js3): trivial.

(Js4): (i), (ii): trivial. (iii) $Pr(A) = Cn(z) \cup Pr(\neg z)$: Sei $x \in A$ und $x \notin Js_z(A)$. Es muss gezeigt werden, dass dann gilt: $x \notin Cn \circ Js_z(A)$. Sei zum Widerspruch angenommen, dass $x \in Cn \circ Js_z(A)$ gilt. Da nach Konstruktion $Js_z(A) = Pr(\neg z) \cup Cn(\varnothing)$ gilt, ergibt sich somit $x \in Cn \circ Js_z(A) = Cn[Pr(\neg z) \cup Cn(\varnothing)] = Cn(\neg z)$. Weil auch $x \in A \subseteq Pr(A) = Cn(z) \cup Pr(\neg z)$ gilt, ergibt sich daher: $x \in Cn(\neg z) \cap [Cn(z) \cup Pr(\neg z)] = [Cn(\neg z) \cap Cn(z)] \cup [Cn(\neg z) \cap Pr(\neg z)] = Cn(\varnothing) \cup Pr(\neg z)$. Dies steht aber im Widerspruch zu der Annahme $x \notin Js_z(A) = Pr(\neg z) \cup Cn(\varnothing)$. Aus diesem Widerspruch kann man auch in diesem Fall (Js4) folgern. (iv) „sonst": Ergibt sich unmittelbar aus Lemma 4.2.

(Js5): Sei $Cn(x) = Cn(y)$ und $Pr(A) = Pr(B)$. Es muss gezeigt werden, dass dann gilt: $x \in Js_z(A)$ gdw $y \in Js_z(B)$. Wegen $Pr(A) = Pr(B)$ fallen A und B offensichtlich nach Konstruktion von Js_z immer in denselben Fall. (i) $Pr(A) = Cn(z)$: In diesem Fall gilt $Js_z(A) = Cn(z) = Js_z(B)$ und somit offensichtlich: $x \in Js_z(A)$ gdw $y \in Js_z(B)$. (ii) $Cn(\neg z) \subseteq Pr(A)$: In diesem Fall gilt $Js_z(A) = Cn(\neg z) = Js_z(B)$ und somit ebenfalls offensichtlich: $x \in Js_z(A)$ gdw $y \in Js_z(B)$. (iii) $Pr(A) = Cn(z) \cup Pr(\neg z)$: In diesem Fall gilt $Js_z(A) = Pr(\neg z) \cup Cn(\varnothing) = Js_z(B)$ und somit gilt auch hier: $x \in Js_z(A)$ gdw $y \in Js_z(B)$. (iv) „sonst“: In diesem Fall ergibt sich $x \in Js_z(A)$ gdw $y \in Js_z(B)$ unmittelbar aus Lemma 4.2.

(Js6): (i) $Pr(A) = Cn(z)$: Nach Konstruktion von Js_z gilt in diesem Fall $Js_z(A) = Cn(z)$ und somit: $Cn \circ Js_z(A) = Cn(z)$. Somit erfüllt auch $Cn \circ Js_z(A)$ wieder die Bedingung (i) von (Def Js_z). Folglich ist auch $Js_z \circ Cn \circ Js_z(A) = Cn(z)$. Somit gilt in diesem Fall also: $Cn \circ Js_z(A) \subseteq Js_z \circ Cn \circ Js_z(A)$. (ii) $Cn(\neg z) \subseteq Pr(A)$: Nach Konstruktion von Js_z gilt in diesem Fall $Js_z(A) = Cn(\neg z)$ und damit: $Cn \circ Js_z(A) = Cn(\neg z)$. Somit erfüllt auch $Cn \circ Js_z(A)$ wieder die Bedingung (ii) von (Def Js_z). Folglich ist auch $Js_z \circ Cn \circ Js_z(A) = Cn(\neg z)$. Somit gilt auch in diesem Fall: $Cn \circ Js_z(A) \subseteq Js_z \circ Cn \circ Js_z(A)$. (iii) $Pr(A) = Cn(z) \cup Pr(\neg z)$: Nach Konstruktion gilt in diesem Fall $Js_z = Pr(\neg z) \cup Cn(\varnothing)$ und somit folglich: $Cn \circ Js_z(A) = Cn[Pr(\neg z) \cup Cn(\varnothing)] = Cn(\neg z)$. Somit erfüllt $Cn \circ Js_z(A)$ die Bedingung (ii) (!) von (Def Js_z). Folglich ist $Js_z \circ Cn \circ Js_z(A) = Cn(\neg z)$. Somit gilt auch in diesem Fall: $Cn \circ Js_z(A) \subseteq Js_z \circ Cn \circ Js_z(A)$. (iv) „sonst“: Nach Konstruktion von Js_z gilt in diesem Fall $Js_z(A) = Pr(A) \cap Cn(\varnothing) \subseteq Cn(\varnothing)$ und damit auch: $Cn \circ Js_z(A) = Cn[Pr(A) \cap Cn(\varnothing)] \subseteq Cn(\varnothing)$. Damit fällt auch $Cn \circ Js_z(A)$ wieder in den „sonst“-Fall von (Def Js_z). Daher ergibt sich auch in diesem Fall $Cn \circ Js_z(A) \subseteq Js_z \circ Cn \circ Js_z(A)$ unmittelbar aus Lemma 4.2.

q. e. d.

Mit Hilfe des Rechtfertigungsoperators Js_z, der zugegebenermaßen leider sehr technisch anmutet, ist es nun auch möglich, Lemma 5.2 zu beweisen:

> LEMMA 5.2: Es gibt ein stabiles Akzeptanzsystem A, einen Satz x und einen Rechtfertigungsoperator Js, für die gilt: (i) $\neg x \notin A$ und (ii) $A \not\subseteq Js(A \cup \{x\})$.

BEWEIS: Sei z ein beliebiger „empirischer“ Satz, das heißt ein Satz, für den gilt: $\bot \notin Cn(z)$ und $z \notin Cn(\varnothing)$. Sei x ein beliebiger Satz, für den gilt: $x \notin Cn(z)$ und $\neg x \notin Cn(z)$. Außerdem sei $A := Cn(z)$. Der Rechtfertigungsoperator Js sei ferner gemäß (Def Js_z) definiert als $Js := Js_z$. Nach Konstruktion von Js_z gilt: $Js(A) = Js \circ Cn(z) = Cn(z) = A$. Weil A offensichtlich auch konsistent und deduktiv geschlossen ist, stellt A (relativ zu Js) ein stabiles Akzeptanzsystem dar.

Zu (i): Offensichtlich gilt: $\neg x \notin Cn(z) = A$.

Zu (ii): Weil die Menge $Cn(z) \cup \{x\}$ keine der Bedingungen (i)–(iii) von (Def Js_z) erfüllt, gilt nach Konstruktion: $Js(A \cup \{x\}) = Js[Cn(z) \cup \{x\}] = Pr[Cn(z) \cup \{x\}] \cap Cn(\varnothing) = Cn(\varnothing)$. Somit gilt also: $A \not\subseteq Js(A \cup \{x\})$.

q. e. d.

Lemma 5.6 kann mit Hilfe der Rechtfertigungsoperatoren $Js_{\min}$ und $Js_{\max}$ aus Kapitel 4 sehr einfach bewiesen werden.

LEMMA 5.6 (Erfolgsverletzungen): (1) Es gibt ein stabiles Akzeptanzsystem A, einen Satz x und einen Rechtfertigungsoperator Js, für die gilt: (i) x konfligiert nicht mit A und (ii) $x \notin A{+}x$.

(2) Es gibt ein stabiles Akzeptanzsystem A, einen Satz x und einen Rechtfertigungsoperator Js, für die gilt: $x \notin A{*}x$.

BEWEIS: Zu (1): Sei $A := Cn(\emptyset)$ und sei x ein beliebiger Satz mit $x \notin Cn(\emptyset)$. Außerdem sei $Js(B) := Js_{\min}(B) := Pr(B) \cap Cn(\emptyset)$. Offensichtlich gilt dann: $Js(A) = Pr(A) \cap Cn(\emptyset) = Pr \circ Cn(\emptyset) \cap Cn(\emptyset) = Cn(\emptyset) = A$. Weil A außerdem konsistent und deduktiv geschlossen ist, stellt A (relativ zu Js) also ein stabiles Akzeptanzsystem dar.

Zu (i): Nach Konstruktion gilt: $Js(A \cup \{x\}) = Pr(A \cup \{x\}) \cap Cn(\emptyset) = Pr(Cn(\emptyset) \cup \{x\}) \cap Cn(\emptyset) = Cn(\emptyset) = A$. Gemäß (Def Konf) konfligiert x also nicht mit A.

Zu (ii): Es gilt: $A{+}x = Cn \circ Js(A \cup \{x\}) = Cn[Pr(A \cup \{x\}) \cap Cn(\emptyset)] = Cn[Pr(Cn(\emptyset) \cup \{x\}) \cap \mathrm{Cn}(\emptyset)] = Cn(\emptyset)$. Somit ist folglich $x \notin A{+}x$.

Zu (2): Sei x ein beliebiger „empirischer" Satz, das heißt ein Satz, für den gilt: $\bot \notin Cn(x)$ und $x \notin Cn(\emptyset)$. Sei $A := Cn(\neg x)$ und sei

$$Js(B) := Js_{\max}(B) := \begin{cases} Pr(B), & \text{falls } \bot \notin Cn(B); \\ Pr(B) \cap Cn(\emptyset), & \text{sonst.} \end{cases}$$

Offensichtlich gilt dann nach Konstruktion: $Js(A) = Pr(A) = Pr \circ Cn(\neg x) = Cn(\neg x) = A$. Weil A außerdem konsistent und deduktiv geschlossen ist, stellt A (relativ zu Js) also ein stabiles Akzeptanzsystem dar. Außerdem gilt nach Konstruktion: $Js(A \cup \{x\}) = Pr(A \cup \{x\}) \cap Cn(\emptyset) = Pr(Cn(\neg x) \cup \{x\}) \cap Cn(\emptyset) = Cn(\emptyset)$. Folglich ist A für x geschlossen. Nach Konstruktion von $A{*}x$ gilt also: $A{*}x = A = Cn(\neg x)$. Somit ist folglich $x \notin A{*}x$.

q. e. d.

Der Beweis von Lemma 5.7 ist schwieriger und erfordert die Einführung eines neuen Rechtfertigungsoperators. Sei z ein beliebiger „empirischer" Satz, das heißt ein Satz, für den gilt: $\bot \notin Cn(z)$ und $z \notin Cn(\emptyset)$. Dann sei der Rechtfertigungsoperator Js_z wie folgt definiert:

(Def Js_z)
$$Js_z(A) := \begin{cases} Cn(z), & \text{falls } Pr(A) = Cn(z); & \text{(i)} \\ Cn(z), & \text{falls } Pr(A) = Cn(z) \cup Pr(\neg z); & \text{(ii)} \\ Cn(\neg z), & \text{falls } Pr(A) = Cn(\neg z); & \text{(iii)} \\ Pr(\neg z) \cup Cn(\emptyset), & \text{falls } Pr(A) = Cn(\emptyset) \cup Pr(\neg z); & \text{(iv)} \\ Pr(A) \cap Cn(\emptyset), & \text{sonst.} & \text{(v)} \end{cases}$$

Der Leser kann mit leichter Mühe nachprüfen, dass für eine beliebige Satzmenge A genau eine der Bedingungen von (Def Js_z) erfüllt ist und der Operator Js_z somit wohldefiniert ist. Dass es sich bei Js_z tatsächlich um einen Rechtfertigungsoperator im Sinne von (Def Js) handelt, zeigt das nächste Lemma:

LEMMA A.2: Sei z ein beliebiger Satz, für den gilt: $\bot \notin Cn(z)$ und $z \notin Cn(\emptyset)$. Dann ist der Operator Js_z ein Rechtfertigungsoperator.

BEWEIS: (Js1), (Js2) und (Js3): trivial. (Js4): (i), (ii), (iii) und (iv): trivial. (v) „sonst“: Ergibt sich unmittelbar aus Lemma 4.2.

(Js5): Sei $Cn(x) = Cn(y)$ und $Pr(A) = Pr(B)$. Es muss gezeigt werden, dass dann gilt: $x \in Js_z(A)$ gdw $y \in Js_z(B)$. Wegen $Pr(A) = Pr(B)$ fallen A und B offensichtlich nach Konstruktion von Js_z immer in denselben Fall. (i) $Pr(A) = Cn(z)$: In diesem Fall gilt $Js_z(A) = Cn(z) = Js_z(B)$ und somit offensichtlich: $x \in Js_z(A)$ gdw $y \in Js_z(B)$. (ii) $Pr(A) = Cn(z) \cup Pr(\neg z)$: In diesem Fall gilt $Js_z(A) = Cn(z) = Js_z(B)$ und somit ebenfalls offensichtlich: $x \in Js_z(A)$ gdw $y \in Js_z(B)$. (iii) $Pr(A) = Cn(\neg z)$: In diesem Fall gilt $Js_z(A) = Cn(\neg z) = Js_z(B)$ und somit gilt auch hier: $x \in Js_z(A)$ gdw $y \in Js_z(B)$. (iv) $Pr(A) = Cn(\emptyset) \cup Pr(\neg z)$: In diesem Fall gilt $Js_z(A) = Pr(\neg z) \cup Cn(\emptyset) = Js_z(B)$ und somit gilt auch hier: $x \in Js_z(A)$ gdw $y \in Js_z(B)$. (v) „sonst“: In diesem Fall ergibt sich $x \in Js_z(A)$ gdw $y \in Js_z(B)$ unmittelbar aus Lemma 4.2.

(Js6): (i) $Pr(A) = Cn(z)$: Nach Konstruktion von Js_z gilt in diesem Fall $Js_z(A) = Cn(z)$ und somit: $Cn \circ Js_z(A) = Cn(z)$. Somit erfüllt auch $Cn \circ Js_z(A)$ wieder die Bedingung (i) von (Def Js_z). Folglich ist auch $Js_z \circ Cn \circ Js_z(A) = Cn(z)$. Somit gilt in diesem Fall: $Cn \circ Js_z(A) \subseteq Js_z \circ Cn \circ Js_z(A)$. (ii) $Pr(A) = Cn(z) \cup Pr(\neg z)$: Nach Konstruktion von Js_z gilt in diesem Fall $Js_z(A) = Cn(z)$ und somit: $Cn \circ Js_z(A) = Cn(z)$. Somit erfüllt $Cn \circ Js_z(A)$ die Bedingung (i) (!) von (Def Js_z). Folglich ist $Js_z \circ Cn \circ Js_z(A) = Cn(z)$. Somit gilt auch in diesem Fall: $Cn \circ Js_z(A) \subseteq Js_z \circ Cn \circ Js_z(A)$. (iii) $Pr(A) = Cn(\neg z)$: Nach Konstruktion von Js_z gilt in diesem Fall $Js_z(A) = Cn(\neg z)$ und somit: $Cn \circ Js_z(A) = Cn(\neg z)$. Somit erfüllt auch $Cn \circ Js_z(A)$ wieder die Bedingung (iii) von (Def Js_z). Folglich ist auch $Js_z \circ Cn \circ Js_z(A) = Cn(\neg z)$. Somit gilt in diesem Fall ebenfalls: $Cn \circ Js_z(A) \subseteq Js_z \circ Cn \circ Js_z(A)$. (iv) $Pr(A) = Cn(\emptyset) \cup Pr(\neg z)$: Nach Konstruktion von Js_z gilt in diesem Fall $Js_z = Pr(\neg z) \cup Cn(\emptyset)$ und somit: $Cn \circ Js_z(A) = Cn[Pr(\neg z) \cup Cn(\emptyset)] = Cn(\neg z)$. Somit erfüllt $Cn \circ Js_z(A)$ die Bedingung (iii) (!) von (Def Js_z). Folglich ist $Js_z \circ Cn \circ Js_z(A) = Cn(\neg z)$. Somit gilt auch in diesem Fall: $Cn \circ Js_z(A) \subseteq Js_z \circ Cn \circ Js_z(A)$. (v) „sonst“: Nach Konstruktion von Js_z gilt in diesem Fall $Js_z(A) = Pr(A) \cap Cn(\emptyset) \subseteq Cn(\emptyset)$ und somit auch: $Cn \circ Js_z(A) = Cn[Pr(A) \cap Cn(\emptyset)] \subseteq Cn(\emptyset)$. Damit fällt auch $Cn \circ Js_z(A)$ wieder in den „sonst“-Fall von (Def Js_z). Daher ergibt sich auch in diesem Fall $Cn \circ Js_z(A) \subseteq Js_z \circ Cn \circ Js_z(A)$ unmittelbar aus Lemma 4.2.

q. e. d.

Mit Hilfe des Rechtfertigungsoperators Js_z, der zugegebenermaßen leider sehr technisch anmutet, ist es nun auch möglich, Lemma 5.7 zu beweisen:

> LEMMA 5.7 (Monotonieverletzung): Es gibt stabile Akzeptanzsysteme A und B, einen Satz x und einen Rechtfertigungsoperator Js, für die gilt: (i) x konfligiert weder mit A noch mit B und (ii) $A \subseteq B$ und $A+x \not\subseteq B+x$.

BEWEIS: Sei z ein beliebiger „empirischer" Satz, das heißt ein Satz, für den gilt: $\bot \notin Cn(z)$ und $z \notin Cn(\varnothing)$. Dann definiert man $x := \neg z$ und $A := Cn(\varnothing)$ und $B := Cn(z)$. Sei ferner der Rechtfertigungsoperator Js gemäß (Def Js_z) definiert als $Js := Js_z$. Nach Konstruktion von Js_z gilt zum einen $Js(A) = Js \circ Cn(\varnothing) = Pr \circ Cn(\varnothing) \cap Cn(\varnothing) = Cn(\varnothing) = A$ und zum anderen auch $Js(B) = Js \circ Cn(z) = Cn(z) = B$. Weil A und B beide offensichtlich auch konsistent und deduktiv geschlossen sind, stellen A und B (relativ zu Js) stabile Akzeptanzsysteme dar.

Zu (i): Nach Konstruktion von Js_z gilt: $Js(A \cup \{x\}) = Js(Cn(\varnothing) \cup \{\neg z\}) = Pr(\neg z) \cup Cn(\varnothing)$. Somit ist $A \subseteq Js(A \cup \{x\})$. Gemäß (Def Konf) konfligiert x also nicht mit A. Ebenfalls nach Konstruktion von Js_z gilt außerdem: $Js(B \cup \{x\}) = Js(Cn(z) \cup \{\neg z\}) = Cn(z) = B$. Also konfligiert x auch nicht mit B.

Zu (ii): Weil trivialerweise $A \subseteq B$ gilt, muss nur noch gezeigt werden, dass $A+x \not\subseteq B+x$ ist. Weil $Js(A \cup \{x\}) = Pr(\neg z) \cup Cn(\varnothing)$ ist, gilt folglich $A+x = Cn \circ Js(A \cup \{x\}) = Cn[Pr(\neg z) \cup Cn(\varnothing)] = Cn(\neg z)$. Wegen $Js(B \cup \{x\}) = Cn(z)$ ist $B+x = Cn \circ Js(B \cup \{x\}) = Cn(z)$. Somit ist in diesem Fall also $A+x \not\subseteq B+x$.

q. e. d.

Um schließlich noch Lemma 5.8 beweisen zu können, wird wiederum ein eigens konstruierter Rechtfertigungsoperator benötigt. Seien z_1 und z_2 zwei beliebige Sätze, für die gilt: $z_1 \notin Cn(z_2)$ und $z_2 \notin Cn(z_1)$ und $z_1 \vee z_2 \in Cn(\varnothing)$ (offensichtlich gibt es derartige Sätze). Dann sei der Rechtfertigungsoperator Js_{z_1, z_2} wie folgt definiert:

$$(\mathrm{Def\ Js}_{z_1,z_2}) \qquad Js_{z_1,z_2}(A) := \begin{cases} Cn(z_1), & \text{falls } Pr(A) = Cn(z_1); \quad \text{(i)} \\ Pr(z_2) \cup Cn(\varnothing), & \text{falls } Pr(A) = Cn(z_1) \cup Pr(z_2); \quad \text{(ii)} \\ Cn(z_2), & \text{falls } Pr(A) = Cn(z_2); \quad \text{(iii)} \\ Pr(A) \cap Cn(\varnothing), & \text{sonst.} \quad \text{(iv)} \end{cases}$$

Der Leser kann mit leichter Mühe nachprüfen, dass für eine beliebige Satzmenge A genau eine der Bedingungen von (Def Js_{z_1,z_2}) erfüllt ist und der Operator Js_{z_1, z_2} somit wohldefiniert ist. Dass es sich bei Js_{z_1, z_2} tatsächlich um einen

Rechtfertigungsoperator im Sinne von (Def Js) handelt, zeigt das nächste Lemma:

LEMMA A.3: Seien z_1 und z_2 zwei beliebige Sätze, für die gilt: $z_1 \notin Cn(z_2)$ und $z_2 \notin Cn(z_1)$ und $z_1 \vee z_2 \in Cn(\emptyset)$. Dann ist der Operator Js_{z_1,z_2} ein Rechtfertigungsoperator.

BEWEIS: (Js1), (Js2) und (Js3): trivial.

(Js4): (i): trivial. (ii): $Pr(A) = Cn(z_1) \cup Pr(z_2)$: Sei $x \in A$ und $x \notin Js_{z_1,z_2}(A)$. Es muss gezeigt werden, dass dann gilt: $x \notin Cn \circ Js_{z_1,z_2}(A)$. Sei zum Widerspruch angenommen, dass $x \in Cn \circ Js_{z_1,z_2}(A)$ gilt. Da nach Konstruktion gilt $Js_{z_1,z_2}(A) = Pr(z_2) \cup Cn(\emptyset)$, ergibt sich somit folglich: $x \in Cn \circ Js_{z_1,z_2}(A) = Cn[Pr(z_2) \cup Cn(\emptyset)] = Cn(z_2)$. Weil auch $x \in A \subseteq Pr(A) = Cn(z_1) \cup Pr(z_2)$ gilt, ergibt sich somit auch $x \in Cn(z_2) \cap [Cn(z_1) \cup Pr(z_2)] = [Cn(z_2) \cap Cn(z_1)] \cup [Cn(z_2) \cap Pr(z_2)]$. Weil nach Voraussetzung $z_1 \vee z_2 \in Cn(\emptyset)$ gilt, ist folglich $Cn(z_2) \cap Cn(z_1) = Cn(\emptyset)$. Somit gilt also $x \in Cn(\emptyset) \cup Pr(z_2)$. Dies steht aber im Widerspruch zu $x \notin Js_{z_1,z_2}(A) = Pr(z_2) \cup Cn(\emptyset)$. Aus diesem Widerspruch kann man auch in diesem Fall (Js4) folgern. (iii): trivial. (iv) „sonst": Ergibt sich unmittelbar aus Lemma 4.2.

(Js5): Sei $Cn(x) = Cn(y)$ und $Pr(A) = Pr(B)$. Es muss gezeigt werden, dass dann gilt: $x \in Js_{z_1,z_2}(A)$ gdw $y \in Js_{z_1,z_2}(B)$. Wegen $Pr(A) = Pr(B)$ fallen A und B offensichtlich nach Konstruktion von Js_{z_1,z_2} immer in denselben Fall. (i) $Pr(A) = Cn(z_1)$: In diesem Fall gilt $Js_{z_1,z_2}(A) = Cn(z_1) = Js_{z_1,z_2}(B)$ und somit offensichtlich: $x \in Js_{z_1,z_2}(A)$ gdw $y \in Js_{z_1,z_2}(B)$. (ii) $Pr(A) = Cn(z_1) \cup Pr(z_2)$: In diesem Fall gilt $Js_{z_1,z_2}(A) = Pr(z_2) \cup Cn(\emptyset) = Js_{z_1,z_2}(B)$ und somit ebenfalls offensichtlich: $x \in Js_{z_1,z_2}(A)$ gdw $y \in Js_{z_1,z_2}(B)$. (iii) $Pr(A) = Cn(z_2)$: In diesem Fall gilt $Js_{z_1,z_2}(A) = Cn(z_2) = Js_{z_1,z_2}(B)$ und somit gilt auch hier: $x \in Js_{z_1,z_2}(A)$ gdw $y \in Js_{z_1,z_2}(B)$. (iv) „sonst": In diesem Fall ergibt sich $x \in Js_{z_1,z_2}(A)$ gdw $y \in Js_{z_1,z_2}(B)$ unmittelbar aus Lemma 4.2.

(Js6): (i) $Pr(A) = Cn(z_1)$: Nach Konstruktion von Js_{z_1,z_2} gilt in diesem Fall $Js_{z_1,z_2}(A) = Cn(z_1)$ und somit: $Cn \circ Js_{z_1,z_2}(A) = Cn(z_1)$. Folglich erfüllt auch $Cn \circ Js_{z_1,z_2}(A)$ wieder die Bedingung (i) von (Def Js_{z_1,z_2}). Folglich ist auch $Js_{z_1,z_2} \circ Cn \circ Js_{z_1,z_2}(A) = Cn(z_1)$. Somit gilt in diesem Fall: $Cn \circ Js_{z_1,z_2}(A) \subseteq Js_{z_1,z_2} \circ Cn \circ Js_{z_1,z_2}(A)$. (ii) $Pr(A) = Cn(z_1) \cup Pr(z_2)$: Nach Konstruktion von Js_{z_1,z_2} gilt in diesem Fall $Js_{z_1,z_2}(A) = Pr(z_2) \cup Cn(\emptyset)$ und somit: $Cn \circ Js_{z_1,z_2}(A) = Cn(z_2)$. Somit erfüllt $Cn \circ Js_{z_1,z_2}(A)$ die Bedingung (iii) (!) von (Def Js_{z_1,z_2}). Folglich ist $Js_{z_1,z_2} \circ Cn \circ Js_{z_1,z_2}(A) = Cn(z_2)$. Somit gilt auch in diesem Fall: $Cn \circ Js_{z_1,z_2}(A) \subseteq Js_{z_1,z_2} \circ Cn \circ Js_{z_1,z_2}(A)$. (iii) $Pr(A) = Cn(z_2)$: Nach Konstruktion von Js_{z_1,z_2} gilt in diesem Fall $Js_{z_1,z_2}(A) = Cn(z_2)$ und somit: $Cn \circ Js_{z_1,z_2}(A) = Cn(z_2)$. Somit erfüllt auch $Cn \circ Js_{z_1,z_2}(A)$ wieder die Bedingung (iii) von (Def Js_{z_1,z_2}). Folglich ist auch $Js_{z_1,z_2} \circ Cn \circ Js_{z_1,z_2}(A) = Cn(z_2)$. Somit gilt in diesem Fall ebenfalls: $Cn \circ Js_{z_1,z_2}(A) \subseteq Js_{z_1,z_2} \circ Cn \circ Js_{z_1,z_2}(A)$. (iv) „sonst": Nach Konstruktion von Js_{z_1,z_2} gilt in diesem Fall $Js_{z_1,z_2}(A) = Pr(A) \cap Cn(\varnothing) \subseteq Cn(\varnothing)$ und somit auch: $Cn \circ Js_{z_1,z_2}(A) = Cn[Pr(A) \cap Cn(\varnothing)] \subseteq Cn(\varnothing)$. Damit fällt auch $Cn \circ Js_{z_1,z_2}(A)$ wieder in den „sonst"-Fall von (Def Js_{z_1,z_2}). Daher ergibt sich auch in diesem Fall $Cn \circ Js_{z_1,z_2}(A) \subseteq Js_{z_1,z_2} \circ Cn \circ Js_{z_1,z_2}(A)$ unmittelbar aus Lemma 4.2.

q. e. d.

Mit Hilfe des Rechtfertigungsoperators Js_{z_1,z_2} ist es nun auch möglich, Lemma 5.8 zu beweisen:

> LEMMA 5.8 (Erhaltungsverletzung): Es gibt ein stabiles Akzeptanzsystem A, einen Satz x und einen Rechtfertigungsoperator Js, für die gilt: (i) $\neg x \notin A$ und (ii) $A \not\subseteq A{*}x$.

BEWEIS: Seien z_1 und z_2 zwei beliebige Sätze, für die gilt: $z_1 \notin Cn(z_2)$ und $z_2 \notin Cn(z_1)$ und $\neg z_2 \notin Cn(z_1)$ und $z_1 \vee z_2 \in Cn(\varnothing)$ (offensichtlich gibt es derartige Sätze). Dann definiert man $A := Cn(z_1)$ und $x := z_2$ und $Js := Js_{z_1,z_2}$. Nach Konstruktion von Js_{z_1,z_2} gilt: $Js_{z_1,z_2}(A) = Cn(z_1) = A$. Weil A außerdem offensichtlich konsistent und deduktiv geschlossen ist, stellt A (relativ zu Js) ein stabiles Akzeptanzsystem dar.

Zu (i): $\neg x \notin A$ ergibt sich trivial.

Zu (ii): Nach Konstruktion von Js_{z_1,z_2} gilt: $Js(A \cup \{x\}) = Js[Cn(z_1) \cup \{z_2\}] = Pr(z_2) \cup Cn(\varnothing)$. Also ist A offen für x. Nach Konstruktion von $A{*}x$ gilt somit: $A{*}x = Cn \circ Js(A \cup \{x\}) = Cn[Pr(z_2) \cup Cn(\varnothing)] = Cn(z_2)$. Damit ergibt sich $A = Cn(z_1) \not\subseteq Cn(z_2) = A{*}x$.

q. e. d.

Anhang B: Freie Revisionen und die Zusatzpostulate

In diesem Anhang soll das Verhältnis von freien Revisionen, wie sie in Abschnitt 5.4 entwickelt wurden, und den beiden Zusatzpostulaten *Subexpansion* und *Superexpansion* der AGM-Theorie noch genauer beleuchtet werden, als dies in Abschnitt 5.6 geschehen ist. Insbesondere sollen hier für einige Behauptungen von Abschnitt 5.6 Beweise geliefert werden, die eher technischer Natur sind. Zunächst sind die Beweise für die Lemmata 5.9 und 5.10 nachzuholen:

LEMMA 5.9 (Subexpansionsverletzung): Es gibt ein stabiles Akzeptanzsystem A, Sätze x, y und einen Rechtfertigungsoperator Js, so dass gilt: (1) y ist konfliktfrei mit $A{*}x$ und (2) $(A{*}x){+}y \not\subseteq A{*}(x\&y)$.

BEWEIS: Sei $Js(A) = Js_{\max}(A) := \begin{cases} Pr(A), & \text{falls } \bot \notin Cn(A); \\ Pr(A) \cap Cn(\varnothing), & \text{sonst.} \end{cases}$

Sei ferner (i) A eine beliebige konsistente, deduktiv geschlossene Satzmenge, die nicht maximal konsistent ist. Dann ist A ein stabiles Akzeptanzsystem, und es gibt Sätze x, y mit (ii) $A \cup \{x\}$: inkonsistent; (iii) $A \cup \{y\}$: konsistent und (iv) $y \notin A$.

Zu (1): Offensichtlich gilt unter diesen Voraussetzungen nach Konstruktion des Js-Operators: $Js(A \cup \{x\}) = Pr(A \cup \{x\}) \cap Cn(\varnothing) \subseteq Cn(\varnothing)$. Da klarerweise $x \notin Cn(\varnothing)$ sein muss, kann man also $x \notin Js(A \cup \{x\})$ schließen. Gemäß (Def O/G) ist A also für x geschlossen und somit gilt nach Konstruktion des Revisionsoperators $*$: $A{*}x = A$. Daraus folgt zusammen mit (iii) $A{*}x = A \subseteq Pr(A \cup \{y\}) = Js(A \cup \{y\}) = Js(A{*}x \cup \{y\})$. Gemäß (Def Konf) konfligiert y also nicht mit $A{*}x$.

Zu (2): Offensichtlich gilt unter den gemachten Voraussetzungen und nach Konstruktion des Js-Operators: $Js(A \cup \{x\&y\}) = Pr(A \cup \{x\&y\}) \cap Cn(\varnothing) \subseteq Cn(\varnothing)$. Da klarerweise auch $x\&y \notin Cn(\varnothing)$ sein muss, kann man also $x\&y \notin Js(A \cup \{x\})$ schließen. Gemäß (Def O/G) ist A also auch für $x\&y$ geschlossen und somit gilt nach Konstruktion des Revisionsoperators $*$ nicht nur $A{*}x = A$, sondern auch: $A{*}(x\&y) = A$. Daraus folgt mit Theorem 5.3 und aufgrund von (iii) $(A{*}x){+}y = A{+}y = Cn \circ Js(A \cup \{y\}) = Cn \circ Pr(A \cup \{y\}) = Cn(A \cup \{y\})$. Somit gilt $y \in (A{*}x){+}y$ obwohl nach (iv) $y \notin A{*}(x\&y) = A$ ist. Also ist in diesem Fall $(A{*}x){+}y \not\subseteq A{*}(x\&y)$ und *Subexpansion* ist verletzt.

q. e. d.

Ein Gegenbeispiel gegen *Superexpansion* kann mit Hilfe des Rechtfertigungsoperators Js_z gegeben werden, der in Anhang A zum Beweis von Lemma 5.2 konstruiert wurde. Sei z ein beliebiger „empirischer" Satz, dass heißt ein Satz, für den gilt: $\perp \notin Cn(z)$ und $z \notin Cn(\varnothing)$. Dann sei der Rechtfertigungsoperator Js_z wiederum wie folgt definiert:

$$(\text{Def Js}_z) \qquad Js_z(A) := \begin{cases} Cn(z), & \text{falls } Pr(A) = Cn(z); & \text{(i)} \\ Cn(\neg z), & \text{falls } Cn(\neg z) \subseteq Pr(A); & \text{(ii)} \\ Pr(\neg z) \cup Cn(\varnothing), & \text{falls } Pr(A) = Cn(z) \cup Pr(\neg z); & \text{(iii)} \\ Pr(A) \cap Cn(\varnothing), & \text{sonst.} & \text{(iv)} \end{cases}$$

LEMMA 5.10 (Superexpansionsverletzung): Es gibt ein stabiles Akzeptanzsystem A, Sätze x, y und einen Rechtfertigungsoperator Js, so dass gilt: (1) y ist konfliktfrei mit $A{*}x$ und (2) $A{*}(x\&y) \not\subseteq (A{*}x){+}y$.

BEWEIS: Sei z ein beliebiger „empirischer" Satz, das heißt ein Satz, für den gilt: $\perp \notin Cn(z)$ und $z \notin Cn(\varnothing)$. Dann definiert man $x := \neg z$ und $A := Cn(z)$. Sei ferner der Rechtfertigungsoperator Js gemäß (Def Js_z) definiert als $Js := Js_z$. Sei außerdem y ein weiterer beliebiger „empirischer" Satz, der weder aus z noch aus $\neg z$ logisch folgt: $\perp \notin Cn(y)$ und $y \notin Cn(\varnothing)$ und $y \notin Cn(z)$ und $y \notin Cn(\neg z)$. Es wird gezeigt, dass dann gilt: (0) A ist ein stabiles Akzeptanzsystem; (1) y ist konfliktfrei mit $A{*}x$; (2) $A{*}(x\&y) \not\subseteq (A{*}x){+}y$.

Zu (0): A ist trivialerweise konsistent und deduktiv geschlossen. Außerdem erfüllt $A = Cn(z)$ offensichtlich Bedingung (i) von (Def Js_z), so dass auch gilt: $Js(A) = Js \circ Cn(z) = Cn(z) = A$.

Zu (1): Weil $Cn(z) \cup \{\neg z\}$ offensichtlich die Bedingung (iii) von (Def Js_z) erfüllt, ist $Js(A \cup \{x\}) = Js[Cn(z) \cup \{\neg z\}] = Pr(\neg z) \cup Cn(\varnothing)$. Da $\neg z \in Pr(\neg z)$ gilt, ist also $x \in Js(A \cup \{x\})$. Gemäß (Def O/G) ist A also offen für x und somit gilt nach Konstruktion des Revisionsoperators $*$: $A{*}x = Cn \circ Js(A \cup \{x\}) = Cn[Pr(\neg z) \cup Cn(\varnothing)] = Cn(\neg z)$. Weil $Cn(\neg z) \cup \{y\}$ offensichtlich die Bedingung (ii) von (Def Js_z) erfüllt, ist $Js(A{*}x \cup \{y\}) = Js[Cn(\neg z) \cup \{y\}] = Cn(\neg z)$. Somit ist $A{*}x \subseteq Js(A{*}x \cup \{y\})$. Gemäß (Def Konf) konfligiert y also nicht mit $A{*}x$.

Zu (2): Nach dem eben gezeigten und nach Theorem 5.3 gilt: $(A{*}x){+}y = Cn \circ Js(A{*}x \cup \{y\}) = Cn \circ Cn(\neg z) = Cn(\neg z)$. Andererseits erfüllt die Satzmenge $Cn(z) \cup \{\neg z\&y\}$ unter den gemachten Voraussetzungen keine der Bedingungen (i), (ii), (iii) von (Def Js_z), so dass sie unter den Fall (iv) fällt und somit gilt: $Js(A \cup \{x\&y\}) = Js[Cn(z) \cup \{\neg z\&y\}] = Pr[Cn(z) \cup \{\neg z\&y\}] \cap Cn(\varnothing) \subseteq Cn(\varnothing)$. Weil offensichtlich $\neg z\&y \notin Cn(\varnothing)$ gilt, ist somit: $x\&y \notin Js(A \cup \{x\&y\})$. Gemäß (Def O/G) ist A folglich also geschlossen für $x\&y$. Nach Konstruktion des Revisionsoperators $*$ gilt also: $A*(x\&y) = A = Cn(z)$. Also ist in diesem Fall $A*(x\&y) = Cn(z) \not\subseteq Cn(\neg z) = (A*x)+y$ und *Superexpansion* ist verletzt.

q. e. d.

Es ist erwähnenswert, dass die formalen Gegenbeispiele, mit deren Hilfe die Lemmata 5.9 und 5.10 bewiesen wurden, genau dieselbe Struktur aufweisen wie die informellen Gegenbeispiele, mit denen in Abschnitt 5.6 gegen *Subexpansion* und *Superexpansion* argumentiert wurde.

In Abschnitt 5.6 wurde außerdem behauptet, dass sich eine Eigenschaft (Js7) für Rechtfertigungsoperatoren angeben lässt, die mit den Eigenschaften (Js1)-(Js6) konsistent ist und sicherstellt, dass ein JuDAS-Revisionsoperator $*$, der über einen derartigen Rechtfertigungsoperator Js definiert wurde, das Postulat *Konjunktion* erfüllt.

(Konjunktion) Falls (i) y nicht mit $A*x$ konfligiert, und
(ii) A offen für x ist, und
(iii) $A*x$ offen für y ist, und
(iv) A offen ist für $x\&y$,
dann: $A*(x\&y) = (A*x)+y$.

Folgende zugegebenermaßen eher technisch wirkende Eigenschaft für Rechtfertigungsoperatoren liefert das gewünschte Resultat:

(B.1) Falls $Cn \circ Js(A \cup \{x\}) \subseteq Js[Cn \circ Js(A \cup \{x\}) \cup \{y\})]$, dann $Js(A \cup \{x\&y\}) \cap A = Js(A \cup \{x\}) \cap A$.

Mit Hilfe der Notation, die zuvor eingeführt wurde, lässt sich diese Eigenschaft gleichwertig auch etwas suggestiver formulieren als:

(B.2) Falls y konfliktfrei ist mit $Cn \circ Js(A \cup \{x\})$, dann $A_{pos}(x\&y) = A_{pos}(x)$.

Es lässt sich zeigen, dass die Eigenschaft (B.2) konsistent mit (Js1)-(Js6) ist und dass jeder JuDAS-Revisionsoperator $*$, der auf einem Revisionsoperator Js basiert, der (Js1)-(Js6) und (B.2) erfüllt, dem Postulat *Konjunktion* genügt. Aus eher technischen Gründen ist hierfür allerdings auch folgende Abschwächung von (B.2) ausreichend:

(Js7) Falls (i) y konfliktfrei ist mit $Cn \circ Js(A \cup \{x\})$, und
(ii) A offen ist für x, und
(iii) $Cn \circ Js(A \cup \{x\})$ offen ist für y, und
(iv) A offen ist für $x\&y$,
dann: $Cn[A_{pos}(x\&y) \cup \{x, y\}] = Cn[A_{pos}(x) \cup \{x, y\}]$.

Von dem Postulat (Js7) lässt sich sogar zeigen, dass es nicht nur sicherstellt, dass freie Revisionen *Konjunktion* erfüllen, sondern dass es sogar äquivalent mit der Konjunktionsforderung für freie Revisionen ist in dem Sinn, dass eine freie Revisionsfunktion $*$ *Konjunktion* (vor dem Hintergrund der übrigen Postulate) genau dann erfüllt, wenn der Rechtfertigungsoperator *Js*, auf dem $*$ basiert, (Js7) erfüllt. Folgendes Lemma zeigt, dass das Postulat (Js7) tatsächlich höchstens so stark ist wie die Forderung (B.2):[137]

HILFSSATZ B.1: Erfüllt ein Rechtfertigungsoperator *Js* die Eigenschaft (B.2), so erfüllt er auch (Js7).

BEWEIS: Falls der Rechtfertigungsoperator *Js* die Eigenschaft (B.2) erfüllt, so gilt unter den Voraussetzungen von (Js7) $A_{pos}(x\&y) = A_{pos}(x)$ und somit trivialerweise: $Cn[A_{pos}(x\&y) \cup \{x, y\}] = Cn[A_{pos}(x) \cup \{x, y\}]$.

q. e. d.

Um zu zeigen, dass die Eigenschaft (Js7) konsistent ist mit den Eigenschaften (Js1)-(Js6), wird bewiesen, dass der Rechtfertigungsoperator Js_{min} die Eigenschaft (B.2) hat:

(Def Js_{min}) $$Js_{min}(A) := \begin{cases} Cn(\varnothing), & \text{falls } A \cap Cn(\varnothing) \neq \varnothing; \\ \varnothing, & \text{sonst.} \end{cases} = Pr(A) \cap Cn(\varnothing).$$

LEMMA B.2: Der Rechtfertigungsoperator Js_{min} erfüllt (B.2).

BEWEIS: Es wird gezeigt, dass gilt:

(B.3) $$Js_{min}(A \cup \{x\&y\}) \cap A = Js_{min}(A \cup \{x\}) \cap A.$$

1. Fall, $A \cap Cn(\varnothing) \neq \varnothing$: Dann gilt nach Konstruktion von Js_{min} offensichtlich: $Js_{min}(A \cup \{x\&y\}) \cap A = Cn(\varnothing) \cap A = Js_{min}(A \cup \{x\}) \cap A$.

2. Fall, $A \cap Cn(\varnothing) = \varnothing$: Dann gilt nach Konstruktion von Js_{min} offensichtlich: $Js_{min}(A \cup \{x\&y\}) \cap A = \varnothing = Js_{min}(A \cup \{x\}) \cap A$.

Also gilt in beiden Fällen (B.3), das heißt für den Rechtfertigungsoperator Js_{min} gilt immer (auch ohne die Voraussetzung, dass *y* konfliktfrei mit $Cn \circ Js(A \cup \{x\})$ ist): $A_{pos}(x\&y) = A_{pos}(x)$. Somit erfüllt Js_{min} trivialerweise (B.2).

q. e. d.

[137] Es ist in der Tat sogar ein Leichtes zu sehen, dass das Postulat (Js7) eine *echte* Abschwächung gegenüber der Forderung (A.2) darstellt.

Wegen des Hilfssatzes B.1 ergibt sich daraus unmittelbar:

KOROLLAR B.3: Der Rechtfertigungsoperator Js_{min} erfüllt (Js7).

Zusammen mit Lemma 4.2 ergibt sich daraus dann unmittelbar das gewünschte:

KOROLLAR B.4: Die Postulate (Js1)-(Js7) sind konsistent.

Als letztes verbleibt zu zeigen, dass das Rechtfertigungspostulat (Js7) vor dem Hintergrund der übrigen Postulate äquivalent mit der Forderung *Konjunktion* ist. Dazu wird zunächst folgender Hilfssatz bewiesen:

HILFSSATZ B.5: Falls *Js* ein Rechtfertigungsoperator ist und A eine deduktiv geschlossenen Satzmenge ist, die offen für x ist, dann gilt: $Js(A \cup \{x\}) = A_{\text{pos}}(x) \cup [x]$.

BEWEIS: „$\subseteq$": Wegen (Js2) und aufgrund der deduktiven Geschlossenheit von A gilt: $Js(A \cup \{x\}) \subseteq Pr(A \cup \{x\}) = A \cup [x] = A_{\text{pos}}(x) \oplus A_{\text{neg}}(x) \cup [x]$. Weil $A_{\text{neg}}(x)$ und $Js(A \cup \{x\})$ offensichtlich disjunkt sind, gilt sogar: $Js(A \cup \{x\}) \subseteq A_{\text{pos}}(x) \cup [x]$.

„$\supseteq$": Zum einen gilt nach (Def P/N): $A_{\text{pos}}(x) = A \cap Js(A \cup \{x\}) \subseteq Js(A \cup \{x\})$. Zum anderen gilt wegen der vorausgesetzten Offenheit von A für x auch $x \in Js(A \cup \{x\})$ und somit wegen (Js5): $[x] \subseteq Js(A \cup \{x\})$. Insgesamt gilt also: $A_{\text{pos}}(x) \cup [x] \subseteq Js(A \cup \{x\})$.

q. e. d.

LEMMA B.6: Falls *Js* ein Rechtfertigungsoperator ist, der (Js1)-(Js6) erfüllt, und $*$ der Revisionsoperator ist, der gemäß (Def $*$) über *Js* definiert ist, so erfüllt $*$ *Konjunktion* gdw *Js* (Js7) erfüllt.

BEWEIS: „$\Leftarrow$": Sei *Js* ein Rechtfertigungsoperator, der (Js1)-(Js6) und (Js7) erfüllt, und sei $*$ der Revisionsoperator, der gemäß (Def $*$) über *Js* definiert ist. Ferner gelte:

(i) y konfligiert nicht mit $A*x$, und
(ii) A ist offen für x, und
(iii) $A*x$ ist offen für y, und
(iv) A ist offen für $x\&y$.

Zu zeigen ist, dass dann gilt: $A*(x\&y) = (A*x)+y$.

Nach Konstruktion von $*$ gilt wegen (iv): $A*(x\&y) = Cn \circ Js(A \cup \{x\&y\})$. Außerdem gilt nach dem Hilfssatz B.5 ebenfalls wegen (iv): $Js(A \cup \{x\&y\}) = A_{\text{pos}}(x\&y) \cup [x\&y]$. Zusammen gilt also: $A*(x\&y) = Cn[A_{\text{pos}}(x\&y) \cup [x\&y]] =$

$Cn[A_{pos}(x\&y) \cup \{x, y\}]$. Nach Konstruktion von $*$ gilt wegen (ii) außerdem: $A*x = Cn \circ Js(A \cup \{x\})$. Ferner gilt wiederum nach dem Hilfssatz B.5 und wegen (ii): $Js(A \cup \{x\}) = A_{pos}(x) \cup [x]$. Zusammen gilt somit also: $A*x = Cn[A_{pos}(x) \cup [x]]$. Da y ferner konfliktfrei ist mit $A*x$ folgt zusammen mit (iii) und dem Hilfssatz B.5 $Js[A*x \cup \{y\}] = A*x \cup [y] = Cn[A_{pos}(x) \cup [x]] \cup [y]$. Somit gilt also: $(A*x)+y = Cn \circ Js(A*x \cup \{y\}) = Cn[A_{pos}(x) \cup \{x, y\}]$. Aufgrund von (i)–(iv) und wegen $A*x = Cn \circ Js(A \cup \{x\})$ sind alle Voraussetzungen von (Js7) erfüllt, so dass gilt: $Cn[A_{pos}(x\&y) \cup \{x, y\}] = Cn[A_{pos}(x) \cup \{x, y\}]$. Somit gilt: $A*(x\&y) = (A*x)+y$.

„$\Rightarrow$": Sei Js ein Operator, der (Js1)–(Js6) erfüllt, und sei $*$ der Revisionsoperator, der gemäß (Def $*$) über Js definiert ist. Ferner erfülle $*$ *Konjunktion*. Außerdem gelte:

(i) y konfligiert nicht mit $Cn \circ Js(A \cup \{x\})$, und

(ii) A ist offen für x, und

(iii) $Cn \circ Js(A \cup \{x\})$ ist offen für y, und

(iv) A ist offen für $x\&y$.

Zu zeigen ist, dass dann gilt: $Cn[A_{pos}(x\&y) \cup \{x, y\}] = Cn[A_{pos}(x) \cup \{x, y\}]$.

Nach Konstruktion von $*$ gilt wegen (ii): $A*x = Cn \circ Js(A \cup \{x\})$. Ferner gilt nach dem Hilfssatz B.5 und wegen (ii): $Js(A \cup \{x\}) = A_{pos}(x) \cup [x]$. Zusammen gilt somit also: $A*x = Cn[A_{pos}(x) \cup [x]]$. Da y ferner konfliktfrei ist mit $Cn \circ Js(A \cup \{x\})$ folgt zusammen mit (iii) und dem Hilfssatz B.5 $Js[Cn \circ Js(A \cup \{x\}) \cup \{y\}] = Cn \circ Js(A \cup \{x\}) \cup [y] = Cn[A_{pos}(x) \cup [x]] \cup [y]$. Somit gilt: $(A*x)+y = Cn \circ Js(A*x \cup \{y\}) = Cn \circ Js[Cn \circ Js(A \cup \{x\}) \cup \{y\}] = Cn[Cn[A_{pos}(x) \cup [x]] \cup [y]] = Cn[A_{pos}(x) \cup \{x, y\}]$. Nach Konstruktion von $*$ gilt wegen (iv) außerdem: $A*(x\&y) = Cn \circ Js(A \cup \{x\&y\})$. Ferner gilt nach Hilfssatz B.5 ebenfalls wegen (iv): $Js(A \cup \{x\&y\}) = A_{pos}(x\&y) \cup [x\&y]$. Zusammen gilt somit also: $A*(x\&y) = Cn[A_{pos}(x\&y) \cup [x\&y]] = Cn[A_{pos}(x\&y) \cup \{x, y\}]$. Aufgrund von (i)–(iv) und wegen $A*x = Cn \circ Js(A \cup \{x\})$ sind alle Voraussetzungen von *Konjunktion* erfüllt, so dass gilt: $A*(x\&y) = (A*x)+y$. Somit gilt: $Cn[A_{pos}(x\&y) \cup \{x, y\}] = Cn[A_{pos}(x) \cup \{x, y\}]$.

q. e. d.

Wegen des Hilfssatzes B.1 ergibt sich auch Folgendes:

KOROLLAR B.7: Falls Js ein Rechtfertigungsoperator ist, der (Js1)–(Js6) erfüllt, und $*$ der Revisionsoperator ist, der gemäß (Def $*$) über Js definiert ist, so erfüllt $*$ *Konjunktion* falls Js (B.2) erfüllt.

Zusammen mit Theorem 5.5 und Korollar B.3 (beziehungsweise Lemma B.2) ergibt sich auch, dass man die Forderung *Konjunktion* zusätzlich zu den bisherigen Postulaten für freie Revisionen fordern kann:

KOROLLAR B.8: Die Revisionspostulate *Stabilität*, *Bedingter Erfolg*, *Kern*, *Disjunktheit*, *Zurückweisung*, *Minimalität*, *Redundanz*, *Leere*, *Extensionalität*, *Idempotenz* und *Konjunktion* bilden zusammen eine konsistente Menge von Forderungen an (freie) Revisionsoperatoren $*$.

Insgesamt stellen die Resultate dieses Anhangs eine formal-präzise Begründung für die optimistische Einschätzung dar, die in Abschnitt 5.6 für JuDAS-Revisionen mit Blick auf die beiden AGM-Zusatzpostulate *Subexpansion* und *Superexpansion* gegeben wurde: Die JuDAS-Revisionsoperation, die in Abschnitt 5.4 entwickelt wurde, erfüllt gemäß Lemma 5.9 und 5.10 die beiden Zusatzpostulate *Subexpansion* und *Superexpansion* der AGM-Theorie *nicht*. Weil diese beiden Forderungen vor dem Hintergrund der Gegenbeispiele, die in Abschnitt 5.6 erörtert wurden, aber unhaltbar sind, ist dieses Resultat durchaus wünschenswert. Sollte man es als erstrebenswert erachten, dass freie Revisionen zumindest die schwächere Forderung *Konjunktion* erfüllen, so kann man dieses Postulat gemäß Korollar B.8 konsistenterweise als Zusatzforderung neben den bisherigen Revisionspostulaten einführen. Um sicherzustellen, dass ein JuDAS-Revisionsoperator $*$, der gemäß (Def $*$) über einen Rechtfertigungsoperator *Js* definiert wurde, auch das Zusatzpostulat *Konjunktion* erfüllt, muss man von dem Rechtfertigungsoperator *Js* zusätzlich voraussetzen, dass er die Eigenschaft (Js7) (oder eine entsprechende Verstärkung, wie etwa die Eigenschaft (B.2)) hat. Insgesamt stellen diese Resultate für JuDAS-Revisionen eine durchaus komfortable Antwort auf die Frage dar, ob Überzeugungsrevisionen den beiden Zusatzpostulaten der AGM-Theorie genügen sollten oder nicht.

Anhang C: Lehrers Vernünftigkeitsrelation und die Anomalien der Bestätigung

In Abschnitt 8.4 wurden von der Vernünftigkeitsrelation, auf der Lehrers Rechtfertigungstheorie basiert, einige Eigenschaften postuliert, um mit deren Hilfe zeigen zu können, dass der Operator Js_L die Postulate (Js1)-(Js6) erfüllt und somit ein Rechtfertigungsoperator im technischen Sinn von (Def Js) ist. Unter anderem wurden dabei die Eigenschaften (8.6), (≤5) und (≤6) diskutiert. Diese drei Forderungen sollen in diesem Anhang einer genaueren kritischen Analyse unterzogen werden. Zunächst seien diese drei Bedingungen noch einmal samt der dazugehörigen Motivierung wiederholt:

Angenommen ein Satz x folgt logisch aus einer Reihe von Prämissen $p_1, ..., p_n$. Dann scheint es plausibel zu sein, dass jeder Satz c, der für x negativ relevant ist, auch für die Menge von Prämissen $p_1, ..., p_n$ negativ relevant ist, in dem Sinn, dass c für mindestens ein p_i negativ relevant ist. Das heißt, wenn es unter der Voraussetzung c weniger vernünftig ist, die Konklusion x zu akzeptieren als unter der Voraussetzung $\neg c$, dann muss dies auch für mindestens eine der Prämissen gelten. Würde c unter diesen Voraussetzungen nämlich mit keinem der p_i konkurrieren, so wäre nicht klar, weshalb c (für ein ideal rationales Subjekt) für x negativ relevant sein sollte:

(8.6) Falls $x \in Cn(p_1, ..., p_n)$ und $x|\neg c >_A x|c$, dann gibt es ein $i \in \{1, ..., n\}$ mit $p_i|\neg c >_A p_i|c$.

Entsprechend sollte jeder Konkurrent von x, der sich nicht neutralisieren lässt, auch ein Konkurrent für mindestens eine der Prämissen p_i sein, der sich als solcher nicht neutralisieren lässt:

(≤5) Falls $x \in Cn(p_1, ..., p_n)$ und
(i) $x|\neg c >_A x|c$,
(ii) Es gibt kein $n \in \mathbf{L}$ mit: $x|\neg(c\wedge n) \leq_A x|c\wedge n$ und $c\wedge n \geq_A c$,
dann gibt es ein $i \in \{1, ..., n\}$ mit:
(i) $p_i|\neg c >_A p_i|c$,
(ii) Es gibt kein $n \in \mathbf{L}$ mit: $p_i|\neg(c\wedge n) \leq_A p_i|c\wedge n$ und $c\wedge n \geq_A c$.

Falls x logisch aus den Prämissen $p_1, ..., p_n$ folgt und akzeptiert wird, scheint es ferner plausibel zu sein, dass jeder Konkurrent von x, der nicht neutralisiert oder geschlagen werden kann, auch ein Konkurrent für eines der p_i ist, der nicht geschlagen oder neutralisiert werden kann. Das heißt, wenn sich alle Prämissen $p_1, ..., p_n$ rechtfertigen lassen, dann sollte sich auch die Konklusion x rechtfertigen lassen (falls diese akzeptiert wird):

(≤6) Falls $x \in Cn(p_1, ..., p_n)$ und $x \in A$ und
(i) $x|\neg c >_A x|c$,
(ii) Es gibt kein $n \in \mathbf{L}$ mit: $x|\neg(c \wedge n) \leq_A x|c \wedge n$ und $c \wedge n \geq_A c$,
(iii) $x \leq_A c$,
dann gibt es ein $i \in \{1, ..., n\}$ mit:
(i) $p_i|\neg c >_A p_i|c$,
(ii) Es gibt kein $n \in \mathbf{L}$ mit: $p_i|\neg(c \wedge n) \leq_A p_i|c \wedge n$ und $c \wedge n \geq_A c$,
(iii) $p_i \leq_A c$.

Das probabilistische Analogon zu der Bedingung (8.6) gilt *nicht*. Dies ergibt sich aus einigen Beispielen so genannter *Anomalien der Bestätigung*, die von Carnap (1950) und Salmon (1975) diskutiert wurden. Das könnte auch Anlass zur Kritik an der Plausibilität von (8.6) geben. Obwohl im weiteren Verlauf des Abschnitts 8.4 nur von den Forderungen (≤5) und (≤6) Gebrauch gemacht wurde, während die Bedingung (8.6) lediglich heuristisch eingeführt wurde, muss eine solche Kritik durchaus ernst genommen werden, weil klar ist, dass die Postulate (≤5) und (≤6) dann *und nur dann* plausibel sind, wenn auch die Bedingung (8.6) akzeptabel erscheint. Deshalb sollen im Folgenden derartige Anomalien der Bestätigung diskutiert und die Überzeugungskraft einer darauf basierenden Kritik an den Postulaten (≤5) und (≤6) erörtert werden. Folgendes Beispiel führen Carnap und Salmon gegen das probabilistische Analogon von (8.6) an:[138]

> BEISPIEL: An einem Schachturnier in New York nehmen zehn Spieler teil; einige von ihnen kommen aus New York, einige von außerhalb; einige sind Anfänger, einige sind Fortgeschrittene; einige sind Männer (M), einige sind Frauen (F). Ihre Verteilung ergibt sich nach Tabelle C.1.
>
> Außerdem sei angenommen, dass man die Wahrscheinlichkeit, dass ein bestimmter Spieler gewinnt, für alle zehn Spieler gleich groß einschätzt - also 1/10. Sei p_1 die Hypothese, dass ein New Yorker gewinnt; sei p_2 die Hypothese, dass ein Anfänger gewinnt; sei $x := p_1 \wedge p_2$ die Hypothese, dass ein Anfänger aus New York gewinnt. Sei c die Evidenz, dass ein Mann gewinnt. Damit ergeben sich aus dem Diagramm unmittelbar folgende Wahrscheinlichkeitswerte:

---

[138] Vgl. Carnap (1950, 394 f.) und Salmon (1975, Beispiel 2).

$P(p_1) = 1/2$ $P(p_1|c) = 3/5$ $P(p_1|\neg c) = 2/5$

$P(p_2) = 1/2$ $P(p_2|c) = 3/5$ $P(p_2|\neg c) = 2/5$

$P(x) = 3/10$ $P(x|c) = 1/5$ $P(x|\neg c) = 2/5$

In diesem Fall gilt also $x \in Cn(p_1, p_2)$ und $P(x|\neg c) > P(x|c)$, aber es gilt dennoch sowohl $P(p_1|c) > P(p_1|\neg c)$ als auch $P(p_2|c) > P(p_2|\neg c)$.

	New Yorker	Auswärtige
Anfänger	M, F, F	M, M
Fortgeschrittene	M, M	F, F, F

Tab. C.1: Beispiel Carnap/Salmon

Obwohl (probabilistisch) die Evidenz *c negativ* relevant ist für *x*, ist *c* zugleich *positiv* relevant für beide Prämissen p_1 und p_2. Das probabilistische Analogon der Bedingung (8.6) gilt in diesem Beispiel also nicht! Auf der Grundlage derartiger Anomalien der Bestätigung könnte an der Gültigkeit der Bedingung (8.6) gezweifelt werden. Dies wiederum könnte zu einer Kritik an den Postulaten (≤5) und (≤6) Anlass geben.

Eine nahe liegende Erwiderung auf eine solche Kritik besteht darin, die Übertragung derartiger probabilistischer Beispiele auf Lehrers Vernünftigkeitsrelation abzulehnen. Es mag zugegeben werden, dass das Schachturnier-Beispiel überzeugend demonstriert, dass *Wahrscheinlichkeitsfunktionen* das Analogon der Bedingung (8.6) nicht erfüllen, aber damit wurde *nicht* gezeigt, dass *Lehrers Vernünftigkeitsrelation* die Bedingung (8.6) nicht erfüllt. Eine solche Übertragung wäre nur dann zwingend, wenn man Lehrers Vernünftigkeitsrelation als Wahrscheinlichkeitsfunktion interpretieren müsste. Dies ist aber keineswegs der Fall. Vielmehr wurde in Abschnitt 8.4 deutlich gemacht, dass eine probabilistische Deutung von Lehrers Vernünftigkeitsrelation sogar ausgeschlossen werden muss.[139] Die Wahrscheinlichkeit einer Aussage spielt zwar zweifelsohne eine Rolle bei der Frage, welchen Vernünftigkeitsgrad man der Aussage zuweisen wird, aber andere Faktoren tragen dazu ebenfalls bei. Intuitiv werden Faktoren wie der informative Gehalt, der epistemische Wert beziehungsweise der epistemische Nutzen der Aussage und ähnliches ebenfalls eine Rolle spielen. Durch probabilistische Beispiele wie das Schachturnier-Beispiel wurde nicht

[139] Vgl. hierzu die entsprechende Fußnote in Abschnitt 8.4.

gezeigt, dass eine derartige komplexe Vernünftigkeitsrelation, bei der die Wahrscheinlichkeit einer Aussage lediglich ein Faktor ist, nicht die Bedingung (8.6) erfüllt. Insofern ist die Überzeugungskraft einer Kritik an den Forderungen (8.6), (≤5) und (≤6), die auf derartigen Beispielen für Anomalien der Bestätigung basiert, eingeschränkt.

Falls eine zukünftige, genauere Analyse von Lehrers Vernünftigkeitsrelation allerdings erweisen sollte, dass sich auch für eine solche Funktion entsprechende Gegeninstanzen zu der Bedingung (8.6) finden lassen, stellt sich die Frage, ob einem als letzte - niemals ganz befriedigende - Reaktion auf des Auftreten von Anomalien nur noch eine geeignete Einschränkung des Anwendungsbereichs der Theorie verbleiben würde.

Glücklicherweise ist die Antwort auf diese Frage negativ. Der Ausgangspunkt für eine weitaus zufriedenstellendere Erwiderung ist die Beobachtung, dass in dem Schachturnier-Beispiel x zwar aus den beiden Prämissen p_1 und p_2 logisch folgt, dass p_1 und p_2 aber keineswegs beide gerechtfertigt sind. Offensichtlich gilt: $P(p_1|p_1) = 1 > 0 = P(p_1|\neg p_1)$ und $P(\neg p_1) = 1/2 \geq 1/2 = P(p_1)$. $\neg p_1$ ist also trivialerweise ein Konkurrent von p_1, der nicht geschlagen wird. Weil bei einer probabilistischen Deutung der Vernünftigkeitsrelation außerdem nicht die Möglichkeit besteht, Konkurrenten auch neutralisieren zu können,[140] ist p_1 in dem Schachturnier-Beispiel also nicht gerechtfertigt: $p_1 \notin Js_L(A)$.

Angenommen es ließe sich zeigen, dass bei Bestätigungsanomalien wie sie von Carnap und Salmon diskutiert werden, stets eine der involvierten Prämissen nicht gerechtfertigt ist, so ergibt sich als mögliche Lösungsstrategie die Relativierung der Postulate (≤5) und (≤6) auf den Fall, in dem alle beteiligten Prämissen gerechtfertigt sind:

(≤5′) Falls $x \in Cn(p_1, ..., p_n)$ und $p_1, ..., p_n \in Js_L(A)$ und
(i) $x|\neg c >_A x|c$,
(ii) Es gibt kein $n \in \mathbf{L}$ mit: $x|\neg(c \wedge n) \leq_A x|c \wedge n$ und $c \wedge n \geq_A c$,
dann gibt es ein $i \in \{1, ..., n\}$ mit:
(i) $p_i|\neg c >_A p_i|c$,
(ii) Es gibt kein $n \in \mathbf{L}$ mit: $p_i|\neg(c \wedge n) \leq_A p_i|c \wedge n$ und $c \wedge n \geq_A c$.

(≤6′) Falls $x \in Cn(p_1, ..., p_n)$ und $p_1, ..., p_n \in Js_L(A)$ und $x \in A$ und
(i) $x|\neg c >_A x|c$,
(ii) Es gibt kein $n \in \mathbf{L}$ mit: $x|\neg(c \wedge n) \leq_A x|c \wedge n$ und $c \wedge n \geq_A c$,
(iii) $x \leq_A c$,
dann gibt es ein $i \in \{1, ..., n\}$ mit:
(i) $p_i|\neg c >_A p_i|c$,

---

[140] Vgl. hierzu ebenfalls die entsprechende Fußnote in Abschnitt 8.4.

(ii) Es gibt kein $n \in \mathbf{L}$ mit: $p_i|\neg(c\wedge n) \leq_A p_i|c\wedge n$ und $c\wedge n \geq_A c$,
(iii) $p_i \leq_A c$.

Eine derartige Abschwächung der Postulate (≤5) und (≤6) wäre problemlos möglich, weil diese beiden Forderungen in Abschnitt 8.4 lediglich in den Lemmata 8.3 und 8.4 zur Ableitung der Eigenschaften (Js4) und (Js3) benötigt werden. Weil in beiden Fällen die Voraussetzung erfüllt ist, dass alle involvierten Prämissen gerechtfertigt sind, ließen sich beide Lemmata auch mit den schwächeren Postulaten (≤5′) und (≤6′) beweisen. Bei der Formulierung von (≤5′) und (≤6′) geht nun allerdings der Rechtfertigungsoperator Js_L ein; weil dieser sich nur in relativ komplizierter Weise gemäß (Def Js_L) auf die Vernünftigkeitsrelation ≤ zurückführen lässt, stellen (≤5′) und (≤6′) recht komplexe Forderungen an die Vernünftigkeitsrelation ≤ dar. Deshalb wurde im Haupttext mit den vergleichsweise „handlicheren" Postulaten (≤5) und (≤6) gearbeitet. Alle Resultate aus Abschnitt 8.4 hätten aber auch mit den Forderungen (≤5′) und (≤6′) erzielt werden können.

Es verbleibt also zu zeigen, dass bei Bestätigungsanomalien, wie sie von Carnap und Salmon diskutiert werden, tatsächlich niemals alle involvierten Prämissen gerechtfertigt sind. Während Carnap (1950) nur das Schachturnier-Beispiel diskutiert, erörtert Salmon (1975) noch ein zweites Beispiel, bei dem es um den Zerfall zweier radioaktiver Atome geht.[141] Auch bei diesem Beispiel ist es ein Leichtes, explizit einen Satz anzugeben, der für eine der involvierten Prämissen einen Konkurrenten darstellt, der nicht geschlagen (oder neutralisiert) werden kann. Somit lässt sich also zumindest sehr einfach zeigen, dass bei allen Beispielen, die von Carnap (1950) und Salmon (1975) diskutiert werden, nicht alle beteiligten Prämissen gerechtfertigt sind, und somit für die Resultate aus Abschnitt 8.4 keine ernsthafte Gefährdung darstellen.

Obwohl dies alleine schon ein sehr komfortables Ergebnis ist, wäre es selbstverständlich noch besser, wenn sich allgemein zeigen ließe, dass bei Bestätigungsanomalien dieses Typs nicht alle beteiligten Prämissen gerechtfertigt sein können. Auch dies ist erfreulicherweise möglich:

LEMMA C.1: Seien p_1, p_2, c beliebige Sätze. Falls gilt
(i) $P(p_1|c) > P(p_1|\neg c)$,
(ii) $P(p_2|c) > P(p_2|\neg c)$,
(iii) $P(p_1\wedge p_2|\neg c) > P(p_1\wedge p_2|c)$,
dann gilt: $p_1 \notin Js_L(A)$.[142]

[141] Vgl. Salmon (1975, Beispiel 8).

[142] Dabei ist die Wahrscheinlichkeitsfunktion P selbstverständlich genauso vom Akzeptanzsystem A abhängig wie die Satzmenge $Js_L(A)$. Aus Gründen der besseren Lesbarkeit der Formel wurde allerdings darauf verzichtet, diese Abhängigkeit in der Notation deutlich zu machen.

BEWEIS: Seien also p_1, p_2, c beliebige Sätze, für die gilt

(i) $P(p_1|c) > P(p_1|\neg c)$,

(ii) $P(p_2|c) > P(p_2|\neg c)$,

(iii) $P(p_1 \wedge p_2|\neg c) > P(p_1 \wedge p_2|c)$.

Es muss gezeigt werden, dass dann gilt: $p_1 \notin Js_L(A)$. Offensichtlich muss unter den gemachten Voraussetzungen $P(p_1) < 1$ sein, weil andernfalls im Widerspruch zu (i) gelten müsste $P(p_1|c) = P(p_1 \wedge c) / P(c) = P(c) / P(c) = 1 = P(\neg c) / P(\neg c) = P(p_1 \wedge \neg c) / P(\neg c) = P(p_1|\neg c)$. Außerdem muss unter diesen Voraussetzungen $P(p_1) > 0$ sein, weil andernfalls im Widerspruch zu (iii) gelten müsste $P(p_1 \wedge p_2|\neg c) = P(p_1 \wedge p_2 \wedge \neg c) / P(\neg c) = 0 \leq P(p_1 \wedge p_2|c)$. Also muss insgesamt gelten $0 < P(p_1) < 1$. Dann lässt sich zu gegebenem p_1 stets ein Satz δ finden, für den gilt: (a) $0 < P(\delta) \leq 1 - P(p_1)$ und (b) $P(p_1 \wedge \delta) > 0$. Außerdem gilt offensichtlich auch: (c) $P(p_1 \wedge \delta) < 1$.[143]

Es soll nun gezeigt werden, dass dann der Satz $c' := \neg(p_1 \wedge \delta)$ ein unschlagbarer Konkurrent für p_1 ist. Weil in einem probabilistischen Rahmen Konkurrenten nicht neutralisiert werden können, genügt dies, um zu zeigen, dass gemäß (Def Js_L) $p_1 \notin Js_L(A)$ gilt. Es verbleibt also zu zeigen: (1) $P(p_1|\neg c') > P(p_1|c')$ und (2) $P(p_1) \leq P(c')$.

Zu (1): Aufgrund von (b) gilt einerseits: $P(p_1|\neg c') = P(p_1|p_1 \wedge \delta) = P(p_1 \wedge p_1 \wedge \delta) / P(p_1 \wedge \delta) = P(p_1 \wedge \delta) / P(p_1 \wedge \delta) = 1$. Zum anderen gilt wegen (c): $P(p_1|c') = P(p_1|\neg(p_1 \wedge \delta)) = P(p_1 \wedge \neg(p_1 \wedge \delta)) / P(\neg(p_1 \wedge \delta)) = [P(p_1) - P(p_1 \wedge \delta)] / [1 - P(p_1 \wedge \delta)]$. Wegen $P(p_1) < 1$ gilt also: $P(p_1|c') < 1 = P(p_1|\neg c')$.

Zu (2): Aufgrund von (a) gilt: $P(c') = P(\neg(p_1 \wedge \delta)) = P[\neg p_1 \vee (p_1 \wedge \neg \delta)] = P(\neg p_1) + P(p_1 \wedge \neg \delta) = 1 - P(p_1) + P(p_1 \wedge \neg \delta) = 1 - P(p_1) + P(p_1) - P(p_1 \wedge \delta) = 1 - P(p_1 \wedge \delta) \geq 1 - P(\delta) \geq 1 - [1 - P(p_1)] = P(p_1)$.

q. e. d.

Bei Bestätigungsanomalien, wie sie von Carnap und Salmon diskutiert werden, können also niemals alle beteiligten Prämissen gerechtfertigt sein. Damit erfüllen derartige Beispiele aber nicht die Voraussetzungen der Forderungen ($\leq$5′) und ($\leq$6′) und stellen somit keine Gegenbeispiele für diese abgeschwächten Postulate dar. Weil sich andererseits alle Resultate aus Abschnitt 8.4 auch mit den Postulaten ($\leq$5′) und ($\leq$6′) statt mit den etwas stärkeren Postulaten ($\leq$5) und ($\leq$6) ableiten lassen, kann man einer Kritik an ($\leq$5) und ($\leq$6), die sich auf

---

[143] Als einen derartigen Satz δ kann man etwa einen beliebigen Satz wählen, der eine hinreichend kleine Wahrscheinlichkeit hat und der von p_1 unabhängig ist. Zum Beispiel kann man einen Satz der Art wählen „Morgen bei der Lotterie wird meine Losnummer gezogen." An dieser Stelle wird zwar vorausgesetzt, dass die Sprache ausdrucksstark genug ist, um derartige Sätze bilden zu können, aber angesichts des intendierten Anwendungsbereichs der Theorie ist diese Annahme unproblematisch.

derartige Bestätigungsanomalien stützt, einfach dadurch entgehen, dass man lediglich die schwächeren Eigenschaften (≤5′) und (≤6′) postuliert.

Allerdings muss diese zweite Erwiderung mit etwas Vorsicht genossen werden. Die erste Erwiderung bestand darin, die Übertragung von probabilistischen Gegenbeispielen wie dem Schachturnier-Beispiel auf den Fall von Lehrers Vernünftigkeitsrelation abzulehnen, indem man auf einer nicht-probabilistischen Interpretation dieser Relation besteht. Die zweite Erwiderung besteht nun darin, zu zeigen, dass selbst *wenn* man Lehrers Vernünftigkeitsrelation probabilistisch deuten *würde*, man gemäß Lemma C.1 der vorgebrachten Kritik entgehen kann, indem man mit den schwächeren Postulaten (≤5′) und (≤6′) arbeitet. Dadurch wurde aber *nicht* bewiesen, dass es grundsätzlich unmöglich ist, bei einer *nicht-probabilistischen* Lesart von Lehrers Vernünftigkeitsrelation Gegenbeispiele gegen die Forderung (8.6) zu konstruieren, für die sich das *nicht-probabilistische* Analogon zu Lemma C.1 nicht zeigen lässt.

Die bisherige Diskussion hat aber in jedem Fall gezeigt, dass die Beispiele von Carnap und Salmon ungeeignet sind, um die aufgestellten Postulate zu widerlegen, und dass es auch nicht so einfach ist, derartige Beispiele zu konstruieren, wie dies aufgrund von Carnaps und Salmons Fällen von Bestätigungsanomalien zunächst den Anschein hatte. Dies genügt wohl in jedem Fall, um zumindest die Beweislast umzukehren. Beide Erwiderungen zusammen stellen ein ziemlich robustes Bollwerk gegen mögliche Gegenbeispiele für die formulierten Postulate dar. Solange keine Beispiele vorgebracht werden, die zum einen auch bei einer nicht-probabilistischen Lesart von Lehrers Vernünftigkeitsrelation funktionieren, *und bei denen andererseits auch alle involvierten Prämissen gerechtfertigt sind*, kann man getrost an den Postulaten (≤5) und (≤6) beziehungsweise an den schwächeren Gegenstücken (≤5′) und (≤6′) festhalten.[144]

---

[144] Es sei nochmals darauf hingewiesen, dass neben den anderen Postulaten auch die Forderungen (≤5) und (≤6) in ihrer *ursprünglichen* (nicht-abgeschwächten) Form die Zustimmung von Keith Lehrer gefunden haben. Vgl. hierzu auch die entsprechende Fußnote in Abschnitt 8.4.

Bibliographie

Alchourrón, C.E., D. Makinson. 1982a. „Hierarchies of Regulations and their Logic." In *New Studies in Deontic Logic.* Hrsg. v. R. Hilpinen. Dordrecht.

Alchourrón, C.E., D. Makinson. 1982b. „On the Logic of Theory Change: Contraction Functions and their Associated Revision Functions." *Theoria* 48.

Alchourrón, C.E., P. Gärdenfors, D. Makinson. 1985. „On the Logic of Theory Change: Partial Meet Contraction and Revision Functions." *Journal of Symbolic Logic* 50.

Armstrong, D.M. 1973. *Belief, Truth and Knowledge.* New York.

Bartelborth, Th. 1996. *Begründungsstrategien. Ein Weg durch die analytische Erkenntnistheorie.* Berlin.

Bellot, D. et al. 1997. „A Semanical Approach to the Concept of Screened Revision." In *Special Issue on Non-Prioritized Belief Revision.* Hrsg. v. S.O. Hansson (= *Theoria* 63).

Bender, J.W. (Hrsg.) 1989. *The Current State of the Coherence Theory.* Dordrecht.

BonJour, L. 1976. „Coherence Theory of Empirical Knowledge." *Philosophical Studies* 30.

BonJour, L. 1985. *The Structure of Empirical Knowledge.* Cambridge, Mass.

BonJour, L. 1989. „Replies and Clarifications." In *The Current State of the Coherence Theory.* Hrsg. v. J.W. Bender. Dordrecht.

Boswell, J. 1949. *Boswell's Life of Johnson.* London.

Brandl, J., W. Gombocz, Chr. Piller (Hrsg.) 1991. *Metamind, Knowledge and Coherence: Essays on the Philosophy of Keith Lehrer.* Amsterdam (= *Grazer Philosophische Studien* 40).

Brewka, G. 1991. „Belief Revision in a Framework for Default Reasoning." In *The Logic of Theory Change.* Hrsg. v. A. Fuhrmann, M. Morreau. Berlin.

Brueckner, A. 1988. „Problems with Internalist Coherentism." *Philosophical Studies* 54.

Cantwell, J. 1997. „On the Logic of Small Changes in Hypertheories." In *Special Issue on Non-Prioritized Belief Revision.* Hrsg. v. S.O. Hansson (= *Theoria* 63).

Cantwell, J. 1999. „Some Logics of Iterated Belief Change." *Studia Logica* 63.

Carnap, R. 1950. *Logical Foundations of Probability.* Chicago.

Chisholm, R.M. 1957. *Perceiving: A Philosophical Study.* Ithaca.

Chisholm, R.M. ^{3}1989. *Theory of Knowledge.* Englewood Cliffs.

Cross, C.B., R.H. Thomason. 1992. „Conditionals and Knowledge-Base Update." In *Belief Revision.* Hrsg. v. P. Gärdenfors. Cambridge.

Dalal, M. 1988. „Investigations Into a Theory of Knowledge Base Revision: Preliminary Report." *Seventh National Conference on Artificial Intelligence* (AAAI-88). St. Paul.

Darwiche, A., J. Pearl. 1997. „On the Logic of Iterated Belief Revision." In *Artificial Intelligence* 89.

David, M. 1991. „On the Roles of Trustworthiness and Acceptance." In *Metamind, Knowledge and Coherence: Essays on the Philosophy of Keith Lehrer.* Hrsg. v. J. Brandl, W. Gombocz, Chr. Piller. Amsterdam (= *Grazer Philosophische Studien* 40).

Davis, W.A., J.W. Bender. 1989. „Fundamental Troubles with the Coherence Theory." In *The Current State of the Coherence Theory.* Hrsg. v. J.W. Bender. Dordrecht.

De Finetti, B. 1937. „La prévision: ses lois logiques, ses sources subjectives." *Annales de l' Institut Henri Poincaré* 7.

del Val, A. 1994. „On the Relation Between the Coherence and Foundations Theories of Belief Revision." *AAAI'94. Proceedings of the National Conference of the American Association on Artificial Intelligence.*

del Val, A. 1997. „Non-Monotonic Reasoning and Belief Revision: Syntactic, Semantic, Foundational, and Coherence Approaches." *Journal of Applied Non-Classical Logics* 7.

Descartes, R. 1897–1913. „Meditationes de Prima Philosophia." In *Ouvres de Descartes*. Hrsg. v. C. Adam, P. Tannery. Paris.

Doyle, J. 1979. „A Truth Maintenance System." *Artificial Intelligence* 12.

Doyle, J. 1983. „The Ins and Outs of Reason Maintenance." *Report CMU-C5-83-126. Department of Computer Science, Carnegie-Mellon University.*

Doyle, J. 1991. „Rational Belief Revision (preliminary report)." In *Principles of Knowledge Representation and Reasoning*. Hrsg. v. Allen. Los Altos.

Doyle, J. 1992. „Reason Maintenance and Belief Revision: Foundations versus Coherence Theories." In *Belief Revision*. Hrsg. v. P. Gärdenfors. Cambridge.

Dretske, F. 1981. *Knowledge and the Flow of Information*. Cambridge, Mass.

Dretske, F. 1991. „Two Conceptions of Knowledge: Rational vs. Reliable Belief." In *Metamind, Knowledge and Coherence: Essays on the Philosophy of Keith Lehrer*. Hrsg. v. J. Brandl, W. Gombocz, Chr. Piller. Amsterdam (= *Grazer Philosophische Studien* 40).

Earman, J. 1992. *Bayes or Bust?* Cambridge, Mass.

Engel, M. 1991. „Inconsistency: The Coherence Theorist's Nemesis?" In *Metamind, Knowledge and Coherence: Essays on the Philosophy of Keith Lehrer*. Hrsg. v. J. Brandl, W. Gombocz, Chr. Piller. Amsterdam (= *Grazer Philosophische Studien* 40).

Fermé, E. 1999. *Revising the AGM Postulates. PhD Thesis. University of Buenos Aires*. Buenos Aires.

Foley, R. 1987. *The Theory of Epistemic Rationality*. Cambridge, Mass.

Fuhrmann, A. 1991. „Theory Contraction Through Base Contraction." *Journal of Philosophical Logic* 20.

Fuhrmann, A. 1997a. *An Essay on Contraction*. Stanford.

Fuhrmann, A. 1997b. „Solid Belief." In *Special Issue on Non-Prioritized Belief Revision*. Hrsg. v. S.O. Hansson (= *Theoria* 63).

Fuhrmann, A., M. Morreau (Hrsg.) 1991. *The Logic of Theory Change*. Berlin.

Fuhrmann, A., H. Rott (Hrsg.) 1996. *Logic, Action, and Information. Essays on Logic in Philosophy and Artificial Intelligence*. Berlin.

Gallier, J.R. 1992. „Autonomous Belief Revision and Communication." In *Belief Revision*. Hrsg. v. P. Gärdenfors. Cambridge.

Gärdenfors, P. 1978. „Conditionals and Changes of Belief." *Acta Philosophica Fennica* 30.

Gärdenfors, P. 1982. „Rules for Rational Changes of Belief." In *Philosophical Essays dedicated to L. Åqvist*. Hrsg. v. T. Pauli. Uppsala (= *Philosophical Studies* 34).

Gärdenfors, P. 1984. „Epistemic Importance and Minimal Changes of Belief." *Australasian Journal of Philosophy* 62.

Gärdenfors, P. 1988. *Knowledge in Flux. Modeling the Dynamics of Epistemic States*. Cambridge, Mass.

Gärdenfors, P. 1990. „The Dynamics of Belief Systems: Foundations vs. Coherence Theories." *Revue Internationale de Philosophie* 172.

Gärdenfors, P. 1992. „Belief Revision: An Introduction." In *Belief Revision*. Hrsg. v. Ders. Cambridge.

Gärdenfors, P. (Hrsg.) 1992. *Belief Revision*. Cambridge.

Gärdenfors, P., D. Makinson. 1988. „Revisions of Knowledge Systems Using Epistemic Entrenchment." In *Proceedings of the Second Conference on Theoretical Aspects of Reasoning and Knowledge*. Hrsg. v. M. Vardi. Los Altos.

Gettier, E., jr. 1963. „Is Justified True Belief Knowledge?" *Analysis* 23.

Ginsberg, M.L. 1986. „Counterfactuals." *Artificial Intelligence* 30.

Glaister, S.M. 1998. „Symmetry and Belief Revision." *Erkenntnis* 49.

Goldman, A.I. 1979. „What Is Justified Belief?" In *Justification and Knowledge*. Hrsg. v. G.S. Pappas. Dordrecht.

Goldman, A.I. 1986. *Epistemology and Cognition*. Cambridge, Mass.

Grove, A. 1986. „Two Modellings for Theory Change." *Auckland Philosophy Papers* 13. Wiederabgedruckt in: *Journal of Philosophical Logic* 17 (1988).

Haas, G. 1999. „Überzeugungen, Revision und Rechtfertigung." In *Die Zukunft des Wissens. XVII. Deutscher Kongreß für Philosophie*. Hrsg. v. J. Mittelstraß. Konstanz.

Haas, G. 2003. „Some Remarks on the Definition of Lehrer's Ultrasystem." In *The Epistemology of Keith Lehrer*. Hrsg. v. E.J. Olsson. Dordrecht (= *Philosophical Studies Series* 95).

Haas, G. 2004. „Ein Verbesserungsvorschlag zu der AGM-Theorie." In *Philosophie und/als Wissenschaft: Ausgewählte Sektionsvorträge des 5. Internationalen Kongresses der Gesellschaft für Analytische Philosophie*. Hrsg. v. R. Bluhm, Chr. Nimtz. Paderborn. Erscheint demnächst.

Hansson, S.O. 1991. „Belief Contraction Without Recovery." *Studia Logica* 50.

Hansson, S.O. 1993. „Changes of Disjunctively Closed Bases." *Journal of Logic, Language and Information* 2.

Hansson, S.O. 1999. *A Textbook of Belief Dynamics. Theory Change and Database Updating*. Dordrecht.

Hansson, S.O. (Hrsg.) 1997. *Special Issue on Non-Prioritized Belief Revision. Theoria* 63.

Hansson, S.O. et al. 2001. „Credibility Limited Revision." *The Journal of Symbolic Logic* 66.

Harper, W.L. 1976. „Rational Conceptual Change." *Philosophy of Science Association* 2.

Hempel, C.G., P. Oppenheim. 1948. „Studies in the Logic of Explanation." *Philosophy of Science* 15.

Hintikka, J. 1962. *Knowledge and Belief*. Ithaca.

Hume, D. 1975. *Enquiries Concerning Human Understanding and Concerning the Principles of Morals*. Hrsg. v. L.A. Selby-Bigge. Revid. v. P.H. Nidditch. Oxford.

Hume, D. 1978. *Treatise of Human Nature*. Hrsg. v. L.A. Selby-Bigge. Revid. v. P.H. Nidditch. Oxford.

Hunter, D. 1991. „Maximum Entropy Updating and Conditionalization." In *Existence and Explanation*. Hrsg. v. W. Spohn, B. van Fraassen, B. Skyrms. Dordrecht.

Janlert, L.-E. 1985. *Studies in Knowledge Representation. Ph.D. Dissertation. Institut of Information Processing. Umeå University*. Umeå.

Jeffrey, R.C. 1965. *The Logic of Decision*. New York.

Kant, I. 1904. „Kritik der Reinen Vernunft." In *Kants gesammelte Schriften*. Hrsg. v. der Königlich Preußischen Akademie der Wissenschaften. Berlin.

Kemeny, J. 1955. „Fair Bets and Inductive Probabilities." *Journal of Symbolic Logic* 20.

Kyburg, H.E., jr. 1961. *Probability and the Logic Rational Belief*. Middletown.

Lehrer, K. 1965. „Knowledge, Truth, and Evidence." *Analysis* 25.

Lehrer, K. 1971a. „Induction and Conceptual Change." *Synthese* 23.

Lehrer, K. 1971b. „Why Not Scepticism?" *Philosophical Forum* 2.

Lehrer, K. 1974a. *Knowledge*. Oxford.

Lehrer, K. 1974b. „Truth, Evidence, and Inference." *American Philosophical Quarterly* 11.

Lehrer, K. 1977. „The Knowledge Circle." *Noûs* 11.

Lehrer, K. 1979. „The Gettier Problem and the Analysis of Knowledge." In *Justification and Knowledge*. Hrsg. v. G.S. Pappas. Dordrecht.

Lehrer, K. 1986. „The Coherence Theory of Knowledge." *Philosophical Topics* 14.

Lehrer, K. 1988. „Metaknowledge: Undefeated Justification." *Synthese* 74.

Lehrer, K. 1989. „Coherence and the Truth Connection: A Reply to My Critics." In *The Current State of the Coherence Theory*. Hrsg. v. J.W. Bender. Dordrecht.

Lehrer, K. 1990a. *Metamind*. Oxford.

Lehrer, K. [1]1990b. *Theory of Knowledge*. Boulder.

Lehrer, K. 1991a. „Reply to Alfred Schramm." In *Metamind, Knowledge and Coherence: Essays on the Philosophy of Keith Lehrer*. Hrsg. v. J. Brandl, W. Gombocz, Chr. Piller. Amsterdam (= *Grazer Philosophische Studien* 40).

Lehrer, K. 1991b. „Reply to Christian Piller." In *Metamind, Knowledge and Coherence: Essays on the Philosophy of Keith Lehrer*. Hrsg. v. J. Brandl, W. Gombocz, Chr. Piller. Amsterdam (= *Grazer Philosophische Studien* 40).

Lehrer, K. 1991c. „Reply to Fred Dretske." In *Metamind, Knowledge and Coherence: Essays on the Philosophy of Keith Lehrer*. Hrsg. v. J. Brandl, W. Gombocz, Chr. Piller. Amsterdam (= *Grazer Philosophische Studien* 40).

Lehrer, K. 1991d. „Reply to Marian David." In *Metamind, Knowledge and Coherence: Essays on the Philosophy of Keith Lehrer*. Hrsg. v. J. Brandl, W. Gombocz, Chr. Piller. Amsterdam (= *Grazer Philosophische Studien* 40).

Lehrer, K. 1991e. „Reply to Mylan Engel." In *Metamind, Knowledge and Coherence: Essays on the Philosophy of Keith Lehrer*. Hrsg. v. J. Brandl, W. Gombocz, Chr. Piller. Amsterdam (= *Grazer Philosophische Studien* 40).

Lehrer, K. 1997. *Self-Trust. A Study of Reason, Knowledge and Autonomy*. Oxford.

Lehrer, K. ^{2}2000. *Theory of Knowledge*. Boulder.

Lehrer, K., Th. Paxon, jr. 1969. „Knowledge: Undefeated Justified True Belief." *Journal of Philosophy* 66.

Levi, I. 1977. „Subjunctives, Dispositions and Chances." *Synthese* 34.

Levi, I. 1980. *The Enterprise of Knowledge*. Cambridge, Mass.

Levi, I. 1991. *The Fixation of Belief and Its Undoing*. Cambridge.

Levi, I. 1994. „Rationality and Commitment." In *Artifacts, Representations and Social Practice*. Hrsg. v. C.C. Gould, R.S. Cohen. Dordrecht.

Lewis, D.K. 1973. *Counterfactuals*. Oxford.

Lewis, D.K. 1976. „Probabilities of Conditionals and Conditional Probabilities." *The Philosophical Review* 85.

Lindström, S., W. Rabinowicz. 1991. „Epistemic Entrenchment with Incomparabilities and Relational Belief Revision." In *The Logic of Theory Change*. Hrsg. v. A. Fuhrmann, M. Morreau. Berlin.

Lorca, D. 1993-95. „Inconsistencies in Chisholm, Moser, Lehrer, and BonJour's Epistemic Systems." *Proc Heraclitean Soc* 17.

Makinson, D. 1985. „How To Give It Up: A Survey of Some Formal Aspects of the Logic of Theory Change." *Synthese* 62.

Makinson, D. 1987. „On the Status of the Postulate of Recovery in the Logic of Theory Change." *Journal of Philosophical Logic* 16.

Makinson, D. 1997a. „On the Force of Some Apparent Counterexamples to Recovery." In *Normative Systems in Legal and Moral Theory. Festschrift for Carlos E. Alchourrón and Eugenio Bulygin*. Hrsg. v. E.G. Valdés et al. Berlin.

Makinson, D. 1997b. „Screened Revision." In *Special Issue on Non-Prioritized Belief Revision*. Hrsg. v. S.O. Hansson (= *Theoria* 63).

Moore, G.E. 1959. „Proof of an External World." In Ders. *Philosophical Papers*. London.

Nayak, A.C. 1994. „Iterated Belief Change Based on Epistemic Entrenchment." *Erkenntnis* 41.

Nebel, B. 1989. „A Knowledge Level Analysis of Belief Revision." In *Proceedings of the 1st International Conference on Principles of Knowledge Representation and Reasoning*. Hrsg. v. R. Brachman, H. Levesque, R. Reiter. San Mateo, Cal.

Nebel, B. 1992. „Syntax-based Approaches to Belief Revision." In *Belief Revision*. Hrsg. v. P. Gärdenfors. Cambridge.

Neurath, O. 1959. „Protocol Sentences." In *Logical Positivism*. Hrsg. v. A. J. Ayer. New York.

Niederée, R. 1991. „Multiple Contraction. A further Case against Gärdenfors' Principle of Recovery." In *The Logic of Theory Change*. Hrsg. v. A. Fuhrmann, M. Morreau. Berlin.

Nozick, R. 1981. *Philosophical Explanations*. Cambridge, Mass.

Olsson, E.J. 1997. „A Coherence Interpretation of Semi-Revision." In *Special Issue on Non-Prioritized Belief Revision*. Hrsg. v. S.O. Hansson (= *Theoria* 63).

Olsson, E.J. (Hrsg.) 2003. *The Epistemology of Keith Lehrer.* Dordrecht (= *Philosophical Studies Series* 95).

Peterson, P. 1989. „How Reasonable Is Lehrer's Coherence Theory? Beats Me." In *The Current State of the Coherence Theory.* Hrsg. v. J.W. Bender. Dordrecht.

Piller, Chr. 1991. „On Keith Lehrer's Belief in Acceptance." In *Metamind, Knowledge and Coherence: Essays on the Philosophy of Keith Lehrer.* Hrsg. v. J. Brandl, W. Gombocz, Chr. Piller. Amsterdam (= *Grazer Philosophische Studien* 40).

Plantinga, A. 1993. *Warrant and Proper Function.* New York.

Pollock, J.L. 1986. *Contemporary Theories of Knowledge.* Totowa.

Popper, K.R. 1959. *The Logic of Scientific Discovery.* London.

Putnam, H. 1981. „Brains in a Vat." In Ders. *Reason, Truth and History.* Cambridge.

Quine, W.V.O. 1951. „Two Dogmas of Empiricism." *Philosophical Review* 60.

Quine, W.V.O. 1953. *From a Logical Point of View.* Cambridge, Mass.

Quine, W.V.O. 1960. *Word and Object.* Cambridge, Mass.

Quine, W.V.O., J. Ullian. ^{2}1978. *The Web of Belief.* New York.

Rabinowicz, W. 1996. „Stable Revision, or Is Preservation Worth Preserving?" In *Logic, Action, and Information. Essays on Logic in Philosophy and Artificial Intelligence.* Hrsg. v. A. Fuhrmann, H. Rott. Berlin.

Ramsey, F.P. 1931a. „General Propositions and Causality." In Ders. *Foundations of Mathematics and Other Logical Essays.* New York.

Ramsey, F.P. 1931b. „Truth and Probability." In Ders. *Foundations of Mathematics and Other Logical Essays.* New York.

Rescher, N. 1973. *The Coherence Theory of Truth.* Oxford.

Resnik, M. 1987. *Choices.* Minneapolis.

Rott, H. 1993. „Belief Contraction in the Context of the General Theory of Rational Choice." *Journal of Symbolic Logic* 58.

Rott, H. 1999. „Coherence and Conservatism in the Dynamics of Belief." *Erkenntnis* 50.

Rott, H. 2001. „Change, Choice and Inference. A Study of Belief Revision and Nonmonotonic Reasoning." *Oxford Logic Guides* 42.

Rott, H. 200+. „Vom Fließen Theoretischer Begriffe: Begriffliches Wissen und Theoretischer Wandel." *Kant-Studien.* Erscheint demnächst.

Salmon, W.C. 1975. „Confirmation and Relevance." In *Minnesota Studies in the Philosophy of Science* 6. *Induction, Probability, and Confirmation.* Hrsg. v. G. Maxwell, R.M. Anderson, jr. Minneapolis.

Salmon, W.C. 1990. *Four Decades of Scientific Explanation.* Minneapolis.

Schlechta, K. 1991. „Theory Revision and Probability." *Notre Dame Journal of Formal Logic* 32.

Schlechta, K. 1997. „Non-Prioritized Belief Revision Based on Distances Between Models." In *Special Issue on Non-Prioritized Belief Revision.* Hrsg. v. S.O. Hansson (= *Theoria* 63).

Schramm, A. 1991. „Doubt, Scepticism, and a Serious Justification Game." In *Metamind, Knowledge and Coherence: Essays on the Philosophy of Keith Lehrer.* Hrsg. v. J. Brandl, W. Gombocz, Chr. Piller. Amsterdam (= *Grazer Philosophische Studien* 40).

Segerberg, K. 1998. „Irrevocable Belief Revision in Dynamic Doxastic Logic." *Notre Dame Journal of Formal Logic* 39.

Sellars, W.F. 1963. *Science, Perception, and Reality.* London.

Shimony, A. 1955. „Coherence and the Axioms of Confirmation." *Journal of Symbolic Logic* 20.

Shope, R.K. 1983. *The Analysis of Knowing. A Decade of Research.* Princeton.

Skyrms, B. 1966. *Choice and Chance.* Belmont.

Skyrms, B. 1987. „Dynamic Coherence and Probability Kinematics." *Philosophy of Science* 54.

Spohn, W. 1986. „The Representation of Popper Measures." *Topoi* 5.

Spohn, W. 1987. „Ordinal Conditional Functions: A Dynamic Theory of Epistemic States." In *Causation in Decision, Belief Change, and Statistics.* Hrsg. v. W.L. Harper, B. Skyrms. Dordrecht.

Spohn, W. 1999. „Ranking Functions, AGM Style." In *Internet Festschrift for Peter Gärdenfors*. Hrsg. v. B. Hansson et al. Lund. http://www.lucs.lu.se/spinning.

Spohn, W. 2003. „Lehrer Meets Ranking Theory." In *The Epistemology of Keith Lehrer*. Hrsg. v. E.J. Olsson. Dordrecht (= *Philosophical Studies Series* 95).

Spohn, W. 2005. „Induktion." In *Logik in der Philosophie*. Hrsg. v. W. Spohn, P. Schröder-Heister, E.J. Olsson. Heidelberg.

Stegmüller, W. ²1969. *Metaphysik, Skepsis, Wissenschaft*. Berlin.

Strawson, P.F. 1959. *Individuals. An Essay in Descriptive Metaphysics*. New York.

Strawson, P.F. 1985. *Skepticism and Naturalism*. London.

Stroud, B. 1968. „Transcendental Arguments." *Journal of Philosophy* 65.

Stroud, B. 1979. „The Significance of Scepticism." In *Transcendental Arguments and Science*. Hrsg. v. P. Bieri et al. Dordrecht.

Stroud, B. 1984. *The Significance of Philosophical Scepticism*. Oxford.

Teller, P. 1976. „Conditionalization, Observation and Change of Preferences." In *Foundations of Probability Theory, Statistical Inference and Statistical Theories of Science*. Hrsg. v. W. Harper, C. Hooker. Dordrecht.

Tichy, P. 1976. „A Counterexample to the Stalnaker-Lewis Analysis of Counterfactuals." *Philosophical Studies* 29.

Unger, P. 1971. „A Defense of Skepticism." *Philosophical Review* 80.

van Fraassen, B. 1977. „The Pragmatics of Explanation." *American Philosophical Quarterly* 14.

van Fraassen, B. 1980. *The Scientific Image*. Oxford.

Vickers, J. 1976. *Belief and Probability*. Dordrecht.

Index

Abstract

In the first part of the book a critical survey of the standard AGM-theory of belief revision is provided. Detailed arguments are presented to show that some of the well-known drawbacks (e.g. the recovery problem) of this model are due to its total neglect of justification structures. A similar analysis is given for Bayesianism. Having thus supported the claim that an adequate modelling of belief change mechanisms is only possible by taking justification structures into account, in the second part of the book a theory is developed that meets this demand: the JuDAS-theory (Ju-stification-based D-ynamics of A-cceptance S-ystems). First, a justification operator is characterized axiomatically. Proofs are given to show that these axioms are consistent as well as compatible with a vast range of theories of justification. Second, on the basis of such an operator mechanisms for all kinds of belief change are then characterized axiomatically. Representation theorems link these postulates with functions of belief change. It is shown that the JuDAS-theory avoids all problems discussed. In the third part of the book the abstract construction of a justification operator is fleshed out by the theory of justification proposed by Lehrer. This choice of a specific theory of justification is legitimized by means of certain conditions of adequacy in addition to the formal postulates stated. Lehrer's theory is then formally reconstructed in order to show that it fulfills the formulated postulates. Finally, JuDAS is compared with rival approaches, e.g. Doyle's RMS-theory. Formal proofs are given for all theorems.

Keywords: revision, theory change, justification, belief, AGM, Lehrer, JuDAS